Imogen Clark

Kampf um meine Tochter

Jessie, 16, heroinabhängig:
Wird ihre Mutter
sie retten können?

Ins Deutsche übertragen
von Joachim Honnef

BASTEI
LÜBBE

BASTEI LÜBBE TASCHENBUCH
Band 61514

1. Auflage: Januar 2003

Namen und Orte der Handlung wurden zum Schutz der Personen geändert.

Vollständige Taschenbuchausgabe

Bastei Lübbe Taschenbücher ist ein Imprint der Verlagsgruppe Lübbe

Deutsche Erstveröffentlichung
Titel der englischen Originalausgabe:
SAVING JESSIE

First published by Doubleday Australia,
an Imprint of Random House Australia

Einbandgestaltung: Gisela Kullowatz
Titelbild: Bavaria
Satz: Textverarbeitung Garbe, Köln
Druck und Verarbeitung: Ebner & Spiegel, Ulm
Printed in Germany
ISBN 3-404-61514-X

Für Joe, der es ebenfalls durchmachte.

Für Lucy und Sam,
für ihre beständige Liebe und Unterstützung.

Für meine lieben Freundinnen, die sich stets
nach Jessies Wohlergehen erkundigten.

Aber am meisten für Jessie,
für ihr Vertrauen und ihren Mut, mir zu erlauben,
über ihr Leben zu schreiben.

PROLOG

Dies ist die Geschichte einer normalen Familie und besonders die unserer Tochter Jessie.

Als ich zum ersten Mal erfuhr, dass Jessie Heroin nahm, versuchte ich, Lektüre aus der Sicht von Eltern über den Konsum von Heroin zu finden. Ich hoffte, Titel wie *Was tun, wenn Ihr Kind Heroin nimmt?* in den Regalen der Büchereien zu finden, etwas, das mir wenigstens das beruhigende Gefühl gab, dass andere Eltern wie ich empfanden und reagierten. Es gab Bücher über hyperaktive Kinder, über den Umgang mit Arthritis und Ratgeber für alle Arten von Beziehungsproblemen. Aber nichts darüber, was für mich ein überwältigendes und schreckliches Problem war. Es gab Broschüren, in denen die Auswirkungen und der Entzug erläutert oder Möglichkeiten der Schadensbegrenzung aufgezeigt wurden, aber all dies konnte mir, meinem Mann und Jessies Geschwistern nicht helfen. In Selbsthilfegruppen für Eltern von Drogensüchtigen trauten wir uns nicht.

Dieses Buch ist kein ultimativer Ratgeber, der einen sicheren Weg aus der Drogensucht aufzeigt. Aber es ist eine Chronik, wie es für mich und den Rest der Familie war. Jede Familie hat zwar eine andere Geschichte, doch ich glaube, dass es Gemeinsamkeiten gibt, mit denen sich viele Familien identifizieren.

Es ist eine Geschichte voller Hoffnung, jedoch ohne definitives Happy End. Wir werden lange Zeit Tag für Tag kämpfen, bevor sie vielleicht ein Teil unserer Familiengeschichte wird und jemand fast beiläufig erwähnen wird: »Erinnerst du dich noch, als Jessie fixte?« Und wir werden alle stumm nicken.

Ich hoffe, dieses Buch bringt den Trost für andere Familien – besonders für Eltern –, zu wissen, dass sie nicht allein sind.

1. KAPITEL

Was führt manche Leute zu Drogen? Sind es gesellschaftliche, psychologische oder familiäre Probleme? Was soll ich bei Jessie betonen? War es eine Form von Protest, ein Resultat der Langeweile, der Enttäuschung über das Establishment, die Hoffnungslosigkeit ihrer Generation? Lag es an ihrer Persönlichkeit, ihrer Unfähigkeit, normale Probleme zu bewältigen? Hatte sie die Prädisposition einer Abhängigen, und verfiel sie deshalb fast zwangsläufig in die Sucht? War sie besonders anfällig für Druck unter ihresgleichen? Bereit, leichtsinnig Risiken einzugehen? War das Gefüge und das gesellschaftliche Umfeld unserer Familie irgendwie unzulänglich?

Wir waren – und sind es immer noch – eine sehr normale fünfköpfige Familie des Mittelstandes. Joe, mein Mann, arbeitet als Akademiker an einer Universität, die fünf Minuten von unserer Wohnung entfernt ist, und ich unterrichte als Grundschullehrerin. Wir lernten uns kennen und heirateten, als ich noch auf der Uni war, und ich bekam unser erstes Kind, Lucy, Wochen nach der Hochzeit. Meine Mutter war zwar begeistert von der Aussicht, Großmutter zu werden, doch sie war auch besorgt, dass der Termin unserer Trauung mit der Hochzeit von Joes Bruder durcheinander gebracht werden würde, die ein paar Monate nach unserer stattfand. Sie hatte alle Weihnachtskarten mit der Botschaft »Imogen und Joe haben im Mai geheiratet und erwarten ihr erstes Kind Ende April« beschriftet, damit jeder nachrechnen konnte … Es war die übliche Besorgnis ihrer Generation, und sie wollte gewiss nicht, dass man unsere Ehe für eine Mussheirat hielt.

Ich kümmerte mich um Lucy, während Joe lehrte, und arbeitete schließlich halbtags, um das magere Gehalt aufzubessern, das damals jüngeren Lehrern bezahlt wurde.

Nach ein paar Jahren zogen wir von Launceston nach Adelaide, wo wir ein Jahr wohnten und wo Sam geboren wurde. Zwölf Tage nach seiner Geburt zogen wir für zwei Jahre nach Darwin, bevor wir uns schließlich in Canberra niederließen. Jessie war unser drittes Kind, mit Jubel empfangen von der siebenjährigen Lucy und dem vierjährigen Sam.

Wir hatten es uns nicht leicht gemacht, sie zu bekommen. Wir waren Befürworter des Null-Bevölkerungszuwachses, wollten uns nur selbst ersetzen, bis mich mein mütterliches Verlangen wieder besiegte, und das ziemlich unerwartet. Ich hatte nicht damit gerechnet, wie das niedliche Baby einer Freundin auf mich wirkte. Ich sehe immer noch Baby Timothy vor mir, das nackt im Sonnenschein herumkroch, Gesundheit und Zufriedenheit ausstrahlte und die Eltern bezauberte. Welch ein Jammer, dass wir kein weiteres Kind haben würden, für das wir in der Kindheit sorgen konnten. Joe war zuerst entsetzt, als ich das Thema anschnitt. Schließlich hatten wir zwei schöne gesunde Kinder, sogar beiderlei Geschlechts. Als wir uns jedoch ein halbes Jahr mit dem Gedanken, noch ein Baby zu bekommen, beschäftigt hatten, stimmten wir zu. Binnen Tagen war ich schwanger, und wir waren beide begeistert.

Baby Jess nahm eine Favoritenstellung in unserer Familie ein – nicht nur, weil sie ein Wunschkind war, sondern ihre Schwester und ihr Bruder betrachteten es auch als *ihr* Baby. Ich erinnere mich, wie sie sich darum rissen, Jess zu küssen und zu streicheln, als ich sie aus dem Krankenhaus nach Hause brachte. Ich saß auf der Couch, als sie beide von der Schule und Vorschule hereinplatzten. Joe löste diesen Geschwisterstreit mit einem genialen Einfall. Wer immer das Baby als Erster in die Arme nahm, durfte es nur kurz halten, und wer wartete, entsprechend länger. Sie waren beide glücklich. Sie liebten Jess. Sie kämpften gegeneinander, aber selten gegen sie.

Wir hatten große Probleme, einen Namen für sie zu finden. Schließlich wies mich Joe darauf hin, dass ich bei den beiden anderen Kindern meinen Willen durchgesetzt hatte und dass er an der Reihe war auszuwählen. Wir einigten uns auf Jessica, doch binnen Tagen bezeichnete Joe sie als »Messy Jessie«, und so wurde Jessie daraus. Viel später wurde uns klar, dass uns die Figur in der Fernsehsendung *When the Boat Comes In* sehr beeinflusst hatte. Joe mochte willensstarke Leute, und Jessie in der TV-Show war das gewiss. Vielleicht nahm »unsere« Jessie das schon im Mutterleib in sich auf!

Wenn ich Jessies Leben im Nachhinein betrachte, wird mir klar, dass sie bereits in jungen Jahren starke Anzeichen von Individualität zeigte. Und während sie keineswegs schwer erziehbar war, gab es trotz ihres zarten Alters Hinweise darauf, dass das Leben mit ihr alles andere als langweilig werden würde.

Als Baby war sie keine gute Schläferin. Eigentlich war sie schrecklich. In jeder Nacht musste ich mehrmals aufstehen, um sie zu beruhigen, und oftmals mit ihr auf und ab gehen und dabei versuchen, den Rest der Familie nicht zu wecken. Aber morgens, wenn ich die zu mir ausgestreckten Ärmchen und ihr strahlendes kleines Gesicht sah, verschwand alle Frustration über die endlosen Nächte zuvor. Wir waren einfach glücklich, sie zu haben.

Als sie neun Monate alt war, brachte ich sie zum Schwimmunterricht. Meine Freundin Janet unterrichtete Babys im Schwimmen, damals eine ziemlich neue Methode, und sie überredete mich, Jessie mitmachen zu lassen. Es war angenehm, eine halbe Stunde mit ihr im Wasser zu spielen und gleichzeitig mit Janet zu plaudern.

Jess war weder das schnellste Baby im Lernen noch das geschickteste, doch mit knapp zwei Jahren konnte sie vom Beckenrand ins Wasser springen und wieder einen Meter zum Rand zurückpaddeln. Ich fand sie ziemlich clever. Sie war keine sichere Schwimmerin, aber in einem Notfall würden uns ihre Fähigkeiten im Wasser ein, zwei Minuten verschaffen, um zu ihr zu gelangen.

Sie sprach früh, konnte klare Sätze sagen, bevor sie zwei war, und sie hatte ein großes Vokabular. Aber sie warf lustig Worte durcheinander, wie es alle kleinen Kinder tun. Manchmal bezeichnete sie »Grashüpfer« als »Glasschlüpfer«. Wir und unsere Freunde bestärkten sie ständig darin, indem wir Dinge ebenso bezeichneten wie sie, und wir alle waren enttäuscht, als sie mit etwa fünf tadelnd zu mir sagte: »Weißt du nicht, Mummy, dass es Grashüpfer sind?«

Als sie zwei war, unterrichtete ich wieder an drei Morgen der Woche. Im folgenden Jahr steigerte sich das Pensum auf vier, und in ihrem letzten Jahr daheim, bevor sie mit der Schule begann, unterrichtete ich jeden Morgen. Es passte mir und ihr sehr gut. Jeden Tag besuchte sie bis 13 Uhr einen örtlichen Kindergarten, und anschließend verbrachten wir die Nachmittage zusammen, bevor Lucy und Sam nach Hause kamen. Für mich war es die beste Zeit meines Lebens, und ich denke gern an diese Tage zurück.

Mittwochnachmittags gingen wir in den Supermarkt, was wir beide genossen. Am Donnerstagnachmittag klemmten wir uns unsere Bücher unter die Arme und machten den kurzen Spaziergang zum Bücherwagen, der eine Stunde lang auf dem Parkplatz der Schule stand. Wir gaben unsere Bücher zurück und liehen andere aus, spazierten wichtigtuerisch damit heim und konnten es kaum erwarten, Lucy und Sam zu zeigen, welche Bücher wir für sie ausgeliehen hatten. Dies war ein wundervoller Service der Gemeinde, auf den ich mich lange Zeit verließ. Der Vorort war neu, die öffentliche Verkehrsanbindung schlecht. Leider existiert der Bücherwagen in unserer Gegend nicht mehr.

Während dieser Zeit schrieb die Bildungspolitik vor, dass Kinder erst mit fünf Jahren eingeschult wurden. Jess war einen Monat nach dieser Datumsgrenze geboren worden. Kinder, die nach dem Stichtag Geburtstag hatten, mussten bis zum folgenden Jahr mit der Einschulung warten.

Ich nahm an, sie würde im folgenden Jahr in die Übergangsstufe aufgenommen werden – die Stufe zwischen Kindergarten und erstem Schuljahr.

Wir wollten nicht, dass sie eine der Jüngsten in der Klasse war. Es ist für Schulkinder stets ein Vorteil, älter zu sein.

Aber in den Monaten vor der Einschulung begann ich, ihr das Lesen beizubringen. Es machte viel Spaß. Ein paar Minuten jeden Nachmittag mit großen Illustrationstafeln, und bald konnte sie all unsere Namen erkennen. Ich fügte ein paar verbindende Wörter hinzu, und binnen weniger Wochen konnte sie lesen. Als sie eingeschult wurde, erzählte ich den Lehrern davon; sie überprüften Jessie, und am Ende des Jahres wurde die Übergangsstufe nicht einmal erwähnt. Mit fünf Jahren und acht Monaten war sie bereit für das erste Schuljahr. Ich bezweifle nicht, dass sie die entsprechende Reife hatte. Obwohl sie die Jüngste in der Familie war, war sie nicht verhätschelt worden, wie es manchmal beim letzten Kind der Fall ist. Sie wirkte reif für ihr Alter.

Zunächst brachte Sam sie zur Schule und hielt oftmals ihre Hand. Er beschützte sie genauso wie Lucy. Als Lucy auf der High School war, wurde Jessie in den Ferien von ihrer großen Schwester stets an einem Tag zu etwas Besonderem ausgeführt, zu einem Besuch des Einkaufszentrums oder ins Kino. Jess fieberte diesem Tag mit großer Erwartung entgegen. Große Schwestern finden ihre jüngeren Geschwister oftmals lästig. Doch Jess schaffte es, sich unaufdringlich anzupassen.

Als das Ende der sechsten Klasse kam, beschäftigten wir uns ernsthaft mit der Möglichkeit, ob sie ein Jahr in der Grundschule wiederholen sollte. Lucy hatte das College mit nur 15 begonnen, denn sie hatte ebenfalls Ende April Geburtstag. Während Lucys Alter bisher kein Thema gewesen war, wurde es jetzt eines. Kurz nachdem sie mit dem College begonnen hatte, nahm ich einen Anruf entgegen. Eine tiefe Männerstimme bat darum, Lucy zu sprechen. Ich war ein bisschen verwirrt, rief sie jedoch und sagte ihr, ein Mann wolle am Telefon mit ihr sprechen. Nach dem Telefonat sagte sie: »Mum, das war kein Mann, das war ein Junge von der Schule.« Ein paar Tage später rief er wieder an und wollte sie besuchen. Er war 18 und riesig, füllte völlig die Tür aus. Lucy hatte noch einen Abendkurs, zu dem wir sie hinbrachten und abholten, wohingegen er bereits wählen und laut Gesetz alkoholische Getränke zu sich nehmen durfte. Wir hatten das Gefühl, dass sie zu jung für ihn war.

Wir wollten den Fehler nicht bei Jessie wiederholen. Sie sollte eine auswärtige High School besuchen, und so sah unser Plan vor, sie zu einem weiteren Jahr der Klasse sechs anzumelden, doch ihre Lehrer redeten uns das aus. Sie war nicht nur die Wortführerin in der Klasse, sondern auch sehr intelligent. Die Lehrer sahen überhaupt keine Notwendigkeit für ein weiteres Jahr. Schließlich stimmten wir zu. Es war zweifellos leichter. So ging sie im folgenden Jahr mit 11 zur High School.

Etwa zu dieser Zeit hörte ich damit auf, gewohnheitsmäßig den anderen Kindern unter dem Tisch auf den Fuß zu treten oder ihnen bedeutungsvolle Blicke zuzuwerfen, wenn die Unterhaltung beim Abendessen zu Themen abschweifte, die für eine Elfjährige nicht geeignet waren. Lucy war 18, Sam 15, und ihre Meinungen und Gespräche waren immer offen und frei. Als Jessie die High School unmittelbar bevorstand, ließ meine Zensur nach. Außerdem bemerkte sie jetzt, wenn ich die Unterhaltung in andere Bahnen lenkte, wenn es »gerade interessant wurde«, wie sie sagte. Sie hörte oftmals bei Diskussionen zu, die für gewöhnlich für ein so junges Mädchen ungeeignet sind. Aber das war das Ergebnis ihrer Position in der Familie. Sie bekam zwangsläufig Themen von »Älteren« mit.

Ziemlich oft erlebten wir, dass ganze Mahlzeiten vergingen, ohne dass Jess einen Beitrag zu der Unterhaltung leistete. Das lag hauptsächlich daran, dass sie nicht mitsprechen konnte, denn ihre beiden älteren Geschwister und Eltern waren starke Persönlichkeiten. Ein paar Male meldete sie sich sogar zu Wort, indem sie aufzeigte. Wir verstummten sofort und bemühten uns, sie nicht zu ignorieren, sondern ihr eine Chance zu geben. Die neugierige Phase sollte nicht unterdrückt werden, sondern sich entwickeln können.

Aber sie war (und ist es noch) beim Abendessen die Stillste an unserem Tisch. Sie nahm zwar die Favoritenrolle ein, weil sie die Jüngste war, aber ich nehme an, sie fand es oftmals schwierig, sich Gehör zu verschaffen.

Schon wenige Tage, nachdem sie zur High School ging, kündigte Jessie an, dass sie nun Vegetarierin sei – aus moralischen Gründen, nicht aus gesundheitlichen – und nicht länger das Abschlachten von Tieren hinnehmen könne. Es war ein Beispiel dafür, dass sie sich von den anderen unterscheiden wollte.

Wir nahmen ihren Vegetarismus ziemlich gelassen hin. Wir dachten, ihr Verhalten würde höchstens ein paar Tage andauern. Ich entschied mich, beim Kochen keine Rücksicht darauf zu nehmen, um ihr nicht das Gefühl von zusätzlicher Wichtigkeit zu geben. So aß sie anfangs das Gleiche wie wir, ohne das Fleisch. Nach drei Wochen entschied ich, dafür zu sorgen, dass sie ausreichend Protein und Eisen bekam, und ich bemühte mich. In ein paar Wochen würde sie ihren zwölften Geburtstag feiern. Das würde ihr gewiss den Kopf zurechtsetzen.

Als der Geburtstag nahte, wollte sie statt einer Party lieber mit ihrer Familie zum Mittagessen ausgehen. Sie wählte ein Lokal aus, das wir schon besucht hatten. Dies würde sicherlich das Fasten beenden, nahm ich an, doch tags zuvor bestand sie darauf, dass ich in dem Lokal anrief und mich erkundigte, ob es auf der Karte vegetarische Gerichte gab. Sie aß unbeirrt Salate und Gemüse, während wir uns alle möglichen Fleischgerichte schmecken ließen. Wir bewunderten ihre Willenskraft, denn Salat und Gemüse gehörten vorher nicht zu ihren Vorlieben. Erst ein halbes Jahr später duldete sie allmählich wieder etwas Fleisch bei ihrem Essen.

Jessie hatte, wie Lucy, von sehr frühem Alter an feste Vorstellungen von Kleidung. Ein Streit mit Lucy über ihre Kleidung war nur Energieverschwendung und führte letztendlich zu nichts.

Schließlich lernten wir es, Kompromisse zu schließen, sodass es nicht länger ein Anlass zum Streit war. Als Jess geboren wurde, genoss ich die Gelegenheit, sie zu kleiden, wie es mir beliebte, solange es möglich war. Joe sagte mir mal, ich behandele sie wie eine Puppe, und obwohl ich das heftig abstritt, weil sie für gewöhnlich strapazierfähige Kleidung trug und niemals Spitze oder Rüschen, wusste ich, dass ein Körnchen Wahrheit an der Behauptung war. Sie war so niedlich und süß, und da war dieses Gefühl, dass es mein letztes Kind war und ich ihre Zeit als Kleinkind genießen sollte.

Als sie acht war, weigerte sie sich völlig, ein Kleid oder einen Rock zu tragen. Unsere Lebensart war zwanglos, und Jessies Vorstellungen von Lieblingsbekleidung waren nie ein Thema für Joe und mich. Mit sauberen Jeans konnte man fast überallhin gehen. Um ehrlich zu sein, war ich ziemlich erfreut, dass sie nicht wie andere zu ausgefallener Kleidung neigte. Sie sah immer noch schick und modern gekleidet aus, trug jedoch nie »Mädchen«kleidung.

Bei der Abschiedsfeier nach der Vollendung der sechsten Klasse musste sie ihr Verhalten zum ersten Mal überdenken. Die Veranstaltung war im Laufe der Jahre immer festlicher geworden – unpassend, wie ich fand –, und die Schüler wurden ermuntert, sich förmlich zu kleiden, die Jungs nicht in Jeans, und die Mädchen mit etwas Kleidsamerem. Wir überlegten, was wir tun sollten. Ich fand, dass es zu viel verlangt war, dass die Eltern für einen einzigen Anlass förmliche Kleidung für 11- und 12-jährige Kinder kauften, und dass man zu viel aus diesem Ereignis machte. Vermutlich ermutigte ich deswegen meine Tochter nicht, sich für ein Kleid zu entscheiden, sondern ließ sie selbst wählen.

Es sollte ein Kleid sein.

Wir machten uns in Bekleidungsgeschäften auf die Suche, und ich war entsetzt, wie teuer Kleider waren. Nur wenige gefielen ihr. Alle waren zu »hübsch« oder zu »altmodisch«.

Doch dann sah sie *das* Kleid in einem Schaufenster, dasjenige, bei dem selbst eine Elfjährige sofort weiß, dass sie es haben muss. Es war prächtig. Schwarz, ärmellos, mit betonter Taille, gerafftem Rock und weißer Schärpe. Es war schlicht, nicht zu hochgestochen und sehr schön. Jess verliebte sich darin und entschied, wenn sie ein Kleid tragen musste, dann dieses. Ihr Geschmack war einwandfrei.

Der Preis war Schwindel erregend, mindestens genau so hoch wie ich für ein gutes Kleid für mich selbst bezahlt hätte. Und ich konnte mir nicht vorstellen, dass sie es ein zweites Mal tragen würde. Aber es war ein besonderer Anlass, das Kleid war groß genug, sodass sie nicht zu schnell herauswachsen würde, und sie sah bezaubernd darin aus. Selbst Jess wusste einzuschätzen, wie teuer es war, und dann kamen wir auf die perfekte Lösung, als Jess sich in dem Geschäft um ihre Achse drehte und sich im Spiegel betrachtete. Ich würde das Kleid kopieren. Ich bin zwar nicht großartig im Nähen, aber ich kann einfache Dinge schaffen, und dies war ein schlichter

Stil. Ich kaufte etwas Taft, nähte ein Duplikat, und sie liebte es. Als wir in der Schule eintrafen, wurde sie von ihren Lehrern mit den Worten begrüßt: »Wir haben Wetten abgeschlossen, Jess. Wir dachten, du würdest in Jeans kommen, aber du siehst in diesem Kleid wundervoll aus.« Sie war begeistert, zog jedoch immer noch kein anderes Kleid an, bis sie 13 war und erkannte, dass Jungen ihr größere Aufmerksamkeit schenkten, wenn sie ihre Beine zeigte. Jess trug keine Schuluniform. Keines unserer Kinder tat das. Es ist bei uns nicht Pflicht. Es gab ein paar andere Eltern wie uns, die ihre Kinder nicht ermunterten, Schuluniformen zu tragen, aber es waren nur wenige. Wir betrachteten es als ein anachronistisches Überbleibsel aus der Vergangenheit, als Anpassung ein Resultat der Erziehungsmethode gewesen war, hielten es jedoch nicht mehr für zeitgemäß und wünschenswert. Uniformen sind gewiss einfach – sowohl für die Eltern als auch für die Schule – doch wir waren der Ansicht, dass es viel sinnvoller ist, Jugendliche zu lehren, sich angemessen zu kleiden. Wir hatten unsere eigenen Maßstäbe und Bekleidungsregeln. Die Kinder mussten passend für den Anlass gekleidet sein, sauber und anständig. Und das, so fanden wir, deckte wirklich alle Möglichkeiten ab.

Es ärgerte die Schulleitung gewaltig, doch sie konnte wenig dagegen tun. Ich hatte angenommen, dass unsere Einstellung diesbezüglich bekannt war und akzeptiert wurde. Joe hatte schriftlich unsere Ansichten erklärt und darauf hingewiesen, dass unser Kind unsere Unterstützung bei der Entschcidung hatte, keine Schuluniform zu tragen. Joe war einige Jahre zuvor stellvertretender Direktor dieser Schule gewesen, und diejenigen, die sich an ihn erinnerten, einschließlich des gegenwärtigen Direktors, waren nicht überrascht über seine Haltung.

So überraschte es mich, als ich eines Morgens um halb zehn einen Anruf erhielt und gebeten wurde, Jess richtige Kleidung zu bringen. Sie würde erst am Unterricht teilnehmen dürfen, wenn sie anständig angezogen wäre. Ich war nicht belustigt. Ich arbeitete von zu Hause aus und bereitete den Bericht über eine wichtige Überprüfung unserer Schule vor. Die Arbeit war heikel und kompliziert und der Höhepunkt von vielen Monaten Arbeit der ganzen Schulbelegschaft. Ich musste eine Frist einhalten, und es war mir eigentlich nicht möglich, zu Jessies Schule zu fahren und ihr Kleidung zum Wechseln zu bringen. Sie hatte nichts Schockierendes an. Ein T-Shirt (sauber, schlicht, ohne Risse), einen langen Rock mit indianischem Muster und die unvermeidlichen Doc-Martens-Schuhe. Man hatte Einwände gegen den Rock. Zu gebauscht. Könnte sich im wissenschaftlichen Labor verfangen. »Welch ein Blödsinn«, dachte ich. Ich wette, sie forderten ihr weibliches Personal nicht auf, glatte Röcke zu tragen.

Aber ich willigte ein, ihr eine Jeans zu bringen.

Bei meinem Eintreffen saß sie wartend im Foyer. »Tut mir Leid, Mum. Der Vertretungslehrer wollte einfach nicht zuhören. Ich versuchte, zu erklären, dass du den Rock ebenfalls cool findest.«

Ich händigte die Jeans aus, gab ihr einen Kuss und schickte sie zum Umziehen. Dann fragte ich, ob ich kurz mit dem Direktor sprechen könne. Er war sofort zur Stelle. Ich kannte ihn ziemlich gut. Er wirkte ein wenig verlegen. Und wir beide lächelten. Er wusste, was kommen würde. »Bitte, David, rufen Sie mich nicht noch einmal wegen etwas so Banalem an. Ich sorge dafür, dass die Kleidung meiner Tochter angemessen ist, und ich bin überzeugt, dass nichts Falsches an dem war, was sie trug. Es war nur keine Uniform. Ich will nicht, dass sie noch einmal aus der Klasse geschickt wird.«

Er lächelte wieder. Er hatte großen Charme, den er sicherlich bei vielen Eltern ausspielte. »Ich verstehe, Imogen, aber einige von meinem Personal setzen sich sehr engagiert für die Schuluniform ein. Ich nehme an, sie fühlen sich, als hätten sie einen Erfolg errungen. Und dass Jess eine Ausnahme ist, macht es uns schwierig.«

Ich gestand zu, dass es schwierig war. »Übrigens, hatte sie heute Naturwissenschaft?«

Wieder dieses charmante Lächeln. »Sicherlich.«

Wir beide wussten, was da ablief. Und wir trennten uns ziemlich freundschaftlich.

Ich habe immer noch die gleiche negative Ansicht über die Notwendigkeit und den Nutzen von Schuluniformen. Viele Schulen schreiben jetzt nur eine bestimmte Farbe der Kleidung vor, was ich für eine sehr vernünftige Lösung für wechselnde Bedürfnisse halte. Aber ich kann mir denken, dass wir von diesem Tag an Jessies Missachtung von Autorität und Konformität bestärkten, ohne es bewusst zu wollen.

Als sie acht Jahre alt war, veränderte sich ihr Haar. Bis dahin war es lang, braun und glatt gewesen, und wie damals bei den meisten kleinen Mädchen war es zu Zöpfen geflochten oder zu einem Pferdeschwanz gebunden. Jeden Tag, wenn sie von der Schule heimkam, standen ihr die Haare zu Berge. Ich ermahnte sie, das Haar nicht so zu zerzausen, und sie behauptete, sie hätte es nicht angerührt. Wir erkannten bald, dass sich ihr Haar kräuselte. In ein paar Monaten wurde ihr Haar dick, drahtig und hatte eine Fülle von Locken, genau wie Joes Haar. Es veränderte sich völlig. Sie ließ es immer kürzer schneiden, ging im letzten Jahr der Grundschule selbst zum Frisör. Schließlich war es nur ein kurzer Spaziergang dorthin, und sie brauchte nun wirklich nicht beim Haareschneiden beaufsichtigt werden. Das dachte ich jedenfalls. Kurz vor dem Jahresende kehrte sie mit einem abscheulichen Haarschnitt zurück, eine Linie sichtlich an einer Kopfseite ins Haar geschnitten, um das längere Haar auf den kürzeren Seiten zu betonen. Joe war wütend; er warf mir Vernachlässigung meiner mütterlichen Fürsorgepflicht vor, weil ich Jess allein zum Frisör hatte gehen lassen. Aber ich sah es als ihre persönliche Entscheidung.

Es war unbedeutend im Vergleich mit späteren Haarschnitten, jedoch bedeutend in der Art, wie sie sich selbst sah. Niemand sonst hatte einen solchen Haarschnitt. Sie war die Erste an ihrer Schule, die solch einen hatte. Sie liebte es, aufzufallen, und betrachtete sich bereits selbst als Alternative zu dem Herkömmlichen. Ich nehme an, ich ermunterte sie, weil ich sie nicht tadelte. Joe war überzeugt, dass ich sie bestärkte, dass ich tatsächlich auf ihren Individualismus stolz war und mich darüber freute, weil sie mehr die Person war, die ich nicht war und gern gewesen wäre, und er sagte, sie sei mehr mein Kind als seines. Vielleicht stimmte das. Vielleicht kam sie auf mich. Ihren Individualismus habe ich sicherlich nicht missbilligt.

Den Haarschnitt, der alle Frisuren beendete, ließ sie sich machen, als sie 15 war. Joes Mutter war für ein paar Tage zu Besuch bei uns. Warum wählen Kinder ihre empörendsten Augenblicke, wenn ihre Großeltern zu Besuch sind? Es war gegen halb zwölf an einem Sonntagmorgen, und wir wollten uns mit Joes Bruder und seiner Frau zum Mittagessen treffen. Jess war noch nicht aufgetaucht. Eine Freundin hatte bei ihr übernachtet, und *sie* war aufgestanden und hatte geduscht, aber nicht Jess. Joe kam ins Wohnzimmer und sagte: »Im, kann ich dich einen Moment im Schlafzimmer sehen?« Es war keine Frage. Mehr ein Befehl. Sofort unheilvoll. Es konnte nicht vor Oma besprochen werden.

Wir hatten kaum das Zimmer verlassen, als er fragte: »Hast du heute Morgen Jessie gesehen?« Eine lächerliche Frage, wie sich herausstellte. Er wusste, dass ich sie nicht gesehen hatte, denn sonst hätte ich nicht im Wohnzimmer gesessen, Kaffee getrunken und geplaudert. »Nun, dann solltest du zum Schlafzimmer mitkommen und dir das ansehen.« Er war wütend.

Jessie saß auf unserem Bett, ein Handtuch um den Kopf gewickelt, und Tränen liefen über ihr Gesicht. »Nimm das Tuch ab und zeig es ihr«, sagte Joe. Sie band das Handtuch vom Kopf und ließ es nervös neben sich fallen. Sie hatte praktisch überhaupt kein Haar mehr auf dem Kopf. Sie war kahl. Rasiert. Ich sagte das Einzige, was mir einfiel, während ich ungläubig auf ihren Kopf starrte: »Wo ist dein Haar?«

Die Tränen flossen noch stärker. »Ich habe es abrasiert. Ich dachte, ich würde wie Sinead O'Connor aussehen, doch stattdessen sehe ich so aus!«

Sie sah so Mitleid erregend und lustig zugleich aus, dass ich zu ihr ging, sie in die Arme nahm und mich bemühte, nicht zu lachen, jedoch ohne großen Erfolg.

»Es ist nicht lustig, Mum.«

»Ich weiß, ich weiß, mein Liebling.« Ich bemühte mich sehr, völlig ernst zu klingen.

Es war geschehen, und sie musste mit den Konsequenzen leben. Das ließ sich nicht vermeiden. Was würde eine Strafpredigt bewirken? Sie erklärte, wie sie die Haare in der Nacht mit der Schere abgeschnitten hatte, und dass es so schrecklich ausgesehen hatte, dass sie sich in aller Frühe aus dem Haus geschlichen, einen Freund ein paar Straßen weiter geweckt und ihn überredet hatte, sie mit seinem Rasierer kahl zu scheren.

Dies klingt jetzt ziemlich alltäglich, doch damals war es beispiellos. Niemand (außer Sinead O'Connor) rasiert sich den Kopf. Geschweige denn 15-jährige Mädchen; sie hatten die verrücktesten Haarschnitte, doch sie hatten immer noch Haare.

Joes Mutter, in ihrer unendlich klugen Art und Weise, meisterte die Situation mühelos, indem sie Jess dafür dankte, dass sie ihr den Besuch so denkwürdig gemacht hatte. Schließlich scherzten wir alle und neckten Jess, doch sie war über ihr Aussehen schrecklich aus der Fassung gebracht. Wir zerschnitten ein altes schwarzes T-Shirt, um einen Schal zu machen, und ich versprach, ihr am nächsten Tag einen Hut zu kaufen. Sie konnte keinen finden, der ihr gefiel, und so behalfen wir uns bis Donnerstag mit einem Schal, als sie mit Haarstoppeln, die in vier Tagen nur wenig gewachsen waren, zur Schule ging. Ich nehme an, dass sie leider unter ihresgleichen wie eine Heldin behandelt wurde.

Sie und ich mussten viele überraschte und missbilligende Blicke über uns ergehen lassen, als wir durch die Straße gingen. Die Leute schauten mich und Jess an, als wollten sie zu mir sagen: »Wie konnten Sie ihr das erlauben?« Ich sagte ihr oftmals, ich würde ein großes Schild vor mir hertragen: »ICH HABE ES IHR NICHT ERLAUBT! SIE HAT ES MITTEN IN DER NACHT GETAN.«

Eine der lustigsten Reaktionen auf ihren rasierten Kopf kam von der Vorsitzenden unserer Schulkommission, bei der ich Mitglied war. Vor dem Beginn unserer monatlichen Versammlung fragte sie, was mein *Sohn* von dem Vorstellungsabend des örtlichen College gehalten hatte.

Ich lachte nur und antwortete: »Jessie war beeindruckt. Und eigentlich ist Jessie meine Tochter. Sie hat sich mitten in der Nacht die Haare abgeschnitten.« Es folgte ein wenig allgemeine Verlegenheit, und dann mussten wir alle lachen.

Am Freitag nach dem totalen Haarschnitt erhielt ich einen Anruf von der Busgesellschaft, dass Jessie ihren Fahrausweis vergessen und sich der Busfahrer geweigert hatte, sie ohne Ausweis im Schulbus mitzunehmen, obwohl sie regelmäßig damit fuhr und ihre Freundinnen und Freunde bezeugt hatten, dass sie eine Schülerin war. Technisch war das korrekt. Schüler mussten ihre Fahrausweise vorzeigen, wurden jedoch in der Praxis selten danach gefragt, wenn der Fahrer sie kannte. Es lag nicht daran, dass er sie nicht erkannt hatte, sondern daran, dass er sich entschieden hatte, ihr das Leben schwer zu machen. Schließlich hatte sie keine Haare auf dem Kopf. Sie musste einfach ein Problem sein. Es überrascht mich immer noch, dass Erwachsene solch alberne Reaktionen zeigen. Ich wies sie an, zu bleiben, wo sie war, und versprach, sie abzuholen.

Ich hatte eine schwierige Woche in der Schule hinter mich gebracht, und dies hatte mir gerade noch gefehlt. Wie konnte jemand bei dem Thema Frisur so diskriminierend sein? Jess war nicht nach dem Fahrausweis gefragt worden, als sie Haare gehabt hatte. Warum jetzt?

Ich führte sie in den Wagen und erklärte ihr, dass sie ein paar Minuten warten sollte. Voller Wut ging ich ins Büro der Busgesellschaft. Ich konfrontierte den Leiter mit meinem Ärger.

»Entschuldigen Sie bitte. Ich glaube, Sie sind hier der Chef?« Er nickte. »Nun, ich bin gekommen, um meine Tochter Jessie abzuholen.« Ich lächelte, was sehr hilfreich sein kann, wenn man sich beschweren will. »Es gab anscheinend irgendein Missverständnis. Meiner Tochter wurde der Zutritt zum Schulbus verweigert.«

»Mein Fahrer hat mich darüber informiert. Sie hatte ihren Fahrausweis nicht dabei.«

»Ja, mir ist klar, dass sie ihren Ausweis nicht dabeihatte, aber sie fährt regelmäßig mit dem Bus, der Fahrer weiß, dass sie Schülerin ist, und all ihre Freunde haben das bezeugt.«

»Ich bezweifle, dass man von meinen Fahrern erwarten kann, sich an jeden zu erinnern, der in ihren Bus steigt. Jeder Schüler muss seinen Fahrausweis vorzeigen.«

»In den letzten paar Wochen hat er von ihr nicht verlangt, den Fahrausweis vorzuzeigen. Warum plötzlich jetzt?«

Er wirkte ein bisschen verblüfft. »Ich kann nicht für meinen Fahrer sprechen. Sie werden ihn selbst fragen müssen.«

»Es hat doch nichts mit der Tatsache zu tun, dass sie sich den Kopf rasiert hat, oder? Komischerweise war es in der vergangenen Woche kein Problem, dass sie ihren Fahrausweis nicht dabeihatte.« Und dann sagte er: »Nun, Ma'am, Sie sollten wissen, dass sich Ihre Tochter weigerte, aus dem Bus auszusteigen und ich gerufen wurde, um sie zu entfernen. Und als ich darauf bestand, dass sie den Bus verließ, beschimpfte sie uns alle auf das Übelste. Sagte uns: ›Verpisst euch, ihr Arschlöcher.‹«

Ich gab sofort klein bei. »Es tut mir Leid, dass sie das gesagt hat. Dieses Verhalten billige ich überhaupt nicht. Ich werde mit ihr sprechen. Ich entschuldige mich, das hätte sie nicht sagen sollen.« Ich wollte mich nur noch davonstehlen.

Ich war wütend auf Jess. Auf der Nachhausefahrt und etwa eine halbe Stunde lang danach hielt ich ihr eine Standpauke.

»Wie kann ich dich verteidigen, wenn du dich so benimmst? Du hast alles vermasselt. Wenn du höflich gewesen wärst, hätte ich voll und ganz auf deiner Seite gestanden. Jetzt geht es nur darum, dass du beleidigend warst. Es hilft nie in einer Situation, ungehobelt und aggressiv zu sein. Es macht die Dinge nur noch schlimmer.«

Sie versuchte nicht einmal, sich zu verteidigen, abgesehen von einem halbherzigen Versuch, zu erklären, dass sie sich nur wegen ihrer Glatze so verhalten hätte, weil es sie zornig mache, dass jemand so spießig sein könne. Ich erklärte ihr, dass es viele spießige Leute auf der Welt gibt und dass die Art, wie sie damit umging, völlig falsch war.

Ein weiteres Beispiel für ihre Missachtung von Autorität.

Ich bin mir nicht sicher, ob sie nach diesem Zwischenfall den Wert von Höflichkeit gelernt hat, aber es war ihr klar geworden, dass das Äußere die Art beeinflusst, wie man aufgenommen wird. Wenn sie etwas aus dieser Sache gelernt hatte, dann mehr Verständnis für die Verschrobenheiten anderer. Aber sie entschied sich nie wieder dafür, kahlköpfig herumzulaufen.

Überraschenderweise hatte Jessie niemals wirkliche Probleme in der Schule. Ihre Lehrer mochten sie und fanden sie lebhaft und offen, intelligent und zu guter Leistung fähig, wenn sie sich bemühte. Aber der Notendurchschnitt ihrer Zeugnisse wurde immer schlechter. Gelegentlich reichte sie eine ausgezeichnete Arbeit ein, genug, um den Lehrern klar zu machen, wozu sie in Wirklichkeit fähig war, aber im Allgemeinen zeigte sie immer weniger Interesse.

Meistens erledigte sie ihre Hausaufgaben, war sehr gesellig in der Schule und hatte viel ungenutztes Talent, aber man sah auch das Risiko, dass sie in schlechte Gesellschaft abglitt. Ihre Freundesclique veränderte sich im neunten Schuljahr, etwas, das mit ihren schlechten Leistungen einherging und das weder wir noch die Schule als gutes Anzeichen werteten. Nach der Hälfte des Jahres wurde sie ausgewählt, eine Mädchengruppe zu besuchen, die vom christlichen Verein junger Frauen betrieben wurde und sich jeden Donnerstag versammelte, anstatt am Schulunterricht teilzunehmen.

Wir freuten uns für sie. Das Programm wirkte lebendig und ansprechend. Ich war mir nicht sicher, warum sie ausgewählt worden war, und fühlte mich deswegen ein wenig unbehaglich. Ich rief bei der Schule an, um mehr herauszufinden. War sie ein Musterbeispiel oder hatte sie es nötig? Man erklärte mir behutsam, dass beides zutraf: Sie war ein wertvolles Musterbeispiel für die anderen Mädchen und in der Lage, die Informationen an andere weiterzugeben, aber auch selbst in Gefahr. Wir verstanden, was man meinte. Wir waren besorgt, aber nicht wirklich beunruhigt. Gewiss, wir waren nicht begeistert von der Wahl ihres Umgangs. Aber Lucy hatte eine ähnliche Phase durchgemacht. Jess würde sie ebenfalls überstehen.

Ungefähr zu dieser Zeit hörte sie auf, ihre Beine und Unterarme zu rasieren. Es störte mich wirklich, doch es gab keinen rationalen Grund, weshalb. Ich wusste, dass ich das Produkt meiner Generation war, in der das Wachsen oder Rasieren gnadenlos verlangt worden war. Natürlich hatten sich die Zeiten geändert. Wir hatten fröhliche Gespräche darüber, bei denen ich ihr Rasierapparate präsentierte und sie aufforderte, unter die Dusche zu gehen und sie zu benutzen. Sie lachte nur und sagte mit tadelloser Logik: »Mum. Warum regst du dich deswegen so auf? Du hast mich aufgezogen, damit ich eine Feministin werde und unabhängig denke. Ich weigere mich nur, die stereotype Sexrolle hinzunehmen, die den Frauen in der Gesellschaft von Männern auferlegt wird. Körperhaare sind natürlich. Das Abrasieren ist es nicht.«

Diese Unterhaltungen waren stets spöttisch ernst, und ich sagte dann: »Erzähl mir nichts von feministischen Theorien. Ich habe sie dir beigebracht. Ich weiß, dass ich dich zu unabhängigem Denken erzogen habe, aber ich habe immer angenommen, dass du mit mir übereinstimmst.« Und schließlich lachten wir beide.

Aber ich hasste es, wie sehr sie ihr Aussehen von der Norm abänderte. Es stimmt, wir suchen andere, bei denen wir das Gefühl haben, dass sie zu uns passen. Aber diejenigen, mit denen Jess verkehrte, waren die am Rande, die Minderheiten. Sie wurde immer ungepflegter und hätte schließlich für ein verwahrlostes Straßenkind gehalten werden können. Es gab keinen Zweifel daran, dass sie sich mit dieser Subkultur identifizierte.

Es bedurfte all meiner Loyalität zu ihr, damit ich mich nicht manchmal ihretwegen verlegen fühlte. Wenn wir durch das Civic Centre gingen, das Geschäfts- und Einkaufszentrum von Canberra, wo ihre Freunde herumlungerten und Kaffee schnorrten, nahm sie mich oftmals an die Hand. Dies tat sie völlig unbewusst, und sie stellte ihren Freunden und Bekannten stets ihre konservativ aussehende Mutter in mittlerem Alter ohne Zögern vor. Ich hatte das Gefühl, dass sie mein Aussehen akzeptabel fand und der Meinung war, ich sollte mich auch nicht wegen ihres Aussehens genieren. Und es war mir auch nicht peinlich – meistens jedenfalls nicht. Ich konnte mich gut erinnern, welche Ansichten ich hatte, als ich in ihrem Alter gewesen war. Ich wollte nicht so diktatorisch wie meine eigene Mutter sein. Oder mich rücksichtslos über Jessies eigene Ansichten über ihr Äußeres hinwegsetzen. Ich sagte ihr, wenn ich ihr Aussehen schrecklich fand, bestärkte sie, wenn sie einen besseren Anblick bot, und bestand gelegentlich darauf, dass sie ihr Outfit änderte. Joe fand es viel schwieriger, dies zu akzeptieren, und nur widerwillig folgte er meinem Beispiel.

Die Wahrheit war, dass wir sonst wenig tun konnten.

2. KAPITEL

Das Jahr, in dem Jessie im zehnten Schuljahr war, markierte einen Wendepunkt für unsere gesamte Familie.

Im November des vorangegangenen Jahres war Joe ernsthaft erkrankt und hatte zwei Wochen im Krankenhaus gelegen. Es begann an einem Donnerstagabend, als Jessie eine Schuldisco besuchte und Sam bei einem Freund war. Joe sah im Schlafzimmer fern – das nahm ich jedenfalls an –, und ich korrigierte am Tisch im Wohnzimmer Schulhefte. Kurz nach 21 Uhr kam Joe langsam ins Wohnzimmer, ließ sich in einen Sessel sinken und sagte sehr leise und ruhig: »Ich habe schon seit einigen Stunden Stiche in der Brust, und sie werden nicht besser. Ich glaube, du musst mich ins Krankenhaus bringen.«

Es war ernst, und wir beide wussten es. Es war nicht das erste Herzproblem, das Joe hatte. Mit 40 hatte er sich einer Herzoperation unterzogen, und so nahmen wir es vermutlich ein wenig gelassener hin als andere, die damit zum ersten Mal fertig werden müssen. War er einverstanden, dass ich ihn zum Krankenhaus fuhr? Klar war er das. Wie blöde von mir, überhaupt zu fragen. Ich hätte einfach anrufen und einen Krankenwagen bestellen sollen. Doch stattdessen schrieb ich schnell eine Nachricht für Sam auf, erklärte kurz, was geschehen war, und bat ihn, Jess nach seiner Heimkehr von der Disco abzuholen. Und dann fuhr ich Joe zum Krankenhaus.

Dort behandelte man ihn sofort. Er hatte anscheinend keinen Herzanfall gehabt, doch es bestand der Verdacht auf Angina pectoris. Er wurde zu weiteren Untersuchungen in Intensivpflege genommen. Als ich um 23 Uhr 30 heimkehrte, hatte Sam Jess von der Disco abgeholt und mit ihrer Freundin Melissa nach Hause gebracht, die bei uns übernachten wollte. Ich erklärte so behutsam wie möglich, was geschehen war, und versuchte, Jess nicht zu beunruhigen. Sie gingen zu Bett, und Jess erzählte mir später, dass sie sich eine Ewigkeit mit Melissa unterhalten hatte, deren Vater vor zwei Jahren an Krebs gestorben war.

Nach einer Woche wurde Joe aus dem Krankenhaus entlassen, musste jedoch Tage später wieder dorthin zurück, als sich sein Zustand nicht besserte. Man änderte seine medikamentöse Behandlung, und nach einer weiteren Woche wurde er heimgeschickt, um auf einen chirurgischen Eingriff in Sydney zu warten.

Ich hatte die strikte Anweisung bekommen, die Kinder still und ruhig zu halten, wenn sie zu Besuch waren – die Art Anweisungen, die man erhält, wenn es sich um kleine Kinder handelt, nicht um diese fast Erwachsenen. Aber sie übertrafen sich in ihren Bemühungen ihn aufzuheitern und zum Lachen zu bringen, etwas, das bezeichnend für unsere Familie ist. Es war wie bei einer Party. Und nach ungefähr zehn Minuten fing ich Joes Blick auf. Er hatte ausgelassen gelacht, war dadurch jedoch völlig erschöpft. So wirkt die Gruppendynamik in unserer Familie. Nehmen Sie uns alle zusammen, alle in guter Stimmung rings um den Tisch beim Abendessen, und wir sind laut und ausgelassen und jeder versucht ständig, die anderen zum Lachen zu bringen. Mir tun Leute, die zu Besuch sind und die Familie nicht kennen, ziemlich Leid. Die Partner und Freunde der Kinder finden uns sicher manchmal ein bisschen überwältigend. Einige blühen bei diesem Trubel natürlich auf. Und das sind diejenigen, die wir am herzlichsten empfangen.

Aber eine Intensivstation eines Krankenhauses ist nicht der richtige Ort dafür.

Nach weiteren fünf Tagen wurde entschieden, dass Joes Zustand stabil genug war, um ihn nach Hause zu entlassen, wo er darauf warten sollte, bis sein Name oben auf der Liste der Patienten stehen würde, die in Sydney operiert werden würden. Wir rechneten damit, dass es nicht länger als ein paar Wochen dauern würde.

Bald nach Joes Heimkehr aus dem Krankenhaus, ironischerweise an einem Tag, an dem er sich selbst ziemlich bemitleidete, erfuhren wir von einer engen Freundin, dass das vorübergehende Abklingen bei ihrem Leberkrebs eine trügerische Hoffnung gewesen war. Sie würde mit der Chemotherapie anfangen, doch die Prognose war, wie wir alle wussten, äußerst schlecht.

Es rückte Joes Krankheit sofort in eine andere Perspektive. Gewiss, er war sehr schlimm dran. Aber *ihm* würde es nach einem operativen Eingriff besser gehen. Er musste nur warten. Für unsere Freundin gab es keine wirkliche Hoffnung. Sie starb schließlich drei Wochen nach Joes Operation.

Ich war sehr nervös, als ich Joe heimbrachte. Der Arzt versicherte mir, dass Joe allein gelassen werden konnte, solange er ein Telefon in der Nähe hatte, wenn er es brauchte. Während ihn das zu beruhigen schien, beunruhigte es mich enorm. Er war sehr eingeschränkt. Er konnte nicht stehend duschen, und so stellten wir einen Plastikstuhl in die Duschkabine. Vor dem Duschen hatte er stets am meisten Angst, und ich wartete jeden Morgen, bis er wieder im Bett war und sich behaglich fühlte, bevor ich zur Schule aufbrach. Und während er ganz normal wirkte, wenn Freunde und Bekannte anriefen, war er in Wirklichkeit bettlägerig und konnte gerade mal 20 Minuten lang das Bett verlassen und herumgehen.

Trotzdem schaffte er es, mit mir Weihnachtseinkäufe zu machen. Das war etwas, das er stets geliebt und das für gewöhnlich viel mehr für ihn bedeutet hatte als für mich. Ich hielt dann vor dem Canberra Centre, und er ging langsam

30 Meter zur nächsten Bank und wartete, während ich den Wagen parkte. Dann kehrte ich alle paar Minuten mit meinen Einkäufen zurück und zeigte sie ihm. Auf die anderen Käufer wirkte er vermutlich wie ein geduldiger Ehemann, der darauf wartete, dass seine einkaufswütige Frau endlich alles erledigt hatte.

Joe schaffte es auch, an Sams Abschlussfeier auf dem College teilzunehmen. Erst später erzählte mir Joe, wie schwierig es für ihn gewesen war. Aber er war entschlossen, dabei zu sein. Sam hatte im 12. Jahr sehr gute Noten bekommen und würde einige Auszeichnungen erhalten. Es war ein Meilenstein in Sams Leben, den Joe nicht versäumen wollte. Er schaffte eine Treppe, indem er sich trotz all der Leute ringsum nach jeweils zwei, drei Stufen ausruhen musste. Und wir saßen hinten im Saal auf den letzten Plätzen. Der Direktor des Colleges, den wir gut kannten, kam auf einen Plausch zu uns und bestand in seiner jovialen Art darauf, dass wir nach vorne kamen und neben ihm auf reservierten Plätzen saßen. Das bedeutete für Joe eine lange Treppe nach unten und eine ebenso lange Treppe zurück. Das kam nicht in Frage. Joe lehnte höflich ab. Aber John, der Direktor, ließ sich nicht davon abbringen. Schließlich sagte Joe, der es hasste, seine Krankheit zu erwähnen: »Es tut mir Leid, John, aber mir geht es nicht gut genug. Ich bin gerade erst von der Intensivstation entlassen worden.«

Eine Woche vor Weihnachten wurde uns klar, dass es länger dauern würde als angenommen, bis Joe in Sydney operiert werden würde.

Es war ein ruhiges, aber glückliches Weihnachtsfest. Joe war zwar fröhlich, doch allen Kindern war bewusst, wie krank er war, und alle waren besorgt. Sie wussten, wie wenig er tun konnte, ohne sich gleich hinlegen und ausruhen zu müssen. Trotzdem gaben wir für Sam eine Party zum 18. Geburtstag, am Abend bevor er nach Adelaide reiste, und Joe zeigte sich ein paar Mal zehn Minuten lang.

Wir alle bedauerten, dass Sam uns verließ, aber er hatte sich vertraglich an eine Football-Mannschaft gebunden und würde die Universität besuchen, um Volkswirtschaftslehre zu studieren. Es war die Chance seines Lebens.

Jess vermisste ihn besonders. Sie war jetzt zu Hause das einzige Kind; Lucy war im Jahr zuvor ausgezogen, wohnte aber noch in Canberra.

Sam hatte in den ersten paar Wochen schlimmes Heimweh, bevor das Semester begann. Manchmal rief er uns mehrmals pro Tag an, immer per R-Gespräch. Unsere Telefonrechnung stieg ins Unermessliche. Eine saftige Telefonrechnung ist der Preis, den man zahlen muss, wenn man in Kontakt mit Kindern bleiben will, die in anderen Staaten leben. Jess konnte jedoch wochenlang nicht mit Sam sprechen, weil es sie so aufregte, dass sie weinen musste. Wir alle wussten, dass sie ihn furchtbar vermisste.

Nur wenige Wochen nach Sams Abreise kündigte uns Lucy an, dass sie mit dem Gedanken spiele, mit ihrem Freund nach Darwin zu ziehen. Er hatte dort einen Job angeboten bekommen, und ihr eigener Arbeitsvertrag war soeben abgelaufen. Sie wollte sich diese Chance nicht entgehen lassen. Wir verabschiedeten uns nur Wochen später tränenreich von ihr.

Innerhalb weniger Monate hatte sich unsere Familienstruktur dramatisch verändert. Lucy und Sam waren nicht nur ausgezogen, sondern auch weit weg von uns. Sie konnten nicht auf einen Kaffee vorbeischauen oder für ein Wochenende heimkommen.

Ich fand es schrecklich. Ich konnte nicht glauben, wie sehr ich sie vermisste. Manchmal war es wie ein körperlicher Schmerz.

Für Jess muss es den Anschein gehabt haben, als löse sich ihre gesamte Familie auf. Ältere Brüder und Schwestern verlassen das Elternhaus für gewöhnlich vor den Jüngeren, aber Jessie war erst 14 und litt besonders darunter. Und ihr Vater war schwer krank.

Am Abend vor dem Schulanfang im neuen Jahr aß Jess bei einer Freundin zu Abend. Joe und ich entschieden uns, in unserem liebsten indischen Restaurant zu essen. Darauf hatten wir verzichten müssen, seitdem er krank war. Wir kamen gegen 20 Uhr heim, und ich fühlte mich ein wenig beschwipst, nachdem wir in nur einer Stunde eine Flasche Wein geteilt hatten, als das Telefon klingelte. Ich nahm es mit hinauf ins Schlafzimmer, als sich Joe ins Bett legte.

»Hier spricht Schwester Margaret vom Calvary Hospital.«

Ich erstarrte. Dann entspannte ich mich, weil ich annahm, es hätte etwas mit Joes Operation zu tun. Allerdings war es eine sonderbare Zeit für einen Anruf.

»Sind Sie Jessies Mutter?«, fragte die Schwester.

»Ja, das bin ich. Warum?« Ich wagte kaum zu atmen.

»Sie ist soeben nach einem Unfall mit einem Fahrrad bei uns eingeliefert worden. Sie wurde mit einem Krankenwagen gefahren. Sie ist jetzt bei Bewusstsein, doch sie hat eine schwere Gehirnerschütterung, und sie hat einen Schneidezahn verloren. Wir sind uns noch nicht sicher, welche anderen Verletzungen sie haben könnte.«

Der Schock ernüchterte mich. »Ich komme sofort.«

Ich legte auf und informierte Joe. Er rührte sich nicht, lag nur auf dem Bett. »Komm. Wir müssen fahren«, sagte ich ungeduldig und nahm meine Handtasche.

»Ich kann nicht mitkommen. Du wirst mich anrufen und mir sagen müssen, wie es ihr geht.«

Das traf mich hart. Wie hatte ich vergessen können, wie krank Joe war! Er konnte mich nicht zum Krankenhaus begleiten und für eine unbestimmte Zeit warten, ganz gleich, wie sehr er es wünschte. Ich fühlte mich sehr einsam, als ich in die Nacht fuhr. Und ich kann mir vorstellen, dass es ihm ebenso erging.

Eine Schwester führte mich zu Jessies Krankenzimmer und erklärte mir unterwegs, dass ihre Nase und möglicherweise ihr linkes Bein gebrochen waren, da sie es nicht bewegen konnte. Als ich mich dem Zimmer näherte, konnte ich Jessie mit einer Schwester streiten hören. »Sie müssen mir einen Zahn besorgen. Ich brauche jetzt sofort einen! Holen Sie mir einen Zahn! Ich muss auf die Toilette. Ich werde mich bepissen, wenn ich nicht hingehe. Es wird Ihre Schuld sein, wenn ich mich bepisse.« Gewiss war das keine Musterpatientin. Aber ich war so erleichtert, sie zu hören, auch wenn sie beleidigend und ordinär war. Sie musste okay sein, wenn sie grob zu den Schwestern sein konnte.

Sie phantasierte noch, war irrational und rüde, was man mit der Gehirnerschütterung erklärte. Ihr Anblick war schockierend. Ihr gesamtes Gesicht war geschwollen und unförmig, die aufgeplatzten Lippen wirkten unnatürlich groß um das klaffende Loch, wo ihr Schneidezahn gewesen war, und ihre Nase war schief. Sie war mit Blut und Schmutz bedeckt und verzweifelt wegen des Verlusts ihres Schneidezahns. Auf der Stelle wollte sie einen Zahnarzt sehen, gleich im Krankenhaus, damit für sie ein Zahn als Ersatz am Morgen fertig war. In ihren gelegentlichen ruhigeren und vernünftigeren Momenten versicherte ich ihr, dass wir den Zahn so bald wie möglich ersetzen lassen würden.

Allmählich reimten sich die Krankenschwestern zusammen, was geschehen war. Sie war mit dem Fahrrad gefahren, ohne Helm, die tief stehende Sonne hatte sie geblendet, und sie war frontal und mit vollem Tempo gegen einen geparkten Wagen geknallt. Ihr Freund war zum nächsten Haus gerannt, um Hilfe zu holen, und dessen Bewohner hatten den Krankenwagen bestellt, der sie ins Hospital gebracht hatte. Sie wurde geröntgt, und man stellte fest, dass nichts außer der Nase gebrochen war, die in einer Woche oder 14 Tagen operiert werden würde, wenn sie sich etwas erholt hatte. Als ich draußen wartete, hörte ich die Schwester scharf zu ihr sagen: »Rede nicht in diesem Ton mit mir! Ich bin nicht deine Mutter!« Ich zuckte zusammen. Ich konnte mir vorstellen, was sie gesagt hatte. Sie erinnerte sich später und erzählte mir, dass sie der Schwester gesagt hatte, sie könne sie am Arsch lecken, sie würde nicht auf diesem Eisentisch liegen, wenn jeder Zentimeter ihres Körpers beschissen wehtat. Ich führte es auf die Gehirnerschütterung zurück. Aber taten es die Schwestern auch?

Gegen Mitternacht begann sich ihr Zustand zu bessern. Sie sprach zusammenhängend, wurde ruhig und höflich. Man beobachtete sie zwei weitere Stunden lang und sagte dann, ich könne sie nach Hause mitnehmen. Das war nicht so leicht, wie es klang. Sie hatte Krücken, und selbst damit konnte sie nicht ohne Hilfe gehen. Es dauerte eine Ewigkeit, bis ich sie gebadet und ins Bett gebracht hatte.

Am nächsten Morgen rief ich den Zahnarzt gleich nach der Öffnung der Praxis an. Er war sehr verständnisvoll und versprach, so schnell wie möglich einen Zahnersatz für sie anzupassen und anfertigen zu lassen. Aber sie musste zu ihm kommen, um einen Abdruck machen zu lassen. Ich bin mir nicht sicher, wie wir diesen Ausflug schafften. Wir konnten mit dem Wagen nur fast hundert Meter von der Praxis entfernt parken, und es dauerte fast eine Viertelstunde, bis sie vom Wagen aus dort war. Der Abdruck wurde behutsam von ihrem geschwollenen Mund gemacht. Und der Zahnarzt versicherte ihr, sie würde am nächsten Tag den neuen Zahn bekommen. Das war immer noch nicht früh genug für sie. Draußen schätzten wir die Entfernung zurück zum Wagen ab und ruhten auf dem mühsamen Weg dorthin alle paar Schritte aus. Dann gelangten wir an einen zurückgelassenen Einkaufswagen.

»Was meinst du, soll ich dich damit fahren, Jess?«

»Mum, das geht nicht. Was ist, wenn das jemand sieht?«

»Aber Liebling, das Gehen tut dir so weh. Es ist niemand in der Nähe. Und alle deine Freunde sind in der Schule. Komm, so wird es viel leichter sein.«

Vorsichtig kippte ich den Einkaufswagen ein wenig unter ihrem Po, und trotz ihrer Schmerzen ließ sie sich darauf sinken. Ihre aufgeschürften Beine hingen über die vordere Seite, während sie ihre Krücken hielt. Wir kicherten auf dem ganzen Weg zum Wagen und ernteten viele amüsierte Blicke und sogar ein paar Kommentare. Am nächsten Tag, als wir zurückkehrten, um den Zahn einsetzen zu lassen, wartete Jessie im Wagen, während ich einen Einkaufswagen holte. Das war nicht die Art, wie die meisten 15-jährigen in ihrem örtlichen Einkaufszentrum verkehren.

Jessie fehlte zwei Wochen in der Schule. In dieser Zeit wurde ihre Nase operativ gerichtet, und sie lebte von Schokoladenmilch. Meine Kollegen in der Schule boten an, zu sammeln und mir einen weißen Kittel zu kaufen, da ich doch jetzt zwei Patienten zu Hause hatte.

In diesem Jahr hatte Jessie ihren ersten richtigen Freund. Er hieß Nicholas und war mit ihr im gleichen Jahrgang auf der Schule. Eigentlich ging er selten irgendwohin mit ihr »aus«, was man als ein Rendezvous oder Date bezeichnen konnte. Er kam gelegentlich in unser Haus, und sie verbrachte viele freie Nachmittage am Wochenende in seinem Elternhaus. Wir setzten sie dort ab und winkten ihrer Mutter, in dem sicheren Glauben, dass Jessie und Nick unter Aufsicht waren. Viel später, als die ein Jahr dauernde Beziehung endete, erzählte mir Jessie jedoch, dass Nicks Eltern zwar stets zu Hause gewesen waren, sie aber nie gestört und nicht gewusst hatten, was sie in der Privatsphäre in Nicks Zimmer getrieben hatten.

Sie bat mich frei und offen um Rat zur Empfängnisverhütung. Dieses Gespräch war viel leichter, als es mit Lucy gewesen war. Damals war ich tief schockiert gewesen. Ich erinnerte mich, dass ich mit einer Freundin über dieses Thema diskutiert hatte, als unsere Kinder noch klein waren. Ich hatte steif und fest behauptet, dass unsere Kinder erst ab 15 oder 16 sexuell aktiv sein würden. Die Freundin war über meine Naivität entsetzt gewesen. Aber ich hatte Recht behalten. Während es okay ist, darüber in der Theorie zu diskutieren, wenn die Kinder klein sind, ist es etwas völlig anderes, tatsächlich damit fertig werden zu müssen, wenn Ihre fünfzehnjährige Tochter Sie damit konfrontiert.

Ich hatte meinen beiden Töchtern erklärt, dass es ihre Entscheidung sei, wann sie sexuell aktiv werden würden, aber später sei besser als früher. War ihre Beziehung wirklich so stark? Waren sie auf die Verantwortung vorbereitet, die eine sexuelle Beziehung mit sich bringt? Und ich hatte die zwangsläufige Predigt über Kondome gehalten, die ich seither regelmäßig hielt. Aber als Lucy und Jess zu mir kamen, hatten sie ihren Entschluss längst gefasst.

Sex war kein tabuisiertes Thema in unserem Haus. Wir konnten frei und offen darüber reden. Joe findet dies problematischer und hat einen absolut narrensicheren Weg gefunden, auch jetzt noch Diskussionen zu beenden, wenn unsere Kinder ihm in diesem Punkt zu offen sind. Er beginnt »Nun, ich war mit eurer Mutter stets der Ansicht …«, mehr sagt er nie. Es folgen sofort angewiderte Laute, und das Thema Sex wird augenblicklich beendet.

Mitte März wurde Joe operiert, und der Erfolg war begrenzt. Es war für uns klar – obwohl wir dies nicht den Kindern sagten –, dass er sich einer größeren Herzoperation unterziehen musste.

Ungefähr zu dieser Zeit wurde deutlich, dass Jess Probleme hatte. Sie bekam schreckliche Albträume. Zwei davon hatte sie praktisch jede Nacht. Ihr Schlafzimmer lag zwar zwei Zimmer von unserem entfernt, doch ich hörte sie im Schlaf schreien und gegen einen imaginären Angreifer kämpfen. Meistens legte ich mich dann zu ihr ins Bett, bis sie ruhig genug war, um wieder einzuschlafen. Sie weigerte sich, ins Bett zu gehen – bis es immer später wurde –, weil sie sich vor dem zwangsläufigen Auftreten der schlimmen Träume fürchtete. Nach diesen quä-lenden Nächten war sie unausgeschlafen und mitgenommen, und Joe und ich machten uns Sorgen um sie.

Die Albträume waren anscheinend ein Symptom für eine ziemlich ernste Störung. Ich brachte das bei einigen Freunden zur Sprache. »Sie wird da herauswachsen« oder »Gib ihr mehr Liebe und Aufmerksamkeit« waren die gut gemeinten Ratschläge. Sie bekam so viel Beweise der Liebe und Aufmerksamkeit! Ich wusste, dass die Probleme ernster sein mussten.

Zuerst konsultierten wir einen kanadischen Familienberater, dessen tief schürfende Erklärung lautete: »Es ist okay, wenn du in deinem Baum sitzt, wenn dies der Platz ist, an dem du sein willst.« Natürlich war es das. Dass sie gern im Vorgarten in einem Baum sitzen wollte, war das Geringste ihrer Probleme. (Es ist seither ein geflügeltes Wort in der Familie, eine Metapher für den Umgang mit Problemen auf eine typische Art und Weise: »Es ist okay, in deinem Baum zu sitzen.«)

Schließlich suchten wir mit ihr einen Psychiater auf, der erkannte, dass die Zersplitterung der Familie vermutlich der Grund für ihre Probleme war, aber wir konnten wenig tun, um diese Umstände zu ändern. Stattdessen konzentrierte sich der Psychologe darauf, ihr zu helfen, mit den Albträumen fertig zu werden, indem er vorschlug, nachts ihr Radio anzulassen und ihr Entspannungstechniken beizubringen, die gleich nach den Albträumen angewandt werden sollten, und so weiter. Allmählich bekam sie die Albträume in den Griff, und sie traten nur noch einmal pro Woche auf. Ein akzeptables Resultat, fanden wir angesichts der Tatsache, dass sie zuvor jede Nacht von ihnen gequält worden war.

Aber wenn die Albträume auftraten, waren sie immer noch so schlimm, dass wir uns gezwungen fühlten, ihre Lehrer zu warnen, bevor sie an einer Klassenfahrt teilnahm. Die Möglichkeit, dass sie eine ganze Woche ohne einen dieser Albträume bleiben würde, war gering. Sie hatte auch einen, und die Lehrer gingen damit sehr gut um, indem sie ihr eine Tasse Tee brachten und beruhigend mit ihr sprachen, bis es ihr wieder besser ging.

In der Woche vor Weihnachten kehrten die Albträume mit großer Heftigkeit zurück. Es erwischte uns überraschend. Joe hatte eine erfolgreiche Bypass-Operation hinter sich und erholte sich nun zu Hause, Sam war zu Weihnachten heimgekommen, und Lucy traf an Heiligabend aus Darwin ein. Es war wie eine Wiedervereinigung der Familie, was zu betonen schien, wie auseinander gerissen wir uns tatsächlich fühlten.

Jessie war durcheinander, völlig zermürbt durch ihre Albträume. Gleich im neuen Jahr blätterte ich in den Gelben Seiten und rief jeden eingetragenen Psychologen an. Ich beschrieb das Problem und fragte, wie sie es behandeln würden. Einer erwähnte Hypnotherapie – ganz ungeeignet für ein so junges Mädchen, meinte ein anderer. Aber allmählich schälte sich dies als zuverlässige Behandlungsmethode heraus.

Wir machten einen Termin ab, die Prozedur wurde uns sehr ausführlich erläutert, und Jessie wurde fortgeschickt, um es sich übers Wochenende zu überlegen. Sie konnte es kaum erwarten. Nach nur drei Sitzungen in einer Woche verschwanden die Albträume. Zauberei!

Ich weiß, dass sie während dieser Zeit unglücklich war. Ihre Schlafstörungen waren alle Anzeichen, die ich brauchte. Waren sie bezeichnend dafür, dass sie drogensüchtig wurde? Ich nehme an, selbst sie wusste das nicht.

3. KAPITEL

Jessies ernsthaften Kontakt mit Drogen bemerkten wir zum ersten Mal am Wochenende vor Ostern, in ihrem ersten Jahr im College. Sie war 15.

Gegen 17 Uhr 30 am Freitagnachmittag war ich in der Küche und bereitete einen Salat zum Abendessen zu. Als ich aufwuchs, hatte uns einst die beste Freundin meiner Mutter zum Lachen gebracht, indem sie gesagt hatte, es sei gleichgültig, wie wundervoll es im Himmel sei, sie wisse nur, dass sie dort immer noch Toast machen würde. Ich dachte ein wenig das Gleiche über Salate. Sie begleiteten fast jede Mahlzeit bei uns, aber ich wurde sie und ihre Vielfalt niemals leid. Ich fand es entspannend, am Ende des Tages Gemüse zu hacken und zu schneiden und eine gesunde Mahlzeit zusammenzustellen.

Wir aßen früh, weil Joe und ich einen abendlichen Einkaufsbummel machen wollten. Jess wanderte in der Küche herum. Ein paar Minuten zuvor hatte sie in unserem Schlafzimmer ausgestreckt auf dem Bett gelegen und telefoniert.

»Ist es okay, Mum, wenn ich heute bei Emma übernachte? Du kannst mich auf dem Weg zum Einkaufen dort absetzen, wenn es dir nichts ausmacht.« Es war mehr eine Feststellung als eine Frage.

Ich schnitt weiterhin Karotten. Es war nicht okay. Emma war eine Freundin aus der High School und nett genug, aber sie gammelte nur herum. Ihr einziges Interesse schienen Jungen zu sein, während Jess sich mit Schauspiel, Musik und Tanz beschäftigte und an Samstagnachmittagen einen Job hatte. Emma trug auch eine große Tätowierung auf dem Schulterblatt. Nicht das Tattoo störte mich – all meine Kinder haben inzwischen eines –, sondern eher die Tatsache, dass ihr die Eltern schon vor einem Jahr erlaubt hatten, sich tätowieren zu lassen, als sie erst 15 gewesen war. Das gab mir nicht viel Vertrauen in die erzieherischen Fähigkeiten ihrer Eltern. Ich war ziemlich unglücklich darüber, dass Jessie so viel Zeit in ihrem Haus verbrachte, von wo aus sie anscheinend durch den Vorort streiften. Jessie kannte einige Jungs, die im selben Viertel wie Emma wohnten und niemals eingeladen wurden, um uns kennen zu lernen. Wir kannten sie nur vom Namen und gelegentlich vom Telefon, und bei den wenigen Malen, an denen wir sie gesehen hatten, wenn wir Jess abgesetzt oder abgeholt hatten, hatten wir keinen guten Eindruck von ihnen. Wir wollten die Zeit des Herumgammelns einschränken und sicherstellen, dass Jessie und Emma tatsächlich etwas Vernünftiges taten – ein Kinobesuch oder sogar ein Einkaufsbummel waren eine bessere Alternative.

Ich ließ mir Zeit mit der Antwort, und so musste Jess gewusst haben, was kommen würde. »Ich halte nicht viel davon, Liebling. Ich bin nicht begeistert, dass du bei ihr übernachten willst. Warum triffst du dich nicht mit ihr im Einkaufszentrum? Wir können dich auf dem Weg dorthin absetzen und um neun abholen.«

»Was ist falsch daran, wenn ich bei ihr übernachte? Es ist Freitagabend. Ich habe noch das ganze Wochenende für meine Hausaufgaben.«

Sie hatte bereits den Tonfall angeschlagen, den alle Eltern bei ihren Kindern kennen, die sich ungerecht behandelt fühlen. Besonders, wenn die Eltern ihren Kindern nicht ihren Willen lassen. Wie erklären Sie einem 15-jährigen Mädchen, dass Sie einfach nicht glücklich über die Wahl ihrer Freunde sind, dass Emmas Eltern ihrer Tochter zwar ein größeres Maß an Unabhängigkeit gewährten, es uns jedoch nicht behagte, dass unsere Tochter Umgang mit ihr hatte?

»Liebling, ich möchte, dass du darüber schläfst. Es freut mich für dich, wenn du Emma besuchst, aber nicht, dass du dort übernachtest.«

»Das hast du bereits gesagt. Warum nicht?«

»Nun, ich möchte nicht, dass du durch die Gegend ziehst. Und ich weiß, dass du genau das tun wirst. Wenn ich wüsste, dass du die Zeit nur bei Emma verbringst, würde es mir nicht so viel ausmachen. Aber ich weiß, dass du das nicht tun wirst.«

»Was ist falsch daran, ein bisschen spazieren zu gehen und einige Freunde zu treffen? Ich bin fünfzehn. Ich bin auf dem College.«

»Das weiß ich. Aber sie sind alle viel älter als du. Und du musst zugeben, dass Emmas Eltern ihr überhaupt alles erlauben.«

»Aber wir tun doch nichts Falsches. Wir gehen nur spazieren.«

Vom ihrem Standpunkt aus betrachtet, war das vermutlich auch alles, obwohl ich überzeugt bin, dass die Spaziergänge einen Zweck und ein Ziel hatten: diesen oder jenen Jungen zu treffen. Ein ziemlich typisches Verhalten für Teenager. Nur, dass wir nicht glücklich über die Wahl der Jungen waren. Sie waren nicht auf ihrer Schule, und wir wussten nicht genügend über sie, um ein gutes Gefühl zu haben.

Für gewöhnlich konnten mich die Kinder leicht herumkriegen. Es war für sie nicht schwer, mich zu überreden. Ich verstand meistens ihren Standpunkt und stimmte zu, vorausgesetzt, es war sicher und die Vereinbarungen für das Heimkommen waren zufrieden stellend. Joe war jedoch viel schwerer zu überzeugen. Die Kinder waren bald listig genug, um zuerst zu mir zu kommen, mich auf ihre Seite zu ziehen und erst danach Joe zu fragen.

Doch an diesem Abend war ich unnachgiebig. Wir hatten einen ziemlich heftigen Wortwechsel, und sie stürmte davon. Ich ging zu Joe, um ihm davon zu erzählen. »Gut, ich will auch nicht, dass sie dort hingeht«, sagte er, und vermutlich hätte er es ihr viel früher als ich verboten. Ich war zweifellos der tolerantere Elternteil.

Wir aßen ziemlich schweigsam zu Abend, machten den Abwasch und bereiteten uns aufs Ausgehen vor. Jess tauchte auf, immer noch verärgert, als wir aufbrachen. Nach vielen Protesten, als sie schließlich erkannt hatte, dass ich hart bleiben würde, rief sie widerstrebend Emma an und verabredete sich mit ihr beim Einkaufszentrum. Sie warf ihren Rucksack neben sich auf den Sitz und erklärte auf unsere Frage hin, sie bringe Emma einige Kleidungsstücke wieder, die sie ausgeliehen habe. Wir setzten sie ab und vereinbarten, sie um 21 Uhr an der gleichen Stelle abzuholen.

Joe und ich erledigten unsere Einkäufe ziemlich schnell, schlenderten dann noch ein wenig herum und tranken einen Kaffee. Der Freitagabend ist meine liebste Zeit der Woche. Die Arbeit der Woche ist getan, und das Wochenende steht bevor.

Pünktlich um 21 Uhr stoppten wir auf der Taxi-Spur vor dem Einkaufszentrum. Jess hatte uns niemals warten lassen. Sie war immer pünktlich gewesen. An diesem Abend war sie nirgends zu sehen. Ich hatte eine böse Ahnung. »Sie wird nicht auftauchen, Joe. Ich spüre, dass sie nicht kommen wird.«

»Nur Geduld. Es ist gerade erst nach neun. Gib ihr eine Chance.«

Das war für gewöhnlich meine Art, doch heute hatte ich überhaupt keine Zweifel, dass sie uns versetzen würde. »Die Läden haben jetzt alle geschlossen. Sie müsste hier sein. Was sonst sollte sie tun?«

Wir warteten weitere Minuten. Schließlich sagte Joe: »Sie hatte einen Rucksack dabei, nicht wahr?« So eine einfache Feststellung, die so bedeutungsvoll war.

Ich nickte, erkannte bereits die natürliche Folgerung: Sie hatte das geplant.

Wir waren mehr verärgert als besorgt. Es würde Umstände machen, bei Emma vorbeizufahren und Jess abzuholen. Peinlich für uns alle. Damit sie ihr Gesicht wahren konnte, entschieden wir uns, sie abzuholen und ihr erst eine Predigt zu halten, wenn wir zu Hause unter uns sein würden.

Wir stoppten auf dem Zufahrtsweg zu Emmas Elternhaus, und ich klopfte an die Tür. Emmas Mutter öffnete.

»Guten Abend. Ich möchte Jessie abholen.«

Sie blickte mich verwirrt an. »Sie ist nicht hier.«

»Sie meinen, sie ist nicht bei Emma?« Vielleicht waren die Mädchen in Emmas Zimmer, und ihre Mutter wusste nichts davon.

»Nein, das ist sie nicht. Emma kam vor einer Weile vom Einkaufszentrum zurück, und Jess war nicht bei ihr.« Sie rief über die Schulter: »Emma, weißt du, wo Jess ist? Ihre Mutter ist hier.«

Emmas dünne Gestalt tauchte auf der Türschwelle neben ihrer Mutter auf. »Nein, das weiß ich nicht. Als wir um halb neun gingen, hatte sie gerade einen Freund getroffen.«

»Wen?«

»Von ihrem College. An den Namen erinnere ich mich nicht.«

Ich dankte ihnen und ging zum Wagen zurück. Ich hatte bereits ein flaues Gefühl. Wo war sie, wenn nicht bei Emma?

Wir konnten nur nach Hause fahren. Vielleicht würde sie dort sein. Ziemlich unwahrscheinlich, aber durchaus möglich. Wir fuhren wieder an der verabredeten Stelle vorbei, doch von Jess war nichts zu sehen.

Unruhig gingen wir im Wohnzimmer auf und ab und überlegten, was wir tun sollten, als das Telefon klingelte. Es war 21 Uhr 50. Ich riss den Hörer von der Gabel.

»Mum, ich bin's. Ich rufe an, um dir zu sagen, dass ich heute Nacht nicht heimkomme. Ich bin bei Sandie, und es ist alles in Ordnung, also brauchst du dir keine Sorgen zu machen.«

»Wie meinst du das, du kommst nicht heim? Warum hast du nicht an der vereinbarten Stelle auf uns gewartet?« Meine Erleichterung, von ihr zu hören, verschwand.

»Ich komme am Morgen nach Hause.«

»Jessie, sei nicht blöde. Wo bist du? Dies ist albern ... Jess?«

Sie hatte aufgelegt.

Ich fluchte. Ich war wütend und ungläubig zugleich. »Sie hat einfach aufgelegt. Sie ist bei jemandem namens Sandie und kommt erst am Morgen zurück.«

Joe war gleichermaßen entgeistert. »Wie meinst du das, sie hat aufgelegt?«

»Wie ich es gesagt habe. Sie legte auf, während ich noch mit ihr sprach.«

»Wer, zum Teufel, ist Sandie?«

»Ich nehme an, der Freund, den sie getroffen hat. Was sollen wir tun? Warten wir einfach bis morgen, oder sollten wir versuchen, sie zu suchen?«

»Wie können wir einfach warten? Joanne weiß vielleicht, wo Sandie wohnt.«

Joanne war eine Freundin vom College, die wir kannten. Jess hatte bereits bei ihr übernachtet und Joanne bei uns. Ihre Mutter war genauso begierig darauf gewesen, mich kennen zu lernen, wie ich sie hatte kennen lernen wollen, und sie war mit ins Haus gekommen, um sich vorzustellen, als sie Joanne abgesetzt hatte. Ich hatte sie sofort gemocht, und ich freute mich, wenn Jessie dorthin ging.

Joanne war in vielem wie Jess. Es war leicht zu erklären, weshalb sie Freundinnen waren. Joanne war intelligent, das mittlere Kind einer ziemlich erfolgreichen Familie, aber nicht sehr eifrig in der Schule. Wie Jess an Schauspielkunst interessiert war, galt Joannes Hauptinteresse dem Tanz, und sie waren gleichermaßen talentiert. Sie wirkte ebenfalls wie zur alternativen Gesellschaft gehörig und trug ausgefallene Secondhand-Kleidung, ganz wie Jess.

Ich kannte zwar Joannes Mutter und wusste, wo sie wohnten, aber mir fiel ihr Nachname nicht ein, und so konnten wir nicht anrufen. Doch wir fanden, dass es wichtig genug war, um zu ihrem Haus zu fahren, und wir hofften, dass sie noch auf waren. Wir trafen um 22 Uhr 30 dort ein und waren erleichtert, als noch Licht brannte.

Joannes Vater öffnete die Tür.

Ich erklärte ihm die wenigen Einzelheiten und bemühte mich, nicht zu aufgeregt zu erscheinen.

Er nickte mitfühlend, ein unausgesprochenes Verständnis zwischen uns für das, was Teenager uns antun konnten. »Dann würde ich auch nach ihr suchen. Warten Sie bitte einen Moment, ich hole Joanne.«

Er kehrte mit Joanne zurück. Sie trug einen Pyjama. »Ich habe Jess heute Abend nicht gesehen. Aber ich kenne Sandie.« Sie nannte mir ihren Nachnamen und den Vorort, in dem sie wohnte.

Ich dankte ihnen und kehrte zu Joe zurück, der im Wagen wartete.

Wir fuhren nach Hause und beschlossen, von dort zu telefonieren. Es war in den Tagen, bevor wir ein Handy hatten. Inzwischen war es 23 Uhr. Spät, um anzurufen und zu stören.

Sandies Mutter meldete sich mit schläfriger Stimme am Telefon. Ich nannte ihr meinen Namen. »Bitte verzeihen Sie, dass ich so spät anrufe. Meine Tochter Jessie ist eine Freundin von Ihrer Sandie. Wir können Jess nicht finden. Sie sollte uns um 21 Uhr treffen und tauchte nicht auf.« Ich entschied mich, nichts von ihrem Anruf zu erwähnen, bei dem sie mitgeteilt hatte, dass sie nicht heimkommen würde. »Eine ihrer Freundinnen erzählte mir, dass sie sich mit Sandie getroffen hat.«

»Ah, ich verstehe.« Bereits dieses gleiche Verständnis zwischen Eltern. »Nur einen Moment bitte, ich hole Sandie.«

Dies war viel versprechend, fand ich. Ich hörte im Hintergrund einen gedämpften Wortwechsel, und nach ziemlich langem Warten: »Hallo, hier spricht Sandie.«

»Hi, Sandie. Ich bin Jessies Mutter. Wir versuchen, Jess ausfindig zu machen. Weißt du, wo sie ist?«

»Nein, tut mir Leid, das weiß ich nicht.«

»Hast du sie heute Abend gesehen?«

»Ja, ich habe sie beim Einkaufszentrum getroffen, und wir haben Poolbillard gespielt. Aber dann bin ich allein heimgefahren.«

»Und Jess?«

»Sie ist dort geblieben.«

»Wann war das?«

»Gegen zehn, nehme ich an.«

»Weißt du, was sie vorhatte?«

»Sie wollte noch eine Partie Pool spielen, nehme ich an.«

»Mit wem war sie zusammen?«

Kaum wahrnehmbares Zögern. »Eigentlich mit keinem.«

»Hast du eine Ahnung, wo sie sein könnte?«

»Nein, leider nicht. Tut mir Leid.«

Wir konnten nichts mehr tun. Es blieb uns einfach nichts anderes übrig, als bis zum Morgen zu warten.

In Zeiten wie diesen weiß ich Joes Weigerung, sich bei Krisen aufzuregen, sehr zu schätzen. In diesem Punkt waren wir das perfekte Gegenteil, obwohl dies oftmals eine Quelle von Ärger für uns beide war. Joe blieb zwar ruhig bei einer Krise, wurde jedoch oftmals ungeduldig bei unbedeutenden Problemen des Lebens. Bei mir war es umgekehrt. Die Unordnung in den Zimmern der Kinder konnte bleiben, bis sie es selbst leid wurden und aufräumten. Das Aufheben eines feuchten Handtuchs vom Badezimmerboden war kein bedeutender Anlass. Und ich konnte niemals verstehen, dass sich Joe über rote Verkehrsampeln ärgerte, wenn er absolut nichts dagegen tun konnte. Für mich war es nur verschwendete Energie, sich über so etwas aufzuregen. Aber wenn es ein echtes Problem oder eine Krise gibt, kann ich mir niemanden vorstellen, mit dem ich diesen Stress lieber teilen würde als mit Joe. Eiskaltes und klares Denken im Gegensatz zu meinem aufgeregten Wunsch, sofort etwas zu unternehmen. Und Joe hat die Fähigkeit, abzuwarten und nichts zu tun, wenn das am klügsten erscheint.

Wir beide erwarteten, dass Jess ziemlich früh am Morgen auftauchen und die Suppe auslöffeln würde, die sie sich eingebrockt hatte. Keiner von uns beiden wusste genau, wie wir uns verhalten sollten. Sich zu weigern, heimzukommen, war das Ungehörigste, was Jess jemals getan hatte. Wir ärgerten uns über ihre Eigenwilligkeit, aber wir waren auch besorgt, denn wir hatten keine Ahnung, mit wem sie zusammen war und wo.

Beim Mittagessen war sie immer noch nicht aufgetaucht. Wir beide gewannen das Gefühl, dass wir es nicht mehr nur als Wegbleiben über Nacht betrachten konnten. Es war ernster. Sie hatte ihren Rucksack mit Vorbedacht gepackt. Und wir wussten irgendwie, dass sie nicht einfach zurückkehren würde. Unser Ärger war zu einer tiefen Besorgnis und einer stets präsenten Angst geworden. Wir entschieden uns, die Polizei zu informieren, wenn sie nicht bis 18 Uhr auftauchen sollte. Dann würde sie seit 24 Stunden vermisst sein.

Wir waren außerstande, das Haus zu verlassen. Wir hielten es für dringend nötig, am Telefon zu bleiben und die Leitung frei zu halten. Gegen 14 Uhr rief Lucy an, um Hallo zu sagen. Wir hatten beschlossen, niemandem etwas zu erzählen, hatten einfach gehofft, dass die Dinge von selbst in Ordnung kommen würden. Ich versuchte, wie üblich mit Lucy zu plaudern, doch sie merkte mir an, dass ich nervös und kurz angebunden war. Schließlich fragte sie, was los sei.

Ich erwiderte: »Deine kleine Schwester ist ausgerissen.«

Lucy fuhr sofort zu uns, und wir sprachen die Einzelheiten immer wieder durch. Alles wies darauf hin, dass Jessie dies geplant hatte. Und je länger sie fortblieb, desto ernster wurde es. Sie war nicht am Morgen zurückgekehrt, wie sie versprochen hatte. Wir waren erstaunt und schockiert, weil dies ausgerechnet uns widerfuhr. Wir hatten uns bisher für eine glückliche Familie gehalten. Es hatte keinen größeren Konflikt gegeben. Dies passierte nur anderen Familien, nicht unserer.

Lucy war ärgerlich auf Jess. Sie schlug vor, allein zu allen Freunden und Bekannten von Jessie zu fahren, die uns nur einfielen, und mit ihnen zu reden, denn ihr würden sie vermutlich mehr erzählen als uns. Jemand musste wissen, wo Jess war. Wir hielten den Vorschlag für vernünftig und vereinbarten, telefonisch Kontakt zu halten und uns gegenseitig mitzuteilen, wenn jemand etwas Neues erfuhr.

18 Uhr war ein Moment, vor dem wir Angst hatten. Joe erledigte den Anruf bei der Polizei. Ich hörte ihn ruhig sagen: »Ich möchte melden, dass meine fünfzehnjährige Tochter seit gestern Abend einundzwanzig Uhr vermisst ist.« Das Gespräch war kurz. Er gab seinen Namen und die Adresse an und legte auf. »Sie schicken jemanden vorbei.«

Wir warteten ruhig. Es überraschte mich, wie schnell die Polizei eintraf. Ein Streifenwagen, der auf Ihrem Zufahrtsweg parkt, ist selten Anlass zu einem guten Gefühl, und hier war es nicht anders. Zwei riesige Beamte kamen in unser Wohlzimmer und stellten sich vor. Sie zogen ihre lächerlich kleinen Notizbücher hervor, und wir nannten ihnen jede Einzelheit, die vielleicht hilfreich sein konnte. Sie nahmen unsere Besorgnis zur Kenntnis, stellten viele Fragen über ihre Schule und ihre Freundinnen und Freunde und versprachen, alles in ihrer Macht Stehende zu tun, um Jess zu finden; sie würden uns informieren, sobald sie irgendwelche Informationen hätten. Wir sollten am besten beim Telefon warten. Ich fand es bedrückend, ihnen ein Foto von Jessie auszuhändigen.

Sie gingen nach nur zehn Minuten. Aber sie hatten anscheinend alles Wichtige erfasst. Nachdem wir Jessies Verschwinden bei der Polizei gemeldet hatten, erschien es so viel ernster.

Wie mechanisch machten wir uns etwas zum Abendessen. Eier auf Toast. Kaum ein Festmahl, aber eine große Stärkung, wenn es zu schwer fällt, etwas anderes zu machen. Wir setzten uns vor den Fernseher. Zu Zeiten von großem Stress und Problemen erscheint es ziemlich albern, einen Sinn für Normalität zu bewahren. Aber was sonst hätten wir tun sollen? Die ganze Vertrautheit der Routine bringt ein gewisses Maß an Ruhe.

Wir fühlten uns gewiss nicht ruhig. Gegen 19 Uhr klingelte das Telefon. Wir rannten beide hin. Sicherlich würde es Neuigkeiten von Jess geben, und unser Warten würde ein Ende haben.

Es war Lucy.

»Habt ihr etwas erfahren?«

Ich berichtete ihr vom Besuch der Polizisten.

Sie war sehr beschäftigt gewesen. »Ich habe jeden angerufen, den ich mir denken kann. Craig weiß etwas, davon bin ich überzeugt.« Craig war ein Freund von Jess aus der High School, und er wohnte in unserem Viertel; er war derjenige, der ihr Haar abrasiert hatte, als sie es abgeschnitten hatte. Er war ebenfalls ein Freund von Emma. Wir hielten nicht viel von ihm.

»Was hat er gesagt?«

»Es geht nicht so sehr darum, was er gesagt hat, sondern *wie* er es gesagt hat. Ich werde ihn noch einmal anrufen. Und dann fahre ich zum Skater-Park, um dort herumzufragen.«

Der Skater-Park befand sich in der Nähe von Jessies College. Wir wussten, dass sie viele ihrer Freistunden dort verbrachte, und wir hatten den Verdacht, dass sie sich dort auch herumtrieb, wenn sie nicht freihatte. Sie hatte eine Clique von Bekannten, über die wir wenig wussten. Wir sahen es nicht gern, wenn sie sich dort aufhielt, aber wir konnten tagsüber wenig dagegen tun. Wir hielten es für kein gesundes Interesse, sich dort herumzutreiben, um zuzuschauen, anstatt als Skater teilzunehmen.

Es wurde noch schwieriger, so zu tun, als ob wir uns das Fernsehprogramm anschauten. Die ungebetenen Gedanken kamen wieder. Was war, wenn sie verletzt war? Wenn sie verunglückt war?

Lucy rief gegen 21 Uhr zurück. Sie hatte Nick, Jessies Ex-Freund von der High School, telefonisch erreicht. Nick und Jess waren fast bis zu Jessies zehntem Schuljahr miteinander gegangen und hatten sich erst Ende des Jahres getrennt. Wir waren ziemlich glücklich gewesen, nichts mehr von ihm zu hören und zu sehen. Aber Lucy war ganz gut mit ihm zurechtgekommen.

Was er erzählt hatte, schockierte uns tief. Offenbar war Jess jetzt mit Jake Willis befreundet. Willis war eine Art Musiker, der häufig seine begrenzten Fähigkeiten im Skater-Park übte. Außerdem konsumierte er Drogen. Nick schlug vor, ihn zu suchen. Lucy wollte sofort zum Skater-Park fahren, um mehr herauszufinden.

Wie konnte sie sich mit jemandem einlassen, auch noch mit jemandem so viel Älterem, obwohl wir überwachten, wo sie hinging? Gewiss war Jessie zu vernünftig, um sich mit einem Drogenkonsument einzulassen. Aber wir kamen immer wieder auf die Tatsache zurück, dass sie verschwunden war und dies wahrscheinlich geplant hatte, und das hatten wir beide ebenfalls niemals für möglich gehalten. Wie konnte es ein Mann Anfang 30 wagen, die Unerfahrenheit eines 15-jährigen Mädchens auszunutzen? Wir würden ihn mit den Konsequenzen konfrontieren, und das vor Gericht.

Es dauerte nicht lange, bis Lucy wieder anrief. Unter den Skatern im Park gab es keine Zweifel. Jake Willis war allseits bekannt. Jess wurde als seine Freundin betrachtet. Sie waren gestern Nacht zusammengewesen.

»Man gab mir seine Telefonnummer. Er steht nicht im Telefonbuch. Ich habe bereits dort angerufen, aber niemand meldet sich.« Man hatte Lucy ebenfalls das Fabrikat seines Wagens und die Straße genannt, in der er wohnte.

Wir notierten die Einzelheiten. Lucy würde heimkehren, um sich etwas auszuruhen. Und wir würden überlegen, was zu tun war.

Es war nicht leicht. Wenn wir anriefen und niemand sich meldete, konnten die beiden irgendwo anders sein. Und wenn Jess entschlossen war, sich nicht finden zu lassen, verschaffte ihr das genügend Zeit, um wieder abzuhauen. Wir entschieden uns, als Erstes am Morgen zu versuchen, das Haus zu finden, in dem Willis wohnte. Als wir in dieser Nacht zu Bett gingen, waren wir zuversichtlich. Wie ernst das Problem war, mit *wem* sie zusammen war, hatten wir noch nicht richtig erkannt, nur, dass es jetzt eine Chance gab, weil wir wussten, wo sie sich aufhielt.

Um halb neun saßen wir im Wagen. Unser Mut sank, als wir die Straße erreichten. Wir wussten, dass es eine lange Straße war, die durch den gesamten Vorort verlief. Aber sie schien kein Ende zu nehmen. Hunderte von Häusern mussten überprüft werden. Das Einzige, an das wir uns halten konnten, war die Beschreibung des Wagens. Und wir nahmen natürlich an, dass er irgendwo parkte, wo wir ihn sehen konnten.

Ich musterte jedes Haus, während Joe im Schneckentempo daran vorbeifuhr. Wir entdeckten einen ähnlichen Wagentyp auf einem vorderen Hof. Wir parkten, und ich klopfte an die Haustür, nicht ganz sicher, wie ich vorgehen würde, wenn Jess dort sein würde. Gott sei Dank hatte ich Joe als Verstärkung, der mir notfalls helfen konnte.

Eine ältere Frau öffnete die Tür. Ich kannte ihre Antwort, ohne auch nur die Frage zu stellen. Aber ich führte die Prozedur zu Ende. Vielleicht wohnte Jake Willis in der Nähe, und die Frau wusste etwas, das vielleicht weiterhelfen konnte. Ich entschuldigte mich dann für die Störung und kehrte entmutigt zum Wagen zurück.

Es war nahezu unmöglich, Jess zu finden. Warum hatten wir es uns in der vergangenen Nacht so leicht vorgestellt? Wir hatten ein paar weitere Blocks zurückgelegt, als wir einen anderen Wagen sahen, auf den die Beschreibung passte. Abermals klopfte ich an die Tür des Hauses, bei dem der Wagen parkte. Eine junge Frau öffnete, die sichtlich noch nicht lange wach war.

»Wohnt hier Jake Willis?«

Sie nickte. »Er hat die Garage gemietet. Aber jetzt ist er nicht da. Vor einer Minute hat jemand angerufen und wollte ihn sprechen.«

Mein Mut sank. Ich erklärte der Frau, dass unsere 15-jährige Tochter wahrscheinlich mit ihm zusammen war und seit Freitagabend vermisst wurde. Die junge Frau wirkte betroffen und erkundigte sich, ob Jess schlank sei und kurzes dunkles Haar habe. Ich nickte und erfuhr mit Erleichterung und Bestürzung, dass Jessie die Nacht von Freitag auf Samstag mit Jake Willis verbracht hatte. Aber die Frau hatte keinen von beiden gesehen, seit sie das Haus am Samstagmorgen verlassen hatten.

Joe und ich fuhren schweigend heim, und all unser Optimismus der vergangenen Nacht war längst geschwunden. Sie konnten überall sein. Wir entschieden uns, die Polizei zu informieren. Seit dem Besuch der Beamten hatte Jess keinen Kontakt mehr mit uns aufgenommen. Es war gut möglich, dass man die Vermisstenkarteikarte mit ihrem Namen abgeheftet und nichts unternommen hatte. Wenn wir, völlige Amateure, so viel herausgefunden, hätte der Polizei das bestimmt auch gelingen müssen.

Es bedurfte einiger Erklärungen, bis wir mit einem Beamten verbunden wurden, der über den Vorfall Bescheid wusste. Ich sagte ihm, was wir herausgefunden hatten, und sein Tonfall veränderte sich sofort. Jake Willis war der Polizei bekannt.

Ganz plötzlich war die Polizei interessiert. Jess war nicht mehr ein ungeratenes Kind, sondern ein Kind in Gefahr. Ich fragte, was bis zu diesem Zeitpunkt unternommen worden war. Hatte die Polizei überhaupt gehandelt? Man versicherte mir, dass ihre Streifenbeamten Nachforschungen betrieben und herumgefragt hatten, um Jess ausfindig zu machen. Ich wusste nicht, ob ich das glauben sollte oder nicht.

Kurz danach kamen zwei Beamte vom Jugenddezernat in unser Haus. Wieder war es ein beklemmendes Gefühl, den Wagen auf dem Zufahrtsweg zu sehen. Sie verhielten sich ganz anders als die Kollegen zuvor. Es war jetzt ein ernsterer Fall geworden, und wir hatten es mit Beamten zu tun, die für den Umgang mit jungen Leuten speziell ausgebildet waren. Sie waren ruhig, nachdenklich, interessiert. Wir versuchten, ihnen alles zu sagen, was wir konnten. Sie versicherten uns, dass sie Jess finden konnten, und rieten uns, am Telefon zu warten, falls sie anrufen würde.

Wir riefen Lucy an, um ihr das Neueste zu erzählen. Sie hatte sich entschieden, wieder zum Skater-Park zu fahren. Ich war Lucy enorm dankbar. Sie war jung, und die jungen Typen fühlten sich von ihr nicht bedrängt. Halbwüchsige würden viel eher bei ihr reden als bei Polizeibeamten. Besonders, wenn Jake Willis ihnen Drogen angeboten hatte. Wir bemühten uns, ruhig zu bleiben.

Unsere Nachbarn riefen irgendwelche Belanglosigkeiten über den Zaun, und wir plauderten ein bisschen mit ihnen, wie es unter Nachbarn üblich ist. Gegen Mittag kam Sue, meine engste Freundin, auf einen Kaffee vorbei. Ich konnte ihr nicht erzählen, was geschehen war. Es war einfach zu ungeheuerlich. Wir saßen im Hof, und ich erinnere mich, dass ich dachte: »Wie kann ein so schöner Herbsttag so schrecklich zu ertragen sein? Wie kann ich Kaffee trinken und normal plaudern, wenn alles so unnormal ist?« Ich war erleichtert, als Sue sich verabschiedete.

Der Nachmittag zog sich scheinbar endlos dahin. Lucy berichtete uns, dass sie jeden auf ihrer Liste noch einmal angerufen hatte, mit ihnen durchgegangen war, was sie ihr erzählt hatten, und jetzt Fragen nach Jake Willis gestellt hatte. Sie war wütend auf Craig, der praktisch zugab, etwas zu wissen, sich jedoch weigerte, es preiszugeben.

»Du hättest ihn hören sollen, Mum«, sagte Lucy und ahmte seine Stimme nach. »›Scheiße, ich kann nichts verpfeifen, verdammt!‹ Und als ich dann noch einmal anrief, verbat sich seine Mutter weitere Anrufe. Die Polizei war da gewesen, und Craig und seine Mutter wollten nichts damit zu tun haben.«

So viel zur elterlichen Solidarität. Von ihnen war keine Kooperation zu erwarten.

Gegen 15 Uhr ging ich in Jessies Schlafzimmer. Es herrschte darin die übliche Unordnung. Kleidungsstücke auf dem Boden, jede Menge Sachen überall verstreut. Ich hob ihre Schultasche auf und leerte den Inhalt aus. Nichts Ungewöhnliches.

Neben dem Bett lag ihr Tagebuch. Nie zuvor hatte ich auch nur mit dem Gedanken gespielt, so in ihre Intimsphäre einzudringen. Ich wusste wie alle Eltern, dass ich mich dann mit dem beschäftigen musste, was ich herausfinden würde. Und wenn ich mich entscheiden würde, auf die Information hin zu handeln, wie konnte ich dann die Schnüffelei in der Intimsphäre meiner Kinder wieder gutmachen und jemals ihr Vertrauen zurückgewinnen? Würde ich das dann überhaupt verdienen? Aber jetzt verschwendete ich keinen Gedanken daran. Ich zögerte keine Sekunde lang. Ich blätterte das Tagebuch schnell durch, überflog die Seiten nach etwas über Jake. Es dauerte nicht lange, bis ich fündig wurde.

Ich holte tief Luft und rief Joe. Er eilte sofort herbei.

»Sie sind nach Sydney gefahren.«

»Woher weißt du das?«

»Sieh dir das an.« Ich gab ihm das Tagebuch. Darin war ein Foto von Jake eingeklebt, deutlich mit dem Namen beschriftet.

Jessie hatte in glühenden Schwärmereien über ihn geschrieben. Es gab keinen Zweifel daran, dass sie sich als seine Freundin betrachtete. Laut letzter Eintragung planten sie, nach Sydney zu fahren und Rauschgift zu nehmen.

Wir waren tief schockiert. Hier entdeckten wir eine Seite von Jess, die wir nicht kannten. Fast ein Doppelleben.

In diesem Augenblick war ich der Verzweiflung nahe. Es war nahezu unmöglich, sie in Sydney ausfindig zu machen. Canberra ist im Vergleich dazu eine relativ kleine Stadt.

Ich war überzeugt davon, dass sie nach Sydney gefahren waren. Das war ihr Plan. Keine andere Erklärung passte. Sie waren nicht bei ihm zu Hause gewesen, und sie waren nicht mit seinem Wagen gefahren, weil dessen Spur verfolgt werden konnte. Niemand hatte sie seit dem Samstagmorgen gesehen. Sie mussten bereits abgereist sein. Joe war wie üblich vorsichtiger bei seinen Rückschlüssen. Es war möglich, sagte er, aber keinesfalls hundertprozentig sicher. Es gab keinen Beweis dafür, dass sie bereits fort waren, abgesehen von dem, was Jess in ihr Tagebuch geschrieben hatte. War das so viel wie ein Beweis?

Ich hatte am Wochenende praktisch nichts zu der Suche nach Jess beigetragen, war nur am Telefon geblieben. Weitere Untätigkeit konnte ich nicht ertragen.

Ich rief beim Jugenddezernat an und berichtete von den jüngsten Neuigkeiten. Dieses Gespräch unterschied sich sehr von dem früher am Tag geführten. Erstens wusste ich, an wen ich mich wenden musste. Und zweitens nahm man den Fall sehr ernst. Der Beamte hielt es ebenfalls für möglich, dass sie nach Sydney gereist waren, erklärte jedoch, dass die Ermittlungen in Canberra fortgesetzt werden würden. Ich erzählte von meinem Gedanken, der bereits Gestalt anzunehmen begann – als Erstes am nächsten Morgen nach Sydney zu reisen und nach ihnen zu suchen. Wir wussten, dass er im Gebiet Manly gewohnt hatte, bevor er nach Canberra gekommen war. Es war wahrscheinlich, für mich jedenfalls, dass er in die gleiche Gegend zurückkehren würde. Dort konnten noch Freunde und Bekannte sein.

Es war entmutigend, dass die Polizei dies nicht ausschloss. Die Beamten waren meiner Meinung, je länger wir die Suche in Sydney hinauszögerten, desto schwieriger würde es sein, Jake und Jessie dort ausfindig zu machen. Ich glaube, ich hatte insgeheim erwartet, beteuert zu bekommen, dass sich Jess noch in Canberra aufhielt und die Spur zu ihr immer heißer wurde.

Ich beendete das Telefonat und erzählte Joe von meinem Plan. Auf die Reise nach Sydney würde ich Lucy mitnehmen. Ich wusste auch, dass Joes Bruder Jeffrey, der in Sydney wohnte, alles tun würde, um zu helfen.

Ich nehme an, Joe war klar, dass es nicht viel Sinn hatte, zu versuchen, mir die Sache auszureden. Ich hatte Angst, dass die Spur nach Sydney völlig erkalten würde, wenn wir nicht sofort handelten. Und ich machte mir auch keine Illusionen über die Polizei. Man nahm den Fall zwar jetzt ernst, aber man war nicht begierig darauf, Ermittlungen in Sydney durchzuführen.

Joe sagt mir heute, er hätte mich keinesfalls nach Sydney reisen lassen. Aber er wollte mir meinen Willen lassen, etwas zu tun, bis er einen Alternativplan entwickelt hatte.

Ich besprach die Sache mit Lucy. Natürlich würde sie mich begleiten.

Um 20 Uhr rief ich die stellvertretende Direktorin meiner Schule an, um ihr mitzuteilen, dass ich am nächsten Tag nicht unterrichten würde. Ich spielte mit dem Gedanken, bei ihr Unwohlsein vorzutäuschen, doch dann brach es aus mir heraus. »Jessie ist seit fast achtundvierzig Stunden vermisst. Ich kann morgen nicht zur Schule kommen.« Es war eine dieser Zeiten, in denen ich dankbar dafür war, in einem kleinen Kollegium zu arbeiten. Margaret kannte Joe, und sie kannte meine Kinder. Sie sagte mir, ich solle mir keine Gedanken wegen der

Schule machen und sie werde für uns beten. Als ich den Hörer auflegte, musste ich zum ersten Mal seit Jessies Verschwinden wirklich weinen. Es überrascht mich, dass mich – als Atheistin – die Äußerung »ich werde für Sie beten« stets so stark bewegt. Ich war zutiefst gerührt. Ich nehme an, für Gläubige ist dieses Versprechen der größte Beweis ihrer Anteilnahme. Und für mich waren die Worte überraschend tröstlich.

Um 20 Uhr 30 rief Lucy wieder an. Sie hatte soeben erfahren, dass Jessie und Jake an diesem Nachmittag in Canberra gesehen worden waren. Wir alle waren überglücklich. Obwohl wir nicht näher daran waren, sie zu finden, als noch an diesem Morgen, war die Tatsache, dass Jessie und Jake nicht schon in Sydney waren, sehr ermunternd. Als Lucy Emma erzählt hatte, dass wir uns auf die Reise nach Sydney vorbereiteten, um nach Jessie zu suchen, hatte Emma erzählt, dass ein Freund von ihr sie am Nachmittag gesehen hatte. Wenn Emma Stunden vor uns herausgefunden hatte, wo sich Jessie aufhielt, dann hatte sie sich nicht die Mühe gemacht, uns darüber zu informieren.

Ich rief bei der Polizei an. Wir alle hatten das Gefühl, nahe daran zu sein, Jess zu finden. Auf die gleiche unerklärliche Weise, wie wir gewusst hatten, dass sie an jenem Freitagabend ihres Verschwindens nicht auftauchen würde, so wussten wir jetzt, dass sie beide im Haus des Freundes von Emma sein mussten. Oder dass der Freund wenigstens wusste, wo Jake Willis und Jessie waren. Sie hatten offenbar seit Samstagmorgen gelogen. Jessie würde wissen, dass wir alles nur Mögliche unternehmen würden, um sie zu finden.

Ich suchte nervös die Telefonnummer von Emmas Freund im Buch. Der Nachname war ziemlich selten. In dem Viertel, in dem er laut Emma wohnen sollte, gab es niemanden mit diesem Namen. Junge Leute in Wohngemeinschaften sind selten im Telefonbuch verzeichnet. Vielleicht hatte man mir den falschen Vorort genannt. Aber in einem nahen Viertel gab es jemand mit diesem Namen. Ich entschied mich, sofort dort anzurufen und zu riskieren, Jessie vorzuwarnen, wenn sie immer noch entschlossen war, sich nicht finden zu lassen.

Eine Frau meldete sich. Ich erklärte ihr, dass ich nicht sicher sei, die richtige Nummer gewählt zu haben, und nannte ihr den Namen der Person, die ich suchte.

»Das ist mein Sohn.«

Ich atmete tief durch und zwang mich, normal zu sprechen. »Meine Tochter ist seit Freitagabend vermisst, und ich glaube, Ihr Sohn hat sie heute Nachmittag gesehen. Ich dachte, er weiß vielleicht, wo sie sich jetzt aufhält.«

»Heißt Ihre Tochter Jessie?«

»Ja.«

»Nun, die ist hier, isst zu Abend.«

Ich konnte kaum sprechen. »Bitte erzählen Sie ihr nicht, dass ich angerufen habe. Wir kommen und holen sie, aber sagen Sie es ihr bitte nicht. Wir haben sie seit zwei Tagen gesucht. Bitte, halten Sie Jessie für uns dort.«

Sie versprach es, und ich dankte und dankte ihr. Ich legte auf, und Joe und ich fielen uns in die Arme, von Erleichterung überwältigt.

Dann sagte Joe: »Ich meine, wir sollten sie nicht selbst holen. Wir wissen nicht, ob sie bereit ist, mitzukommen. Ich finde, wir sollten sie von der Polizei holen lassen.«

Ich rief sofort bei der Polizei an und nannte dem Beamten die Adresse aus dem Telefonbuch. Und ich beteuerte, dass Jess zweifellos dort war.

Dann setzten wir uns hin, um zu warten.

4. KAPITEL

Es war das längste Warten des ganzen Wochenendes. Vierzig Minuten, die sich scheinbar endlos dehnten. Ich schwankte zwischen höchster Erleichterung und starkem Ärger. Erleichterung darüber, dass es vorüber war, obwohl es in Wirklichkeit und ohne unser Wissen erst begann. Und Ärger, weil Jessie uns so etwas angetan hatte. »Kinder reißen nicht in Familien aus, deren Mitglieder sich umeinander kümmern und die sich lieben, sondern nur in zerrütteten Familien« – das dachte ich jedenfalls. Und wenn sie Ihre Familie lieben, wie können sie ihr dann so etwas antun? Ich wusste, dass Jessie uns liebte und wir ihr etwas bedeuteten. Sie wusste ebenfalls, dass wir sie innig liebten. Was war so schrecklich schief gegangen?

Als ich die Tür öffnete und sie dort stehen sah, eingerahmt von zwei großen Polizisten, mit tränenüberströmtem Gesicht, gewann mein Mutterinstinkt. Ich schloss sie in die Arme, Jessie und ich schluchzten, und Joe umfasste uns beide.

»Es tut mir Leid, Mum. Es tut mir so Leid.«

Wir standen lange dort zusammen und versuchten, uns zu sammeln. Die beiden Polizisten warteten höflich. War diese Art Wiedervereinigung üblich? Oder hielten andere Eltern ihrem Kind eine Strafpredigt? Wen interessierte es, was andere Eltern taten? Wir wollten Jess in den Armen halten.

Ich erkannte, dass die Polizisten darauf warteten, mit uns zu sprechen. Sie lieferten sie nicht nur ab und fuhren dann davon. Wir gingen ins Wohnzimmer, und einer der Beamten forderte mich mit ruhiger Stimme auf, Jessie ins Schlafzimmer zu bringen und festzustellen, ob sie ärztliche Behandlung brauchte. Die Ernsthaftigkeit dessen, was er meinte, war ein Schock für mich.

Wir setzten uns zusammen aufs Bett. Sie sah furchtbar aus, ungepflegt, als hätte sie seit Freitag nicht mehr geduscht, und erschöpft. Ich hielt ihre Hand.

»Was ist geschehen, Jess? Wie konntest du uns dies antun?«

»Ich wollte es nicht, Mum. Ich wollte es wirklich nicht. Aber als ich erst mal hineingeraten war, wurde es einfach immer schlimmer und ich konnte nicht aufhören. Ich wollte nur Freitagnacht wegbleiben. Und ich weiß, dass ich nicht einmal das hätte tun sollen, aber ich habe euch angerufen, damit ihr euch keine Sorgen macht. Ich wusste, dass ihr böse sein würdet, doch ich wollte Samstagmorgen zurückkommen, wie ich gesagt habe. Ich konnte es einfach nicht.«

Es wirkte wie eine lahme Entschuldigung auf mich. Aber jetzt war nicht der richtige Zeitpunkt, um diesen Punkt weiterzuverfolgen.

»Jessie, die Polizei wartet, um zu erfahren, ob du irgendwelche ärztliche Behandlung brauchst. Benötigst du welche?«

»Wie meinst du das?« Sie wirkte ein bisschen argwöhnisch. Kein Wunder. Ich war nie sehr gut darin, in diesen Dingen um den heißen Brei herumzureden. Besser, unverblümt zu fragen und eine Antwort zu erhalten. Sie brauchte vielleicht die »Pille danach«.

»Jessie, du warst mit einem älteren Mann am Wochenende zusammen. Wir wissen alles darüber. Hast du mit ihm geschlafen?«

Sie nickte. »Aber wir haben Kondome benutzt, Mum. Ich bin nicht so blöde.« Wenigstens etwas hatte sie richtig gemacht.

»Um Himmels willen, Jess. Warum?«

Es war eine alberne Frage. Die Antwort war offenkundig, und die Frage half nichts. Jessies Antwort zeigte, wie jung und verletzlich sie war. »Ich hielt mich einfach für erwachsen genug. Er erwartete es, und so habe ich es getan.« Wenn ich jemals das Gefühl hatte, mir Vorwürfe machen zu müssen, dann in diesem Augenblick.

»Und du bist in keinerlei Weise verletzt? Du brauchst keinen Arzt? Rick könnte dich untersuchen.« Rick war seit Jahren unser Hausarzt. Er kannte uns alle, und wir hatten großes Vertrauen in ihn.

Jess schüttelte den Kopf. »Nein, es ist alles okay. Ich möchte nur duschen.«

Ich ließ sie allein und kehrte ins Wohnzimmer zurück, wo die Polizisten ernst mit Joe sprachen.

»Sie sagt, es geht ihr gut und sie braucht keine ärztliche Untersuchung.«

Einer der Beamten hob eine Augenbraue, als überlegte er, wie taktlos er sein durfte. »Ich weiß, was Sie denken«, sagte ich. »Ich habe sie nach allem gefragt, wirklich. Sie ist okay.« Ich hatte nicht daran gedacht, sie zu fragen, ob sie Drogen genommen hatte.

»Nun, Gott sei Dank ist sie okay«, sagte Joe. »Die Polizisten haben mir gerade geschildert, was geschehen würde, wenn wir ihn anklagen. Es ist nicht ganz so einfach, wie wir gedacht haben. Erstens müsste Jess zustimmen, gegen ihn auszusagen, und zweitens würde es Monate dauern, bis es zu einer Gerichtsverhandlung kommen würde.«

Wir sprachen ausführlich über das Thema. Wollten wir Jess dieser Prozedur aussetzen? Meinten wir, dass sie zur Zusammenarbeit bereit sein würde? War es vielleicht besser, sie in Frieden zu lassen, damit sie alles hinter sich lassen konnte?

Joe und ich gewannen den Eindruck, dass die Polizisten es für keine gute Idee hielten, die Sache weiterzuverfolgen. Wir mussten ihnen zustimmen. Das Letzte, was wir brauchten, war ein Gerichtsprozess, bei dem alles wieder zur Sprache kommen würde. Es war ja nicht so, als ob sie gezwungen worden wäre, mitzumachen, obwohl Jake Willis höchst wahrscheinlich ihre Unerfahrenheit ausgenutzt hatte. Sie beklagte sich nicht. Eine Anklage hatte mehr mit unserer Rachsucht zu tun. Und wir hatten das Gefühl, dass Jess höchst ungern aussagen würde.

Die Beamten versicherten uns, dass sie den Fall für ernst hielten, und versprachen, Jake Willis zu verwarnen. Sie würden ihm eine sofortige Anklage androhen, wenn er sich noch einmal an Jess heranmachen würde. Sie waren zuversichtlich, dass dies wirken würde, und es erschien uns wie eine vernünftige Lösung des Problems.

Bevor sie gingen, baten sie mich, Jessie um elf am nächsten Morgen zum Polizeirevier zu bringen, damit jemand vom Jugenddezernat mit ihr sprechen konnte. Man wollte ihr klarmachen, wie ernst das war, was sie getan hatte, sie vor den Gefahren warnen, sich mit Jake Willis einzulassen, und ihr erklären, dass sie ihn nicht wieder sehen durfte, weil er sonst angeklagt werden würde.

Es ergab Sinn für uns. Es war eine Polizeisache geworden, und Jess sollte vor keiner dieser Konsequenzen geschützt werden. Wir dachten auch, dass die rechtlichen Konsequenzen einer Fortsetzung der Beziehung am besten von der Polizei erklärt oder wenigstens untermauert werden konnten.

Wir gingen zu Bett. Ich fühlte mich wie unter Schock. Erschöpft, erleichtert, aufgeregt, besorgt. Aber hauptsächlich erschöpft.

Am nächsten Morgen telefonierte ich mit der Studienberaterin an Jessies College und vereinbarte einen Termin. Es war fast das Ende des ersten Semesters. Wenn sie Zeit im Skater-Park verbracht hatte, anstatt Vorlesungen zu besuchen, mussten wir herausfinden, wie ihre Leistungen beurteilt wurden. Waren sie unzureichend? Erwarteten uns noch mehr böse Überraschungen?

Um 11 Uhr trafen wir im Polizeirevier ein. Nach kurzem Warten wurden wir von einer Beamtin des Jugenddezernats begrüßt. Ihr Erscheinen überraschte mich. Sie war in Zivil. Aber die anderen trugen doch Uniform! War sie eine verdeckte Ermittlerin? Sicherlich nicht. Sie trug einen sehr kurzen, engen schwarzen Rock, eine Bluse, die recht viel vom Busenansatz zeigte, schwarze Schuhe mit sehr hohen Pfennigabsätzen und schwarze Strümpfe mit einer deutlich sichtbaren Laufmasche. Zusammen mit der übertriebenen Dauerwelle wirkte sie ziemlich unprofessionell. Sie bat mich, zu warten, und führte Jessie in ein Verhörzimmer. Mir kam nicht in den Sinn, dass ich bei ihr hätte bleiben sollen. Später fiel mir ein, dass die Polizei keine Minderjährigen ohne die Anwesenheit eines Erwachsenen verhören darf. Sie blieben fast anderthalb Stunden fort. Jess und ich hatten zuvor kurz miteinander gesprochen, und sie war vorbereitet auf das, was kommen würde. Ich hatte ihr geraten, den Beamten alles zu sagen. Wir hielten es für das Richtige.

Dann wurde ich allein befragt. Die Beamtin ging ausführlich mit mir durch, was sie Jess erklärt hatte. Und dann erzählte sie mir von den Drogen. Jessie hatte ihr auf entsprechende Fragen geantwortet, dass sie regelmäßig Hasch rauche. Mindestens einmal pro Tag. Für gewöhnlich im Skater-Park, vor und nach der Schule, während der Freistunden oder in der Mittagspause, und das Haschisch war ihr für gewöhnlich von Jake gegeben worden.

Jess hatte also meinen Rat befolgt und der Polizei alles erzählt. Oder nicht? (Monate später erzählte Lucy mir den wahren Grund, weshalb Jessie am Samstagmorgen nicht nach Hause gekommen war. Sie hatte in der Nacht zuvor ihren ersten LSD-Trip gehabt, und die Auswirkungen waren so schlimm gewesen, dass sie am nächsten Morgen immer noch verstört gewesen war. Kein Wunder, dass sie misstrauisch und vorsichtig gewesen war, als ich sie gefragt hatte, ob sie ärztliche Behandlung brauchte. Hatte sie dies der Polizei erzählt? Irgendwie bezweifelte ich das.) Ich war sehr besorgt, doch nicht wirklich schockiert darüber, dass Jessie so viel Hasch rauchte, und ich war auch nicht schrecklich überrascht. Die Ereignisse des Wochenendes hatten mich darauf vorbereitet, nehme ich an. Joe und ich hatten damit gerechnet, dass Jess, wie viele Teenager, mit Rauschgift experimentiert hatte. Und während wir das Rauchen von Hasch keineswegs billigten und mit unseren Kindern darüber gesprochen hatten, hielten wir eine übertriebene elterliche Reaktion für unvernünftig. Selbst jetzt weiß ich nicht, wie ich sonst damit hätte umgehen sollen.

Aber die Tatsache, dass Jessie mindestens einmal pro Tag Hasch rauchte, war eine beunruhigende Neuigkeit. Was sollten wir tun? Die Beamtin war sich nicht sicher. Sie musste mehr ärztlichen Rat einholen, und sie kündigte an, mich am Nachmittag anzurufen, nachdem sie sich informiert hatte. Ich gab ihr meine Telefonnummer in der Schule. An diesem Tag hatte ich zwar offiziell frei, doch ich hatte am Morgen in der Schule angerufen, um meine Teilnahme an einer Konferenz am Nachmittag zu bestätigen, bei der ich einen Arbeitskreis für das Lehrerkollegium vertreten sollte.

Wir fuhren zu Jessies College. Sie musste einige Bücher für eine Arbeit besorgen, und ich hatte einen Termin mit der Studienberaterin, die ich zufällig kannte und mochte. Vor einigen Jahren hatte ich ihren Sohn unterrichtet und ihm geholfen, einige Probleme mit dem Schreiben zu bewältigen. So freute es mich, diese sehr private Angelegenheit mit jemandem besprechen zu können, den ich für vertrauenswürdig hielt.

Ich war mir nicht sicher, wie viel ich berichten sollte, und begann ziemlich zögernd. Schließlich erzählte ich ihr alles. Wenn sie überrascht war, zeigte sie es nicht. Sie nahm es ruhig zur Kenntnis, wie ich es von ihr erwartet hatte. Sie überprüfte Jessies Teilnahme am Unterricht, die nicht regelmäßig war. Bei jedem Fach hatte sie Stunden versäumt, besonders bei denjenigen Fächern, für die sie am wenigsten Interesse zeigte. Die Studienberaterin überprüfte auch die Leistungen. Jess war nicht gut. Ein paar Befriedigend und zweimal Ausreichend, nicht annähernd ihren Fähigkeiten entsprechend. Wir hatten uns daran gewöhnt, dass Jessies Noten so aussahen. Das war seit dem achten Schuljahr so gewesen. Sie hatte uns immer wieder versprochen, härter zu arbeiten und ihre Hausaufgaben einzureichen. Doch im Unterricht war sie immer unaufmerksamer und interesseloser geworden. Immer wieder hatten wir ihr gepredigt, wie gut sie sein könnte, wenn sie sich bemühen würde. Sie war klug genug, den Lehrern gelegentlich zu zeigen, was sie wirklich erreichen konnte.

Es war schwierig, mit der Situation umzugehen. Wir konnten ihr Ausgehen beschränken. Das hatten wir meiner Ansicht nach getan, und sie hatte trotzdem einen Drogenkonsumenten kennen gelernt. Wir konnten darauf bestehen, dass sie jeden Abend mit Lernen in ihrem Zimmer verbrachte, aber wir beide wussten, wie schwierig und stressig das sein kann. Teenager können nicht zum Lernen *gezwungen* werden, wenn sie es nicht wollen. Es war leicht genug, sie in ihr Zimmer einzusperren, jedoch etwas ganz anderes, sie zum Lernen zu bewegen. Ich hatte mit Lucy Probleme gehabt, als sie aufs College ging. Joe konnte davon Abstand nehmen und es als die Verantwortung der Kinder betrachten. »Das ist keinen Kampf wert«, pflegte er zu sagen. Ich konnte jedoch nicht aufgeben. Am Ende hatte er Recht. Lucy hatte die zwei Jahre hinter sich gebracht, hatte es gehasst und geschworen, nie wieder zu studieren. Erst fünf Jahre später schrieb sie sich nach reiflicher Überlegung an der Universität ein, und sie war 27, als sie endlich ihren Abschluss machte.

Aber das unmittelbare Problem war Jessies Haschkonsum. Tägliches Rauchen von Haschisch ist etwas völlig anderes als gelegentliches Experimentieren. Als ich die Studienberaterin verließ, fühlte ich mich ein bisschen besser, weil ich ihr davon erzählt hatte.

Ein jungenhaft aussehendes Mädchen erwartete mich mit Jessie.

»Mum, dies ist Sandie.«

Ich lächelte und war höflich, doch bevor wir uns trennten, sagte ich: »Sandie, du hättest uns viel Kummer ersparen können, wenn du mir einfach gesagt hättest, wo Jessie in der Freitagnacht war, als ich mit dir am Telefon gesprochen habe.« Sie hatte wenigstens den Anstand, verlegen den Blick abzuwenden.

Ich aß mit Jess zu Mittag und ließ sie dann zu Hause, damit sie ihre Aufgaben machte, während ich in der Schule arbeitete. Es blieb gerade noch genügend Zeit, um die Konferenz um 15 Uhr vorzubereiten.

Ich stellte zusammen, was ich brauchte, und um 14 Uhr 45 ging ich wie vereinbart zum Büro der Direktorin und sprach mit ihr und ihrer Stellvertreterin meinen Plan für die Konferenz durch. Auch sie waren besorgt wegen Jess. Ich verschwieg einige der schockierenden Einzelheiten. Es war nicht nötig, dass ich all die hässlichen Details vor ihnen ausbreitete. Aber ich erzählte ihnen von Jessies Haschkonsum und erklärte, dass ich jeden Augenblick den Anruf von einer Polizeibeamtin erwartete, die uns raten würde, was wir tun sollten. Wie auf ein Stichwort hin erschien der Hausmeister, um zu sagen, dass jemand mich am Telefon zu sprechen wünschte. Ich nahm den Anruf in einem nahen Büro entgegen.

Die Begrüßungsfloskeln waren kurz, und dann kam die Beamtin zur Sache. »Ich habe Rat eingeholt, und angesichts der Menge Haschisch, die Jess geraucht hat, ist es anscheinend nötig, sie zur Entziehungskur in eine Anstalt zu schicken, damit sie clean wird. Ich habe mit einer Einrichtung gesprochen, und man kann sie heute Abend aufnehmen. Sie wird mindestens eine Woche dort bleiben müssen. Vierzehn Tage sind das Übliche.«

»Aber sie ist erst fünfzehn«, erwiderte ich verzagt. »Ist das üblich?«

Sie versicherte mir, dass es nichts änderte. Man hatte dort schon Fünfzehnjährige betreut.

Ich war benommen, als ich den Hörer auflegte. War dies nicht übertrieben für das Rauchen von Hasch, selbst wenn es sehr regelmäßig geschehen war? Und Jessie war so jung. Ich ging zurück ins Büro, und ich glaube, meine Miene sagte alles.

»Was ist passiert?«, fragte Wendy.

Ich sank auf einen Stuhl und erzählte es ihnen. Dann verlor ich die Fassung, brach in Tränen aus und stieß hervor: »Dies ist der Albtraum aller Eltern.«

Wie ich diesen Ausspruch später bereute! Mein Albtraum war nichts im Vergleich zu dem, was Margaret durchgemacht hatte. Sie hatte vor drei Jahren einen 20-jährigen Sohn verloren, der an einem Gehirntumor gestorben war. Das war ein wahrer Albtraum gewesen. Mein Kind lebte noch. Mein Unglück ließ sich nicht auf derselben Skala messen wie ihres. Ein paar Tage später, als ich ihr allein begegnete, sagte ich ihr, wie Leid mir meine Worte taten. Wie taktlos ich gewesen sei. Sie umarmte mich und sagte ruhig: »Es gibt viele verschiedene Albträume.«

Ich konnte natürlich nicht wissen, dass unserer noch schlimmer werden würde.

Beim Essen an diesem Abend waren wir sehr bedrückt. Wir hatten Jessie erklärt, was man mir geraten hatte, und es führte anscheinend kein Weg daran vorbei. Sie hatte zugestimmt, nach dem Abendessen in die Anstalt zu gehen. Ich hatte die Schwester vom Dienst dort angerufen und erklärt, dass ich mir Sorgen machte, weil Jessie so jung sei. Ich erkundigte mich, welche Patienten sonst dort waren. Ihre Antwort lautete, dass niemand auch nur annähernd in Jessies Alter sei. Die Patienten waren überwiegend männliche Alkoholiker um die fünfzig. Das war gewiss nicht die richtige Umgebung für ein junges Mädchen. Die Schwester sah darin jedoch kein Problem.

Wir waren besorgt, aber wir sagten uns, dass die Polizei wissen musste, was sie empfahl. Es kam uns nicht in den Sinn, diesen Rat von professionellen Drogenberatern überprüfen zu lassen. Ich hätte auch keinen gekannt.

Wenn ich sage, dass Jessie zugestimmt hatte, so ist es nur fair hinzuzufügen, dass sie allem zugestimmt hätte, so begierig war sie darauf, es wieder gutzumachen. Sie war so nervös wie wir. Ich befürchtete, dass uns kein Kontakt mit ihr erlaubt werden würde. Was war, wenn es unerträglich für sie werden oder wenn sie belästigt oder missbraucht werden würde? Ich gab ihr mein Wort, ohne Fragen zu kommen und sie abzuholen, wenn sie anrufen würde, dass sie dort nicht länger bleiben könne und sich nicht sicher fühle. Ohne diese Zusicherung hätte ich mich gefühlt, als ob ich sie im Stich ließe. Doch gleichzeitig machte ich ihr meinen Wunsch klar, dass sie es durchhalten und dort bleiben solle.

Die Fahrt war schrecklich. So muss man sich fühlen, wenn man sein Kind zum ersten Mal ins Internat bringt. Wir fürchteten uns vor dem Moment des Abschieds von ihr. Und wir waren von großer Sorge erfüllt.

Die Anstalt war ein Anbau des Krankenhauses und leicht zu finden. Wir klingelten, und eine Frau ließ uns eintreten. Sie war freundlich, strahlte jedoch keine Herzlichkeit aus.

Sie führte uns über einen kurzen Gang zu einem einfachen Zimmer, in dem Jessie untergebracht werden würde. »Du kannst deine Sachen hier lassen, Jess. Wenn du dich von deinen Eltern verabschiedet hast, werden wir dich einquartieren.« Ihr Tonfall ließ darauf schließen, dass wir schnell fortgehen sollten.

Die Frau gab uns Broschüren, in denen die Auswirkungen von Cannabis geschildert wurden, und bat uns, am nächsten Abend zu einer Versammlung von Verwandten von Süchtigen wiederzukommen.

Jess brachte uns zur Tür. Der Abschied war so schmerzlich, wie wir ihn erwartet hatten. Aber wie viel schlimmer für sie – sie war allein und musste schreckliche Angst haben.

Noch bevor ich beim Auto war, war mein Gesicht tränenüberströmt. Joes ebenfalls.

Am nächsten Abend trafen wir um 19 Uhr 30 ein. Wir erkundigten uns nach Jessies Befinden, und man sagte uns, es ginge ihr gut. Konnten wir sie sehen, nur um guten Tag zu sagen? Das kam definitiv nicht in Frage. Heute würde ich dies nicht mehr fragen. Wir wurden in ein kleines Wartezimmer geführt, wo bereits ein paar andere Leute saßen. Wir setzten uns verlegen hin und fühlten uns ganz fehl am Platze.

Schließlich eröffnete die Leiterin die Versammlung. Heute würde mich der Ablauf nicht mehr überraschen. Damals war es etwas ganz Neues für mich. Abwechselnd erklärten wir, warum wir dort waren. Es war mir peinlich über solch private Dinge vor einer Gruppe Fremder zu sprechen, mit denen ich keine Gemeinsamkeiten hatte. Ich fürchtete mich davor, an die Reihe zu kommen. Und ich wusste, dass Joe noch größere Angst davor hatte, das Wort erteilt zu bekommen. Wir hörten uns an, wie eine ältere Frau über das Trinken ihres Mannes sprach, der sich stets im Pub herumtrieb. Ein Mann sprach endlos lange, er schien den Klang seiner eigenen Stimme zu lieben, legte dramatische Pausen ein und genoss die Aufmerksamkeit aller. Ich war völlig abgestoßen. Was war der Zweck dieses Unsinns?

Als wir an der Reihe waren, sagten wir so wenig wie möglich. Die Gesprächsleiterin redete ein bisschen über die Rolle der Verwandten bei der Hilfe für Süchtige, aber nichts war denkwürdig genug, um mir in Erinnerung zu bleiben. Oder einen bleibenden Eindruck zu hinterlassen. Ich wollte nur, dass der Abend zu Ende ging.

Am nächsten Abend gegen 20 Uhr klingelte unser Telefon. Jess rief an. Sie hatte so großes Heimweh, dass sie die Schwester vom Dienst überzeugt hatte, ein Gespräch mit uns würde helfen. Es half natürlich nicht. Binnen Minuten schluchzte Jess und flehte, heimkommen zu dürfen. Sie langweilte sich furchtbar. Es gab nichts zu tun außer einem gelegentlichen Treffen mit anderen Patienten, die männlich und in mittlerem Alter waren. Sie war zu einigen Versammlungen der Narcotics Anonymous (NA) gebracht worden. Doch sonst wurde von ihr erwartet, dass sie sich mit sich selbst beschäftigte. Sie fand keinen Schlaf, hatte nichts zu tun und sogar nichts zu lesen. Es klang schrecklich. Trotz ihres Schluchzens überredete ich sie, über Nacht zu bleiben. Ich versprach ihr, sie mit Joe am Morgen zu besuchen. Wir würden darauf bestehen, sie zu sehen, und wenn sie dann immer noch so sehr dort wegwollte wie jetzt, würden wir sie mitnehmen. Ich gab ihr mein Wort. Aber ich verlangte, dass sie es sich genau überlegen würde. Sie stimmte widerstrebend zu.

Gegen 10 Uhr am nächsten Morgen trafen wir dort ein. Die Schwester vom Dienst war nicht begeistert, als wir Jess von Angesicht zu Angesicht zu sehen verlangten, erkannte jedoch, dass wir uns nicht abwimmeln lassen würden. Sie führte uns zu Jessies Zimmer. Wie erwartet, hatte Jess es sich nicht anders überlegt. Sie packte ihre Sachen, während die Schwester um ein Gespräch mit uns bat und uns ins Wartezimmer führte.

Sie erzählte uns, dass andere Personen in Jessies Alter zum Entzug in der Anstalt gewesen waren. Sie vermittelte uns den klaren Eindruck, dass Jess einen Fehler beging, indem sie sie verließ. Dann ging sie mit uns einige Fallstudien über Geschichten von Erfolg und Scheitern der Patienten durch und versuchte offenbar, uns vor Problemen zu warnen. Was mich am meisten störte, waren ihre Kälte und Härte. Vielleicht ist dies der einzige Weg, um in einem solchen Job zu überleben. Und ihre Art mochte für ihre üblichen Patienten passend sein. Aber Jess war jung und ängstlich. Hätte sich die Schwester vom Dienst die Zeit genommen und sich in der Nacht zuvor an ihr Bett gesetzt, um sie über ihr Heimweh hinwegzutrösten, sie anders behandelt, weil sie anders war, wäre sie vielleicht bereit gewesen, ein wenig länger zu bleiben.

Die Schwester vom Dienst erzählte uns ein wenig über die NA und dass die entlassenen Patienten ermuntert wurden, 90 Versammlungen in 90 Tagen zu besuchen. Sie gab uns eine Liste der Versammlungszeiten, und wir gingen Jessies Sachen holen. Als ich mich in ihrem Zimmer umsah, bemerkte ich an der Wand einen gerahmten Spruch der Narcotics Anonymous:

NICHTS IST WICHTIGER ALS CLEAN ZU BLEIBEN
ALLES ANDERE WIRD DANN FOLGEN

Es berührte einen Nerv, und ich habe mich seither oft daran erinnert.

Wir verließen die Anstalt, erfreut, Jessie wieder bei uns zu haben. Wir waren darauf vorbereit, Jess zu Treffen der NA zu bringen, wann immer sie es wollte. Wir hatten unsere Kinder stets zu Veranstaltungen gebracht, zu Schauspiel, Musik und Sport. Dies war nur eine andere Aktivität. Wir nahmen an, das Leben würde wieder normal werden.

Wenn ich jetzt an diese Woche zurückdenke, bin ich entsetzt über den Rat, den man uns gab. Das Jugenddezernat der Polizei hätte es besser wissen sollen. Sie hätten klüger und besser informiert sein müssen. Diese Anstalt war nicht der richtige Ort für Jess oder irgendeinen jungen Menschen. Eine weniger unpersönliche Institution mit jungen Patienten und jungem Personal wäre passender gewesen.

Vielleicht würde ein solches Wochenende, wie Jess es verbracht hatte, bei einigen Teenagern zur Abschreckung reichen, sodass sie ein normales Leben beginnen. Aber Jess brauchte wirklich persönliche Hilfe. Sie benötigte jemanden, der sie stützte und beriet, jemanden, der sich nicht nur auf Abstinenz konzentrierte, sondern auch ihre Realität sah.

Wenn wir doch nur an das Drug Referral and Information Centre (DRIC) verwiesen worden wären, das ausgezeichnete Berater hat, dann hätte Jessies Übergang zu harten Drogen vielleicht verhindert werden können.

5. KAPITEL

Das Leben nahm wieder seinen üblichen Gang, und wir nahmen an, dass Jessie die Drogenprobleme hinter sich hatte. Da sie im Wesentlichen ein vernünftiges Kind war, sagten wir uns, dass sie ihr Experimentieren nicht fortsetzen würde. Wir wussten nichts von dem LSD-Trip, und in unserer Unwissenheit und mangels eines gegenteiligen Rats dachten wir, alles würde im Laufe der Zeit wieder in Ordnung kommen.

Bei vielen Teenagern wäre es vermutlich so gewesen. Nicht bei Jessie.

Sie bereute das Wochenende zutiefst, und sie brauchte viel Bestätigung, dass wir sie weiterhin liebten. Es war, als könne sie kaum glauben, dass wir ihr verziehen, nachdem sie sich so schlecht benommen hatte. Als befürchtete sie, wir könnten ihr unsere Liebe irgendwie entziehen. Am folgenden Wochenende besuchten wir Joes Bruder Jeffrey in Sydney. Ich erinnere mich daran, dass Jessie meine Hand hielt, als wir über die King Street in Newton gingen. Alle hundert Meter gab Jess mir einen Kuss auf die Wange. Es war, als ob sie wieder ein wenig Vertrauen und Wärme schaffen wollte, damit die Erinnerung an das Wochenende verblassen konnte.

Wir fuhren zu verschiedenen Versammlungen der NA, und Lucy begleitete Jessie manchmal als moralische Unterstützung. Aber ihr Interesse ließ nach ein paar Wochen nach, und wir drängten sie nicht. Jahre später erzählte uns Lucy, als wir darüber sprachen, dass Jessie keinen Versuch gemacht hatte, mit dem Konsum dessen aufzuhören, wofür sie gerade eine Vorliebe entdeckt hatte. Sie war keinesfalls abgeschreckt worden. Bei einer anderen Art Hilfe wäre das Resultat vielleicht ein anderes gewesen. Wer weiß?

Gegen Ende dieses Jahres wurde Joe und mir klar, dass unsere elterliche Erziehung etwas geändert und speziell auf Jessie abgestimmt werden musste – es würde nicht klappen, sie so zu behandeln, wie wir Lucy und Sam erzogen hatten.

Die Umsetzung unserer Erkenntnis wurde beschleunigt, als Jess eines Freitagabends die Dinge in die Hand nahm, nachdem wir ihr das Ausgehen untersagt hatten. Wir missbilligten den Jungen, mit dem sie sich treffen wollte. Angesichts seiner 20 Jahre gegenüber ihren 16 war die Bezeichnung »Mann« treffender. Und das war ein Großteil des Problems – wir hielten ihn zu alt für sie. Aber Jess hatte sich nie zu Jungen hingezogen gefühlt, die wir für passend hielten. Ihre Freunde waren für gewöhnlich älter, und sie zählten zur alternativen Gesellschaft. Jessie war völlig hingerissen, wenn sie meditierten, Musik oder Gedichte schrieben, Straßenmusikanten waren, malten, Vegetarier oder besser noch Veganer waren. Aber Jess war immer noch ein Schulmädchen und machte Dinge, die ein Schulmädchen tat – das hofften wir jedenfalls. Jobben am Samstagnachmittag im örtlichen Supermarkt, Hausaufgaben und so weiter. So waren wir ziemlich entschieden gegen diese besondere Verabredung: Sowohl die Person als auch die Bar, die sie besuchen wollten, fanden wir unpassend.

Sie war schmollend zu Bett gegangen.

In den frühen Morgenstunden hörte ich, wie die Haustür leise geöffnet wurde. Es war kein Irrtum. Ich lauschte und hörte Jessies schleichende Schritte zu ihrem Schlafzimmer. Ich wartete eine Minute und klopfte dann an die Tür, wobei mir klar wurde, dass drei Uhr morgens nicht der richtige Zeitpunkt war, um dies zu klären. Eher ein Anlass zur Traurigkeit. Und zur Besorgnis. Jess ließ sich nicht im Zaum halten. Ihr Mantel lag auf dem Bett, und sie begann, sich auszuziehen.

»Du bist also doch gegangen« war alles, was ich sagte.

Und ich schlich wieder ins Bett und weckte nicht einmal Joe. Er und ich würden am Morgen darüber sprechen.

Jessie war nicht wie unsere anderen beiden Kinder. Bei Lucy sagten wir »ja« oder »nein« – öfter »ja« –, und nur gelegentlich setzte sie sich darüber hinweg. Wir hatten oftmals heftigen Streit gehabt, wenn wir »nein« gesagt hatten, doch es hatte nie wirklichen Zweifel daran gegeben, dass wir unseren Willen durchsetzten. Bei Sam war es ähnlich gewesen, aber er war stets so sehr mit Sport beschäftigt gewesen – Cricket, Baseball und Football –, dass ihm das Training wichtiger als gesellige Unternehmungen gewesen war.

Aber Jess war anders. Sie war entschlossen, ihren Willen durchzusetzen. Sie machte selten eine Szene, sondern tat das von uns Verbotene einfach still, wie sie es an diesem Freitagabend gezeigt hatte. Am nächsten Tag führten wir ein unergiebiges Gespräch mit ihr, und Joe und ich hielten es anschließend für nötig, unter uns zu besprechen, welche Möglichkeiten uns blieben. Bei Lucy hätten wir vielleicht zwei Wochen Ausgehverbot erteilt und viel über Vertrauen geredet. Sie hätte Theater veranstaltet, und dann hätte es einen wütenden Streit gegeben, aber schließlich wäre es bei dem vierzehntägigen Ausgehverbot geblieben.

Aber Jess war nicht Lucy.

Es ist sehr ernüchternd für Eltern, zu begreifen, dass sie praktisch die Kontrolle über ihr Kind verloren haben. Die Kontrolle der Eltern über ihre Kinder ist eigentlich stets schwach. Wir können sie nicht *zwingen,* irgendetwas zu tun. Sie *entscheiden,* ob sie sich unseren Wünschen fügen, wenn auch nur widerwillig. Die meisten Kinder wachsen aus ihrem Bedürfnis nach elterlicher Kontrolle heraus und übernehmen schließlich die Verantwortung für ihr Schicksal. Einige Eltern finden diesen Übergang sehr schwierig und sind niemals in der Lage, die Kontrolle ganz abzugeben und aus dem Leben ihrer Kinder herauszutreten. Andere fühlen sich zutiefst bedroht, wenn ihre Kontrolle verlangt wird und wenden sich entsprechend ab, anstatt auf eine andere Weise damit fertig zu werden.

Das jüngste mir bekannte Kind, das der Kontrolle der Eltern entwachsen war, war 11 gewesen. Das Mädchen hatte sich geweigert, zur Schule zu gehen. Es war viele Monate lang nicht hingegangen. Zuerst hatten ihre Eltern sie mit körperlicher Gewalt hingebracht. Aber sie hatten einfach nicht die emotionale oder körperliche Ausdauer aufgebracht, um das unbegrenzt fortzusetzen. Und es war ihnen bereits klar gewesen, dass sie das Kind nicht zwingen konnten. Ich habe mich oft gefragt, woher dieses Wissen um ihre Macht kam.

Mit 16 wusste Jess, dass sie sich entscheiden konnte, Macht auszuüben. Die allmähliche Übergabe der Kontrolle, die die meisten Eltern versuchen zu erreichen, wenn ihre Kinder 18 und gesetzlich für sich selbst verantwortlich sind, geschah für uns nicht allmählich.

Ich erinnere mich, dass Lucy, gerade erst 18, in ihrem ersten Job, immer noch daheim wohnend, uns sagte, dass sie das Wochenende über mit ihrem Freund in der Wohnung eines Freundes bleiben würde. Joe fand es besonders schwierig, damit zurechtzukommen. Er wusste, dass es keinen vernünftigen Grund für sein schlechtes Gefühl gab. Lucy war alt genug, um mit ihrem Freund zu übernachten, um ihre eigenen Entscheidungen zu treffen. Joe fühlte sich nur unbehaglich dabei, wie so viele Väter. Wir sagten uns schließlich, dass wir keinen Kommentar abgeben sollten, aber wir vereinbarten eine feste Regel: Wenn der Freund in unserem Haus übernachtete, was häufig der Fall war, dann musste er im Wohnzimmer schlafen, nicht in ihrem Zimmer. Wir rechtfertigten das als vernünftiges Verhalten gegenüber einer leicht zu beeindruckenden Elfjährigen im Haus. Es war nicht richtig für Jess, Lucy und ihren Freund im selben Bett schlafen zu sehen. Wenn Jess älter gewesen wäre, dann wäre das vielleicht etwas anderes gewesen.

Aber Jess war nur der Vorwand – es diente in erster Linie unserer Beruhigung. Wir wollten nicht, dass Jess auf so nüchterne Art und Weise mit Sexualität konfrontiert wurde. Nichts dagegen, wenn es geschah. Aber nicht unter unserem Dach. Unsere Regeln waren denen unseres Freundeskreises ziemlich ähnlich. Nicht in unserem Haus, zumindest nicht während unserer Anwesenheit. Und schon gar nicht in unserem Bett.

Eine konservative Kollegin von mir und ihr gleichfalls konservativer Mann erlaubten jedoch dem Freund ihrer Tochter, in ihrem Bett zu schlafen, als sie noch in der 11. Klasse war. »Mir ist lieber, sie tun es in unserem Haus als auf dem Rücksitz eines Wagens oder irgendwo in einem Park«, sagte meine Kollegin.

Aber das Problem bei Jess war nicht ihre Sexualität. Es ging darum, mit ihrer rebellischen Art fertig zu werden. Joe und ich stimmten darin überein, dass es sinnlos sein würde, ihr Ausgehverbot zu erteilen; außerdem war sie aus dem Alter heraus, in dem sie Bestrafung brauchte. Wir waren niemals Verfechter des Prinzips gewesen, Disziplin mit Strafe zu erzwingen, weder zu Hause noch in der Schule, sondern wir zogen es vor, die natürlichen Konsequenzen ihren Lauf nehmen zu lassen – aber das funktionierte bei Jess anscheinend nicht.

Sollten wir sie auf ein Mädcheninternat schicken und ihr von der Schule den Kopf zurechtsetzen lassen? Dann hätte sie bestimmt Zeit für ihre Hausaufgaben und wenig Freiheit. Wir diskutierten ernsthaft darüber, verwarfen den Gedanken jedoch schnell. Nur wenige Internate würden sie aufnehmen, wenn die Leiter ihre Noten sahen. Und selbst wenn wir nicht ehrlich sagten, warum wir sie schickten, würde sich jeder Direktor mit einem bisschen Erfahrung fragen, warum Eltern plötzlich eine Sechzehnjährige ins Internat gaben. Ganz abgesehen davon wussten wir, dass sie niemals damit einverstanden sein würde. Bei der ersten Gelegenheit würde sie einfach abhauen.

Wir klammerten uns an einen Strohhalm, und keiner von uns wollte sie fortschicken. Wir liebten sie innig. Es gab zunehmende Spannungen zwischen ihr und Joe. Aber das war kein unüberwindbares Problem.

Wir erkannten, dass wir sehr wenig tun konnten, um Jess daran zu hindern, zu machen, was ihr beliebte. Wir beide hatten das Gefühl, dass sie sich in ihrem Eigensinn entscheiden konnte, das Elternhaus zu verlassen, wenn wir ihr zu sehr zusetzten und versuchten, sie zu stark einzuschränken. Unsere Priorität bestand darin, unsere liebevolle Beziehung zu ihr zu bewahren und dennoch etwas Einfluss auf sie zu behalten. Einfluss war das Äußerste, was wir erhoffen konnten, keine Kontrolle.

Nur wenige Eltern von unterwürfigen Kindern müssen sich jemals Gedanken über diese Themen machen. Die meisten nehmen an, dass das gute Verhalten ihrer Kinder ein Resultat ihrer klugen Erziehung ist. Ich bin überzeugt, dass das manchmal stimmt. Aber dies erklärte uns nicht, warum das, was bei Lucy und Sam funktioniert hatte, nicht ebenfalls bei Jess klappte. Natürlich verändert sich das Kräftespiel des Familienlebens, und Geschwister wachsen nicht unter identischen Umständen auf. Aber die Prinzipien waren für uns die gleichen geblieben. Wir hatten das Gefühl, für Jess gute Eltern gewesen zu sein, die weniger aus Instinkt und mehr mit Besonnenheit und Erfahrungswerten gehandelt haben.

Einer der besten Schulpsychologen, mit denen ich jemals zusammengearbeitet habe, der sehr erfahren in der Beratung von Eltern mit Problemkindern ist, sagt häufig zu Eltern: »Nun, wenn das, was Sie tun, nicht funktioniert, dann machen Sie nicht so weiter. Sie müssen sich etwas anderes ausdenken. Um eine Veränderung zu erreichen, muss sich etwas im Umgang mit dem Verhalten Ihres Kindes ändern.« Und dann leitet er sie freundlich und mit großem Humor zu einem besseren Plan hin.

Es war eine einfache Logik. Aber als Eltern sind wir gefangen in Verhaltensmustern, die nur schwer zu verändern sind, besonders in Krisen, dem Zeitpunkt, an dem Eltern für gewöhnlich Hilfe suchen. Wir brauchten einen besseren Plan.

Wir entschieden, unsere Versuche, Jess zu sagen, was sie tun konnte und was nicht, zu ändern. Wir würden weniger Wert darauf legen, dass sie uns um Erlaubnis fragte, und mehr darauf, sie durch Gespräche zu beeinflussen. Kurz gesagt, wir würden sie darüber in Kenntnis setzen, wie wir ungefähr über ein Thema dachten, sie jedoch ihr eigenes Urteil finden lassen. Wir spielten zusammen einige Beispiele durch. Anstatt »Ein Uhr ist spät genug, Jess. Wir erwarten dich dann«, würden wir sagen »Welche Zeit hältst du für vernünftig zum Heimkommen, damit wir wissen, wann wir dich erwarten können? Denk daran, dass du morgen arbeiten musst.« Und so weiter.

Das war die Theorie, und jetzt mussten wir sie nur noch in die Praxis umsetzen.

Bald nach dieser Änderung unseres Verhaltens, über das wir mit Jess diskutierten, fuhr sie zu einem Ausflug mit dem Kunstkurs ihrer Schule nach Sydney. Wir waren der Meinung, dass sie trotz ihres elften Schuljahrs mit 16 alt genug war, um mit dem Maß an Freiheit zurechtzukommen, das den Schülern während des Ausflugs in Sydney gegeben werden würde. Es waren mehrere Stunden Freizeit vorgesehen, auch an Abenden. Die Schüler konnten machen, was sie wollten; sie mussten nur um Mitternacht zurück sein. Es war uns klar, dass sie gerade erst 16 geworden war, während einige der anderen Schüler 18 waren. Aber wir hatten das Gefühl, dass sie erfahren genug war, um es mit ihnen aufzunehmen.

Ich hatte am Abend ihrer Rückkehr eine Versammlung besucht und war bereits im Bett, als Jess zu Hause eintraf. Ich ging zu ihr, um ihr einen Gutenachtkuss zu geben, und sie erzählte mir schläfrig, sie hätte eine fantastische Zeit verbracht und würde mir morgen davon erzählen.

Am nächsten Nachmittag saßen wir im Wohnzimmer beisammen, ich mit Kaffee und sie mit einem Saft, während sie von der großartigen Zeit schwärmte, die sie verbracht hatte, und den aufregenden Dingen erzählte, die sie getan hatte. Ich beobachtete sie während des Zuhörens. Etwas schimmerte über einem ihrer Augen.

»Was ist mit deinem Auge los, Liebling? Ist das nicht ein bisschen geschwollen?«

»Das ist nichts«, beteuerte sie und erzählte hastig weiter.

Aber das Schimmern lenkte mich ab, und ich stand auf, um es mir genauer anzusehen. Ein Piercing. Heutzutage nichts Besonderes, doch damals kannte ich niemanden, der gepierct war. Ich hatte niemals ein Piercing gesehen.

»Was, um Himmels willen, hast du mit deiner Augenbraue gemacht, Jess?«

Sie wirkte mehr selbstzufrieden als verlegen. »Ich habe mich am Donnerstagabend piercen lassen. Was hältst du davon?«

Ich fand es schrecklich und sagte es.

Sie war ziemlich verdutzt. »Nun, mir gefällt es und jedem sonst auch.«

»Was hat denn deine Lehrerin gesagt? Hat sie es überhaupt bemerkt?«

»Natürlich hat sie es bemerkt. Sie sagte nur ›Gott sei Dank hast du es nicht an den Schamlippen.‹«

Es hätte nicht viel gefehlt, und ich hätte mich am Kaffee verschluckt. Der Gedanke, dass meine Lehrerin Schwester Bernadette eine solche Bemerkung bei mir gemacht hätte, als ich die elfte Klasse besucht hatte, war unvorstellbar. Aber dann kam mir ein furchtbarer Gedanke. »Du hast dich nicht sonst wo piercen lassen, Jess? Ich brauche nicht deinen ganzen Körper zu überprüfen, oder?«

»Natürlich nicht, Mum. Es ist nur die Augenbraue.«

Welche Erleichterung! Aber mir wurde klar, dass ich sie beim Wort nahm. Plötzlich war die Augenbraue nicht mehr so wichtig. Außerdem sah sie ein wenig geschwollen aus, sodass wir darüber sprachen, sie steril und sauber zu halten.

Im Laufe der nächsten paar Wochen erhielt sie viele positive Kommentare von all den Leuten, die sie beeindrucken wollte. Dann setzte die Infektion ein, und sie musste das Piercing entfernen. Ich war froh darüber, dass wir uns entschieden hatten, den Dingen ihren Lauf zu lassen. (Später erschien die Wunde von Zeit zu Zeit wieder. »Ein Barometer, wie es ihr geht«, denke ich oftmals.)

Kurze Zeit später erklärte uns Jess, dass sie das College wechseln wollte. Sie war beeindruckt von dem Schauspielkurs eines anderen Colleges, und weil die Schauspielkunst ihre größte Liebe war, war ein Wechsel eine ernsthafte Überlegung wert. Sie war bereits bei einigen Aufführungen des Jugendtheaters aufgetreten. Ich erinnere mich deutlich an das erste Mal, als mir klar wurde, wie begabt sie war. Es war eine Probeaufführung, eine abendliche Vorstellung, um Eltern zu zeigen, wofür sie ihr Geld ausgaben. Jess war nicht auf der Bühne, jedoch für alle zu sehen, als sie sich auf ihr Stichwort vorbereitete. Ich beobachtete, wie sie ihre Persönlichkeit änderte und in ihre Rolle schlüpfte. Und als sie auf die Bühne ging, füllte sie den Vorführraum mit ihrer Präsenz aus. Das war nicht nur meine Meinung. Ihr Lehrer des Schauspielkurses schrieb in ihrer Beurteilung: »Welch hervorragende Ausstrahlung, Jess. Welch ein Einfühlungsvermögen für den richtigen Zeitpunkt.«

Eine andere wichtige Überlegung war für uns die Nähe des anderen Colleges zum Skater-Park, denn wir wussten, dass Jess immer noch viel Zeit dort verbrachte.

Sie sagte, sie fühle sich von den Kindern ihrer Schule entfremdet, die Cliquen bildeten, in die sie nicht hineinpasste.

Stattdessen verbrachte sie ihre Zeit mit Joanne. Und zusammen wurden sie noch ausgeflippter, schwammen gegen den Strom und waren fest entschlossen, empörend anders zu sein. Dies machte uns große Sorgen. Nicht, dass Joe oder ich Konformität schätzten. Aber die Konsequenzen von Jessies ständigem Mangel an Anpassung bei ihrem Äußeren beunruhigten uns. Wir sprachen oft mit ihr darüber. Ob wir es mochten oder nicht, es wirkte sich auf die Art aus, wie sie von den anderen aufgenommen wurde. Ihr rasierter Kopf war ein sehr gutes Beispiel dafür gewesen; danach hatten nur wenige Schüler etwas mit ihr zu tun haben wollen. Wie sie ihre Möglichkeiten auf diejenigen beschränkte, die ernsthaft alternativ waren! Aber sie setzte sich hochmütig über all unsere Argumente hinweg.

Joe und ich waren der Ansicht, dass ihr ein Wechsel des Colleges Gelegenheit zu einem Neubeginn bot. Und um ehrlich zu sein, so sehr wir auch Joanne mochten, wir waren erfreut, dass Jess von ihr fern sein würde. Jessies Freundeskreis würde aus den Schülern des Schauspielkurses bestehen, die alternativ genug waren, um ihr zu gefallen, jedoch nicht völlig ausgeflippt.

So ging sie zu Beginn des vierten Semesters auf ein anderes College. In den ersten paar Wochen lief alles ziemlich glatt. Wir atmeten erleichtert auf und hatten das optimistische Gefühl, dass sich die Dinge bessern würden.

Dann erzählte sie uns die Neuigkeit. Joanne würde ebenfalls auf das neue College wechseln. Sie war aus den gleichen Gründen wie Jess auf dem bisherigen College unglücklich gewesen und hatte ihre Eltern überzeugt, dass ein Wechsel auch für sie das Beste wäre.

Joe und ich ärgerten uns gründlich. Ich spielte mit dem Gedanken, ihre Mutter anzurufen, eine sanfte, ruhige Frau, die gelegentlich an Joanne verzweifelte wie ich an Jess. Aber Joanne hatte das Recht, jedes College zu besuchen, auf das sie gehen wollte. Wenn es Jess auf dem neuen College besser gefiel, dann würde es vermutlich Joanne dort ebenfalls besser aushalten. Wir konnten nicht einmal erklären, ohne dass es als große Beleidigung aufgefasst wurde, dass wir es am besten für Jessie hielten, sich von Joanne fern zu halten. Nicht, dass uns ihre Freundschaft etwas ausmachte. Wir konnten verstehen, weshalb Joanne Jess als Freundin gefiel, und sie mochte sie sehr. Wir hatten sie sogar mal in den Ferien mitgenommen und ihre Gesellschaft genossen. Aber wir wollten, dass Jess ihren Horizont erweiterte, neue Freundinnen gewann und sich nicht nur an Joanne klammerte. Aber es sollte nicht sein. Nichts änderte sich wirklich. Jess und Joanne traten zusammen bei einer abendlichen Schauspielaufführung in einem wundervollen Stück auf, engagierten sich jedoch nicht am College-Leben.

Am Anfang des folgenden Jahres stimmte Jessie auf Anraten der Schule zu, ihr problematisches 11. Schuljahr zu wiederholen. Wir hätten wissen sollen, dass dies eine schlechte Wahl für sie war. Nun hatte sie noch zwei weitere Schuljahre vor sich. Die Schulzeit schien sich endlos für sie dahinzuziehen. Und viele der Freunde, die sie sich im vergangenen Jahr gemacht hatte, waren im zwölften Schuljahr gewesen und bereits abgegangen.

Gegen Ende des Jahres rief mich eines Abends Joannes Mutter an, um mir traurig mitzuteilen, dass sie und ihr Mann Joanne widerstrebend die Erlaubnis gegeben hatten, die Schule abzubrechen. Ich war schockiert. Kinder wie unsere gingen nicht vorzeitig von der Schule ab – sie entschieden sich vielleicht, eine Klasse zu wiederholen, aber sie beendeten die Schulausbildung. Joannes Mutter erklärte, dass sie und ihr Mann keinen Sinn mehr darin sahen, weil Joanne regelmäßig den meisten Unterricht schwänzte und überhaupt kein Interesse mehr zeigte. Sie würde besser dran sein, wenn sie arbeiten ging, statt jedermanns Zeit zu verschwenden.

Es war eine logische Ansicht, aber auch eine mutige. Dass Joanne Unterricht versäumte, wies vielleicht darauf hin, dass es bei Jess ebenfalls der Fall war. Wir fragten sie. Einige Stunden, gab sie zu. Aber nicht so viele wie Joanne.

Wir hofften, dass sich Jess jetzt einen anderen Kreis aus stärker motivierten Freunden aufbauen konnte.

Natürlich tat sie das nicht.

Wir werden zu unseresgleichen hingezogen oder zu denjenigen, die wir mögen.

Früh im neuen Jahr mietete sich Joanne eine möblierte Wohnung. Ihre Eltern zogen in eine andere Stadt, und sie hatte sich entschieden, in Canberra zu bleiben. Ihre Mutter war nicht glücklich darüber, aber Joanne war jetzt 18 und fest entschlossen. Ihre ältere Schwester war noch Studentin und vernünftig, und ihre Mutter meinte, sie könne Joanne etwas Unterstützung geben, wenn nötig.

Für Jess war die möblierte Wohnung himmlisch. Unabhängigkeit. Aufregung. Erwachsensein. Und sie war eine regelmäßige Besucherin und übernachtete dort gelegentlich.

Jessie ging immer noch zur Schule, in die zwölfte Klasse.

Obwohl ihr die Hauptrolle, ein wundervoller Auftritt, in der Theateraufführung angeboten wurde, die ein bedeutendes Ereignis im Terminkalender des Colleges war, fühlte sie sich unentschlossen und unglücklich. Sie nahm die Rolle dann an, um uns eine Freude zu machen.

Im Nachhinein betrachtet ist mir klar, dass einer von Joannes Gästen mich stärker hätte beunruhigen sollen. Ein paar Wochen nach ihrem Einzug in die möblierte Wohnung begann Ian Goddard dort zu übernachten, zunächst jeweils nur für ein, zwei Nächte. Doch aus den ein, zwei Nächten wurden dann Wochen. Jess sagte, er könne nirgendwo sonst hin. Er hatte zuvor bei Hausbesetzern gewohnt, und Jess erzählte uns, dass Joanne Mitleid mit ihm hatte.

Ians Einzug in Joannes Wohnung konnte nur als schlechte Neuigkeit betrachtet werden. Er war etwas älter als Jess, und wir wussten wie jeder sonst, dass er seit langem heroinsüchtig war. Er hatte die Schule besucht, an der ich jetzt unterrichte, und wurde gelegentlich noch von den Lehrern erwähnt, die sich an ihn erinnerten. Er war intelligent, doch schwer zu lenken gewesen, und schon als Elfjähriger war er problematisch. Als er die achte Klasse besuchte, hatte er oft gefehlt und mit dem Konsum von Drogen begonnen. Er hatte zum erweiterten gesellschaftlichen Kreis von Jess gezählt. Er tat ihr Leid, erzählte sie uns, und während wir ihr Mitgefühl bewunderten, waren wir nicht glücklich darüber, dass sie Umgang mit ihm hatte.

Das traurigste, bleibendste Bild, das ich von Ian habe, bot sich mir an einem sehr kalten, regnerischen Winterabend. Joe, Jess und ich hatten Eintrittskarten fürs Kino, und wir drei waren gegen 18 Uhr 30 ins Civic Centre gefahren, um zuvor etwas zu essen. Wir hatten eines der oberen Restaurants mit Blick auf den Garema Place gewählt. Selbst die Uneingeweihten wussten, dass dort mit Drogen gedealt wurde. Alle Städte haben einen bekannten Platz, an dem Süchtige sich Stoff beschaffen. Dies war Canberras Treffpunkt. Eine einsame Gestalt, gekrümmt gegen den beißenden Wind und den Regen, ohne schützenden Mantel, saß dort still in der Dunkelheit. Jess erkannte Ian, ging hinunter und setzte sich ein paar Minuten zu ihm, bis sie trotz ihrer warmen Kleidung fror. Wir hatten keinen Appetit mehr, als sie zurückkehrte. Er war so eine traurige, einsame und hoffnungslose Gestalt. Seine Zukunft sah düster aus.

Als Jess erwähnte, dass Ian bei Joanne übernachtete, hätte ich sofort alarmiert sein müssen. Man duldet keinen Heroinsüchtigen in seiner Wohnung, wenn man sein Verhalten unerträglich findet. Es musste Zeiten geben, an denen Ian den Stoff vor Joannes Augen nahm, besonders angesichts der kleinen Wohnung. Dies ist heute so offenkundig. Unglaublich, dass ich nicht erkannte, dass Jess mit hineingezogen wurde. Aber wir dachten, dass Jess nicht darin verwickelt war, obwohl es keinen Zweifel an Ians Sucht und dem – laut Jess – gelegentlichen Drogenkonsum von Joanne gab. Jess erzählte uns, sie versuche Joanne zu helfen, davon loszukommen und Ian zu ermuntern, richtige Hilfe zu suchen. Vielleicht hatte es so angefangen. Aber es blieb gewiss nicht dabei.

Wie immer glaubten wir Jess. Wir waren beunruhigt, misstrauisch, rieten ihr, sich fern zu halten, aber wir glaubten ihr immer noch.

Meine Arbeit in der Schule begann für ein neues Jahr, und das Leben nahm wieder seinen terminmäßigen Lauf.

Eines Sonntagabends Ende Februar sah ich mir im Wohnzimmer einen Film im Fernsehen an. Joe hatte das Interesse daran verloren und sich ins Schlafzimmer zurückgezogen, um zu lesen. Jessie kam ins Wohnzimmer und legte sich auf die Couch. Sie schaute einige Minuten lang ohne große Aufmerksamkeit zu und sagte dann: »Mum, ich muss mit dir reden.«

Ich war sofort alarmiert. Sie meinte nicht »plaudern«. »Ich bin eigentlich gar nicht interessiert an dem Film, Liebling. Schalte den Fernseher aus.« Ich setzte mich gerader im Sessel auf, und die Schläfrigkeit, die sich angenehm in mir ausgebreitet hatte, verschwand schlagartig. »Was gibt es?«

Ich wartete. Ein überfälliger Termin in der Schule, weitere versäumte Unterrichtsstunden, kein Jobben mehr im Supermarkt, irgendein empörendes Lokal, in das sie ausgehen wollte – ich rechnete mit allem Möglichen. Nur damit nicht:

»Mum, ich muss wieder zur Entziehungskur.«

Ich glaubte zuerst, mich verhört zu haben. Aber in meinem Innersten wusste ich, dass das nicht der Fall war. Ich wagte kaum zu atmen, als ob mein nächster Atemzug ihre Erklärung zementieren könnte. Mit all ihren Konsequenzen. Ich sagte gefasst: »Warum, Liebling? Was ist passiert?«

Ich hörte ruhig zu, als sie erklärte, dass sie mit Joanne experimentiert hatte und ihr Rauschgiftkonsum außer Kontrolle geraten war. Ich stellte die Frage, die nur wenige Eltern jemals stellen müssen. »Ist es Heroin, Jess?«

»Nein, Mum. So blöde bin ich nicht. Ich habe es mal probiert, und es ist mir schlecht geworden.«

Alles sonst schien leichter zu handhaben sein. Nichts außer Heroin machte – so weit ich wusste – wirklich süchtig. Ich seufzte vor Erleichterung, dass wir uns deswegen keine Sorgen zu machen brauchten. Außerdem war sie im Grunde zu vernünftig, um es ernsthaft anzurühren.

»Musst du in eine Klinik gehen? Kannst du nicht einfach aufhören, Jess? Wenn es nur Herumprobieren mit anderem Stoff ist und du damit aufhören willst, warum tust du das dann nicht?«

Oh, meine Naivität! Und wie ich glauben wollte, dass sie nur »mit Drogen herumprobierte«, nicht ernsthaft davon abhängig war. Es kam mir nie in den Sinn, dass sie versuchte, mir die Einzelheiten dessen zu ersparen, was sie genommen hatte. Dass sie mich auf ihre Probleme aufmerksam machen wollte, sich jedoch bemühte, mich so wenig wie möglich zu beunruhigen. Und es dauerte einige Zeit, bis mir klar wurde, dass sie es ernst meinte.

Ich erinnerte mich an den Spruch, den ich gelesen hatte, als sie die Anstalt verlassen hatte. *Nichts ist so wichtig wie clean zu bleiben.* Das war doch das, was die Gruppe, die wir besucht hatten, uns begreiflich hatte machen wollen.

Jess erzählte mir von einem LSD-Trip, den sie an diesem Wochenende gemacht und der ihr Angst eingejagt hatte, und sie erklärte, dass sie Hilfe brauchte. Sie allein konnte das beurteilen. So viel wusste ich.

Ich rief Joe aus dem Schlafzimmer, und gemeinsam diskutierten wir wieder darüber. Natürlich würden wir sie unterstützen, wenn sie das wünschte. Irgendwie waren wir nicht wirklich überrascht, als ob wir geahnt hätten, dass etwas nicht in Ordnung war.

Jess ging sofort zum Telefon und rief das Arcadia House Withdrawal Centre an. Sie hatte offenbar ihre Hausaufgaben gemacht.

Arcadia House war ein 24-Stunden-Service, der eine kurzfristige Unterkunft oder »Auszeit« für Leute mit Alkohol- und Drogenproblemen zur Verfügung stellte. Jess erklärte uns, was sie anboten: ergänzende Naturtherapien zur Linderung bei Entzugserscheinungen, Ausbildung, Unterstützung, Beratung, Diättherapie, Rechtsbeistand und Überweisung zu anderen Diensten. Es klang eine Welt entfernt von dem, wo sie zuvor gewesen war. Der Aufenthalt dort kostete zehn Dollar pro Tag. Wenn das nötig war, würden wir es bezahlen.

Man konnte sie am nächsten Tag aufnehmen.

In den nächsten beiden Wochen stellten wir fest, wie das Arcadia House arbeitete. Keinerlei Kontakt mit niemandem. Botschaften konnten übermittelt, und alles, was sie wünschte, konnte ihr gebracht werden – jedoch nur durch das Personal. Wir konnten nichts tun – außer uns Sorgen zu machen.

Außer Sam und Lucy erzählten wir niemandem etwas davon. Wir schämten uns nicht, sondern waren der Ansicht, dass niemand die Sache verstehen würde, der kein Kind mit Drogenproblemen hatte. Wir fühlten uns loyal zu Jessie und wollten nicht, dass andere über sie urteilten. Wir warteten stillschweigend auf das Ende der beiden Wochen.

Joe und ich nahmen an, dass sie aus der Entzugsanstalt herauskommen und sich besser fühlen würde. Es war ihre Initiative gewesen, dorthin zu gehen, und das war ein Anzeichen dafür, dass sie mit dem Drogenkonsum aufhören wollte. Wir waren überzeugt, dass sie damit einfach Schluss machen würde.

Damals wussten wir es nicht besser.

Es war ein schöner Samstagmorgen im Herbst, als wir sie abholten. Sie war guter Laune und sprach sehr positiv über eine Beraterin, Shelley, die sie kennen gelernt hatte und weiterhin besuchen würde. Es würde alles wieder in Ordnung kommen.

Einen Tag später in dieser Woche kehrte ich von der Arbeit heim und traf Jess im Wohnzimmer an, obwohl sie noch in der Schule hätte sein sollen. Ich kam stets vor ihr heim und schätzte die Ruhe eines verwaisten Hauses, und so war ich ein bisschen erstaunt, Jess zu sehen. Sie erklärte, dass sie bei Rick, unserem Hausarzt, gewesen sei und ein Attest erhalten habe, mit dem sie bis zum Ende des Semesters krankgeschrieben sei.

Ich glaube, das war der Zeitpunkt, an dem ich wirklich alarmiert war. Rick schrieb niemanden grundlos für fünf Wochen krank. Wie hatte sie ihn überzeugen können? Sie war jetzt okay, oder nicht? Sie war clean. Schließlich war sie keine Süchtige, keine richtige. Sie hatte nur Drogen genommen und brauchte Hilfe, um damit aufzuhören.

Joe und ich waren ratlos. Ich rief beim DRIC an und bat um einen Termin bei einem Berater. Wir fuhren am nächsten Tag nach meiner Arbeit in der Schule hin.

Das DRIC war mitten im Civic Centre, eine schmale Treppe hinauf, die zu einem Empfangsbereich führte, der mit Möbeln vom Sperrmüll ausgestattet war. Eine schäbige Couch, abgenutzte Stühle und ein alter Couchtisch. Obwohl von der Regierung finanziert, waren die Mittel für solche Einrichtungen begrenzt. Damit waren keine Wählerstimmen zu gewinnen. Schließlich halfen sie nur Junkies. Das Budget reichte nicht für anständige Möbel.

Eine junge Frau in Jeans führte uns in ein Büro. Darin gab es nur zwei Stühle, und so setzte sie sich auf den Boden. »Wie unprofessionell«, dachte ich. Aber als sie mit uns sprach, vergaß ich die Äußerlichkeiten und konzentrierte mich auf den

Inhalt. Sie rief Shelley ins Büro, als wir erklärten, dass wir gekommen waren, weil Jess uns erzählt hatte, wie hilfreich sie gewesen war.

Shelley setzte sich ebenfalls auf den Boden. »Welche Drogen hat Jessie bevorzugt?«

Die Terminologie, heute so alltäglich, war schockierend. »Ein bisschen von allem«, sagten wir. »Aber kein Heroin«, fügten wir hastig hinzu. Shelley blieb ruhig, und mir war selbst da bewusst, dass sie Jessies Vertrauen wahren musste. Nach und nach berieten sie uns und beruhigten uns. Wir sollten ihr unbedingt Dinge kaufen, ihr jedoch kein Geld geben. Wir sollten uns entscheiden, ob wir sie zu Hause behalten wollten, wenn sie immer noch Drogen konsumierte. Ich vergaß, dass sie auf dem Boden saßen. Mir wurde klar, dass ihre Zwanglosigkeit für ihren Kundenkreis perfekt war. Sie waren großartig, und wir fühlten uns besser, als wir gingen.

Erst viel später wurde mir klar, dass sie uns auf Jessies Fortsetzung des Drogenkonsums vorbereitet hatten. Keine der beiden Beraterinnen hatte uns irgendwelche Hoffnung gemacht, dass sich die Dinge nun bessern würden.

Ungefähr eine Woche nach unserem Besuch im DRIC ließ Jess eine weitere Bombe platzen. Sie wollte nach Melbourne und dort ein neues Leben beginnen. Eine ihrer Freundinnen, die im vergangenen Jahr von ihrer Schule abgegangen war, lebte dort in einer Wohngemeinschaft. Es war ein Zimmer für sie frei.

Das kam nun gar nicht in Frage. Sie war 17 und musste zum neuen Semester wieder aufs College.

Aber wir hatten nicht mit Jessies Eigensinn gerechnet. Bald erkannten wir, dass sie fest entschlossen war, nach Melbourne zu ziehen, und nur versuchte, es uns schonend beizubringen. Wir debattierten scheinbar endlos darüber. Und jedem Argument widersprach sie. Nicht zu unserer Zufriedenheit, denn es war eine unhaltbare Situation, sondern zu ihrer.

Es würde eine drogenfreie Umgebung für sie sein, sagte sie. Sie würden vielleicht ein bisschen Hasch rauchen, aber das sei alles. Sie würde sich dort im College einschreiben und weiter studieren.

»Unmöglich«, entgegneten wir.

Sie lernte schon hier nicht, wo sie unsere volle Unterstützung hatte und unsere umfangreiche Bibliothek benutzen konnte. Wie konnte sie da hoffen, in einer Wohngemeinschaft zu lernen?

Es seien andere Studenten im Haus, sie wäre nicht die Einzige.

Ja, aber sie wäre das einzige Schulmädchen.

Was änderte das schon?

Wovon würde sie leben? Sie konnte es sich nicht leisten, fern von zu Hause von Almosen zu leben. Und wir waren nicht bereit, sie aus der Ferne finanziell zu unterstützen, weil wir der Ansicht waren, dass sie daheim und auf der Schule sein sollte.

Sie würde sich einen Job als Kellnerin beschaffen.

Wir wiesen auf die hohe Arbeitslosenquote und ihren Mangel an Erfahrung hin.

Sie zeigte sich unbeeindruckt.

Wir rechneten ihr vor, wie lange es dauern würde, bis sie Arbeit finden würde.

Sie war überzeugt, mit wenig Geld auszukommen.

Und so ging es weiter.

Allmählich wurde uns klar, dass sie sich nicht umstimmen lassen würde, ganz gleich, was wir sagten.

Es war einer jener Zeitpunkte, an denen elterliche Prinzipien auf dem Prüfstand stehen. Würden wir widerwillig unsere Zustimmung geben und die natürlichen Konsequenzen ihres Fehlers ihren Lauf nehmen lassen? Oder würden wir versuchen, sie davor zu bewahren? Wir hatten keine wirkliche Wahl. Wir begannen, ihr beim Planen zu helfen, damit der Übergang so glatt wie möglich verlaufen würde. Sie kündigte an, am Tag nach ihrem achtzehnten Geburtstag abzureisen.

Für mich war ihr Geburtstag wie der Jüngste Tag. Selbst jetzt ist die Erinnerung daran so stark, dass ich weinen muss. Ich liebte sie zu sehr, um sie so plötzlich und unter diesen Umständen aus dem Haus gehen zu lassen. Mein letztes Kind.

Ich bezweifle, dass wir gut handelten. Wir bestanden darauf, dass sie ihr Zimmer ausräumte und so viel wie möglich mitnahm – nicht nur einen Koffer, was das Klügste gewesen wäre, weil wir damit rechneten, dass es schief gehen würde. Aber wir waren zu durcheinander, um vernünftig zu handeln, besonders ich. Joe war besorgt, doch er schien sich mit Jessies Entscheidung abgefunden zu haben.

So begann eine meiner traurigsten Phasen. Manchmal sah ich ein junges Mädchen mit einer Schultasche, das auf dem Weg zur Schule lachte, und etwas an ihrem Haar, ihrer Haltung, ihrer Kleidung erinnerte mich an Jessie. Für den Bruchteil einer Sekunde dachte ich dann, sie sei noch daheim, gehe zur Schule und tue normale Dinge. Und dann erinnerte ich mich. Jess war soeben erst aus der Entziehung heraus, war von der Schule abgegangen und lebte in Melbourne von Almosen. Ich konnte die Tränen nicht zurückhalten.

Nachts wanderte ich herum und weinte hemmungslos. Ich wollte keinen Trost von Joe. Ich wollte nur weinen. Manchmal ging ich ins Wohnzimmer, damit er mich nicht hören würde. Aber am Morgen schien er es stets zu wissen.

Es war nicht nur ihre physische Abwesenheit, die mich so aufregte. Zum einen fehlte sie mir schrecklich, ganz gleich warum sie ihr Zuhause verlassen hatte; ebenso schmerzlich war es bei Sams Auszug gewesen.

Es war aber auch der Verlust meiner Erwartungen vom Leben. Ich hatte mir niemals vorstellen können, dass eines meiner Kinder Drogenprobleme haben und vorzeitig von der Schule abgehen würde. Er erfüllte mich mit einer Traurigkeit, die ich nicht einmal beschreiben kann, und sie hat mich nie verlassen.

In Wahrheit war alles noch viel schlimmer.

Wir erfuhren später, dass Jess entsetzt über die hohe Zahl der jüngsten Todesfälle Canberras in Zusammenhang mit Heroin gewesen war. Sie brachte es nicht fertig, uns zu sagen, wie groß ihr Drogenproblem bereits war, und bei dem Versuch, uns zu schonen, tat sie das Beste, das ihr einfiel. Sie verließ Canberra.

6. KAPITEL

Es war Dienstagmorgen, als Jess uns verließ. Der Tag verging ruhig, trotz meiner Traurigkeit. An diesem Abend hielt meine Schule einen Elternabend ab, an dem der Unterricht erklärt wurde, das Programm, die Ziele und so weiter. Im Grunde war es eine Reklameveranstaltung für die Schule. Das Klassenzimmer musste sich von seiner besten Seite präsentieren, und bei den Vorbereitungen herrschte in den letzten Minuten stets hektische Betriebsamkeit. Meine Prospekte für die Eltern waren gut vorbereitet, und ich hatte mir vorgenommen, sie nach dem Unterricht noch einmal durchzugehen. Ich kannte sie fast auswendig, aber ich mochte es, meine Gedanken zu sammeln und mir einen passenden Scherz auszudenken, der das Eis brach und bei dem sich jeder entspannte.

Joes Mutter, Dot, und ihr Lebensgefährte, Frank, sollten an diesem Nachmittag auf dem Weg nach Norden bei uns eintreffen. Ich freute mich immer, wenn sie uns besuchten. Sie waren sehr liebe Gäste und passten sich stets gern unserem geschäftigen Leben an. Joe würde früh nach Hause kommen, um 15 Uhr, um sie zu begrüßen, und ich würde sie kurz beim Mittagessen sehen, bevor ich wieder zur Schule zurückkehren musste. Es war Pech, dass sie Jess um ein paar Stunden verpasst hatten, aber ich nehme an, Jessie war es so ganz recht. Sie hatte nichts erklären wollen.

Um 15 Uhr 10 klingelte das Telefon in meinem Büro. Ich war gerade auf der Toilette gewesen und setzte mich hin, um mich auf meine Präsentation zu konzentrieren. Ich war begierig darauf, die Arbeit hinter mich zu bringen und heimzufahren.

Der Anrufer war Joe.

»Hallo, Darling. Ich habe einige Neuigkeiten. Du musst so bald wie möglich nach Hause kommen. Bei uns ist eingebrochen worden.« Er klang ärgerlich.

»Du meine Güte. Du scherzt. Das kann nicht sein.«

»Ich scherze nicht, es stimmt.«

»Ist viel gestohlen worden? Hoffentlich nicht meine Kleidung.«

»Das bezweifle ich. Die üblichen Dinge, für die sich Einbrecher interessieren, sind verschwunden.« Er klang ein bisschen verärgert über meine egozentrische Bemerkung. »Die Polizei ist unterwegs. Kannst du heimkommen?«

Eine Viertelstunde später war ich dort; alle Gedanken an eine Vorbereitung auf den Abend waren vergessen. Joe erwartete mich im Vorgarten. Er sagte, er sei kurz vor 15 Uhr eingetroffen und habe Dot und Frank wartend auf dem Zufahrtsweg angetroffen. Dann hatte er die Tür für sie aufgeschlossen und die Post aus dem Briefkasten genommen. Sekunden später hatte Dot gerufen: »Ich glaube, da stimmt etwas nicht, Joe!«

Und so war es. Noch etwas, von dem man glaubt, dass es nur anderen passiert. Aus dem Wohnzimmer waren der Fernseher und die Stereoanlage verschwunden, und unser Schlafzimmer war durchwühlt worden. Schubladen waren herausgerissen, Schranktüren standen offen, es herrschte großes Durcheinander. Auf dem Teppich lag ein Ziegelstein, umgeben von Glasscherben, wo er gelandet war. Unsere Glastür, durch die wir den Ausblick auf den Garten genossen, wies ein einladendes Loch auf. Wir nickten liebevoll Boris zu, unserem Spaniel, als er uns schwanzwedelnd um das Haus folgte. Er war überhaupt kein Wachhund und war sicher über die Gesellschaft der Einbrecher erfreut gewesen, während sie unser Haus ausräumten.

Wenn Sie planen, bei sich einbrechen zu lassen, kann ich Ihnen eine gute Organisation der Garderobe wärmstens empfehlen. Meine Garderobe war so organisiert, dass sie fast ein Kunstwerk bildete. Sue, meine Freundin, hatte mich angeleitet, als ich sie umgestalten ließ. Sue war berühmt für ihr Organisationstalent und hatte den einzigen voll etikettierten Kleiderschrank aufzuweisen, den ich kannte. Ihre 17 weißen oder cremefarbenen Blusen hingen peinlich genau aufgereiht nach Farbton, Ärmellänge, gemustert oder einfarbig.

Jetzt war ein Bügel leer, auf dem ein Kleid hätte hängen sollen.

»Verflixt, Joe, sie haben eines meiner Kleider gestohlen.« Es war nicht nur ein Diebstahl – es war ein Eindringen in meine Privatsphäre. Meine Kleider waren nicht nur Objekte, sondern ein Teil meiner Persönlichkeit.

»Welches Kleid?«

»Ich weiß es nicht. Ich kann es nicht rauskriegen.«

Nicht, dass ich so viele Kleider habe, aber ich war zu durcheinander. Wir gingen ins Wohnzimmer zurück, wo Dot und Frank so vernünftig waren, eine Tasse Tee zu trinken. Sie waren ebenfalls betroffen. So etwas passierte nicht in ihrer verschlafenen Kleinstadt in Tasmanien.

»Du bist albern, Im«, sagte Joe liebevoll. »Du trägst es.«

»Was?«

»Das Kleid, das nicht in deiner Garderobe hängt.«

Unser Gelächter löste die Spannung, während wir auf die Polizei warteten.

20 Minuten später trafen zwei Polizeibeamte ein. Sie baten uns, sorgfältig zu überprüfen, was fehlte, auch wenn es nicht offensichtlich war. Anscheinend hatten die Einbrecher nur Beute im Wohnzimmer und unserem Schlafzimmer gemacht. Sie hatten unsere neuen Reisetaschen vom Kleiderschrank mitgenommen, vermutlich um darin die Beute abzutransportieren. Wir entdeckten einen Lautsprecher der Stereoanlage im Hof, den sie in ihrer Hast fallen gelassen hatten. Ein Lautsprecher war kein Trost für den Verlust der anderen Dinge.

Überraschenderweise hatten die Einbrecher den Computer nicht angerührt, woraus die Polizei den Schluss zog, dass sie zu Fuß gewesen waren; deshalb hatten sie auch die Reisetaschen mitgenommen. Oder dass es ein ziemlich amateurhaft durchgeführter Coup war. Ich war nicht begierig darauf, zu erfahren, wie es bei einem professionelleren aussah.

Aus Jessies Zimmer hatten sie überhaupt nichts mitgenommen, obwohl sie einen CD-Player besaß und ihre Gitarre offen an der Wand hing. Ein Anzeichen dafür, vermutete die Polizei, dass die Einbrecher in großer Eile gewesen waren. Ins Wohnzimmer, um Fernseher, Videogerät und Stereoanlage zu klauen, dann sofort im Schlafzimmer nach Wertsachen suchen und nichts wie weg.

Es war fast 18 Uhr, als die Polizisten schließlich gingen, nachdem sie alle Oberflächen nach Fingerabdrücken überprüft, jedoch keine nützlichen gefunden hatten. Dennoch war es ihnen gelungen, genügend schwarzes Pulver zu verstreuen, um für permanente Flecken auf dem Teppich zu sorgen.

Wir setzten uns um 18 Uhr 15 zum Essen hin, und ich war dankbar dafür, dass ich am Abend zuvor etwas vorbereitet hatte. Erst als ich nach dem Essen zur Schule zurückfuhr, fiel mir ein, dass ich mir überhaupt keine Gedanken gemacht hatte, was ich bei meiner Präsentation sagen sollte. Ich bin mir nicht sicher, ob den Eltern etwas aufgefallen ist, doch meine Kollegen bemerkten, dass ich nie so schnell gesprochen und so begierig gewirkt hatte, den Elternabend zu beenden.

Später an diesem Abend nach einem schrecklichen Tag, als Joe und ich uns auf die Nachtruhe vorbereiteten, sprach ich den Zweifel aus, der langsam in mir aufgestiegen war.

»Sonderbar, dass sie nichts aus Jessies Zimmer mitgenommen haben. Besonders, wenn ihre Sachen so leicht zu tragen waren. Und auch so leicht zu Geld zu machen.«

Joe grunzte etwas Unverständliches, während er sich die Zähne putzte.

»Wundert dich das nicht?«

Er wischte sich den Mund ab. »Über was genau soll ich mich wundern?«

»Nun, ich denke an Joanne und Ian. Ich weiß, dass Ian schon lange süchtig ist und Joanne manchmal Drogen konsumiert. Es sieht mir alles zu sehr nach Zufall aus, dass dies am Tag von Jessies Abreise passiert und überhaupt nichts aus ihrem Zimmer fehlt. Es ist nicht einmal durchwühlt worden. Nichts ist angerührt.«

»Die Polizei hatte eine Erklärung dafür.«

»Aber keine sehr überzeugende, findest du nicht auch?«

Er seufzte. »Der Gedanke kam mir ebenfalls. Ich weiß nicht, wie verzweifelt Ian ist, aber ich bin überzeugt, dass Joanne so etwas nicht tun würde. Und außerdem kennt sie uns zu gut. Ian wäre es zuzutrauen, aber ich finde es immer noch ein bisschen zu weit hergeholt.«

Ich dachte für gewöhnlich intuitiv, Joe eher logisch. Meine Intuition war für ihn nicht logisch. Aber für mich.

Wir verwarfen den Gedanken und gingen ins Bett. Ich war begierig darauf, unsere Zweifel bei der Polizei zu erwähnen, zu sagen, dass unsere Tochter Verbindungen zu Rauschgiftkonsumenten hatte, um zu sehen, wie sie reagierte.

Aber Joe war unnachgiebig. »Wie würdest du das Jessie erklären? Stell dir mal vor, die Polizei würde nichts bei ihnen finden und Jessie würde dahinter kommen, dass wir der Polizei den Tipp gegeben haben, dort nachzuschauen. Alle drei würden sich im Nu zusammenreimen, welchen Verdacht wir gegen sie haben. Sie sind Jessies Freunde. Ian schulden wir keine Loyalität, aber Joanne.«

»Aber ich meine, dass sie in unser Haus eingebrochen sein können. Es ist nichts aus Jessies Zimmer mitgenommen worden, und der Einbruch geschah ausgerechnet an dem Tag, an dem Jessie nicht hier und das Haus verlassen war. Das ist ein zu großer Zufall.«

»Ja, aber das ist alles, was es ist, ein Zufall. Es gibt keinen Beweis, dass sie es getan haben.«

»Deshalb will ich der Polizei vorschlagen, sich in ihrer Wohnung umzusehen, ob sie etwas finden können. Und damit nicht ein paar Tage lang warten. Selbst jetzt könnte es schon zu spät sein. Wenn wir es der Polizei sagen, dann muss es noch heute sein. Und wir können nur hoffen, dass sie nicht schon alles verscherbelt haben.«

»Ich muss sagen, Imogen, das behagt mir nicht.«

Wir beschlossen, der Polizei nichts zu sagen. Joe brauchte keine große Überredungskraft. Ich konnte verstehen, zu welchen Schwierigkeiten dies für Jess führen konnte. Ich verspürte nicht den Wunsch, ihre Freunde zu beleidigen oder sie in Verlegenheit zu bringen. Aber der Verdacht blieb.

Es war nicht der erste Einbruch in unser Haus gewesen, sondern der dritte. Beim ersten Mal war der Schaden so geringfügig gewesen, dass er nicht zählte. Unser Schlafzimmerfenster war offen gelassen und das Fliegengitter abgerissen worden. Alles, was der oder die Einbrecher mitgenommen hatten, waren 20 Dollar gewesen, die neben meinem Bett gelegen hatten, und ein Transistorradio aus der Küche. Damals hatte die Polizei angenommen, dass der Dieb ein Schüler gewesen war, der die Gelegenheit genutzt und impulsiv gehandelt hatte.

Der zweite Einbruch war ernster gewesen. Lucys Freund war unerwartet an einem Nachmittag vorbeigekommen, um ein Buch an der Haustür abzulegen. Als er auf unseren Zufahrtsweg gefahren war und hinter einem fremden Wagen gehalten hatte, war ihm aufgefallen, dass einige Leute aus dem Fenster unseres Wohnzimmers gespäht hatten. Freunde von Jessie, hatte er gedacht, und war amüsiert bei dem Gedanken gewesen, dass er sie beim Schuleschwänzen überrascht hatte. Zwei Jugendliche waren aus dem Haus zu ihrem Wagen gerannt, und er hatte sein Auto zurückgesetzt, damit sie davonfahren konnten. Die vordere Tür hatte offen gestanden. Beim Betreten des Hauses war ihm klar geworden, was geschehen war. All unsere Elektrogeräte hatten in der Halle gestanden, bereit, um mit dem Wagen abtransportiert zu werden. Diesmal war die Polizei davon ausgegangen, dass es sich um einen Versuch von Profis gehandelt hatte und dass es von Lucys Freund richtig gewesen war, seinen Wagen zurückzusetzen, denn die Einbrecher hätten sonst gewalttätig werden können.

Die Polizei hatte bei jedem der drei Einbrüche den Tatort untersucht, doch sie hatte nie die geringste Hoffnung geäußert, dass irgendetwas von der Beute wiederbeschafft oder die Täter ermittelt werden konnten. Ich bezweifle, dass die Beamten noch einen Gedanken daran verschwendeten, nachdem sie ihre Notizbücher zugeklappt hatten und in ihre Streifenwagen gestiegen waren.

Statistisch gesehen musste jeder aus der Bevölkerung mit einem Einbruch rechnen, hatte uns die Polizei informiert. So hatten wir im Großen und Ganzen das Gefühl, dass nicht nur wir unseren Prozentanteil hatten, sondern auch den von unseren Freunden und Nachbarn.

Ein paar Monate nach dem dritten Einbruch, für den ich so bereitwillig Joanna und Ian beschuldigt hätte, fuhr ich nach der Schule auf den Zufahrtsweg und sah Joes Wagen bereits dort stehen. Verdammt. Ich liebte es, das Haus nach der Schule für mich allein zu haben, wenn auch nur für kurze Zeit. Am Ende des Tages liebte ich die Ruhe. Joe mochte Musik. Laute Musik. Wir hatten einen Kompromiss geschlossen, dass er sie leiser drehte, wenn ich zu Hause eintraf. Aber wie es bei so vielen Kompromissen ist, die bei der komplizierten Sache namens Ehe geschlossen werden, ärgerte ich mich trotzdem darüber. Heimzukommen, wenn jemand laut seine Musik hört, verdirbt mir die Feierabendstimmung.

Meine Laune besserte sich, als ich die Küche betrat. Keine Musik. Mit der Anwesenheit von jemand anderem konnte ich zurechtkommen. Nur nicht mit dessen Musik.

»Es ist wieder passiert. Bei uns ist eingebrochen worden. Und die Einbrecher sind durch das verdammte Fenster gekommen, das du im verdammten Arbeitszimmer offen gelassen hast. Ich weiß, es hilft nichts, wenn ich das sage, aber Menschenskind, Imogen, du weißt, wie vorsichtig wir sein müssen.«

Ich ignorierte sein Schimpfen, denn an seiner Stelle wäre ich vermutlich ebenso sauer gewesen. Und ich wusste, dass *ich* tatsächlich das Fenster offen gelassen hatte.

»Ist viel verschwunden?«

»Andere Sachen als beim letzten Mal. Nichts von dem neuen elektronischen Zeug, das wir beim letzten Mal ersetzt haben. Man kann fast den Eindruck haben, dass sie zurückgekehrt sind, um zu holen, was sie damals nicht genommen haben.«

Ich ging von Zimmer zu Zimmer, ohne etwas anzurühren, und fluchte immer wieder leise vor mich hin. Diesmal war alles im Schlafzimmer durchwühlt worden. Das Etui meiner Ersatzbrille in der Schublade meines Nachttischs war geöffnet worden. Meine Kleidung war durchwühlt worden, jedoch noch vorhanden, wie ich dachte. Vielleicht gab es uni nicht auf der Farbskala der Einbrecher. Sie hatten anscheinend viel Zeit gehabt. Sie hatten den Computer mitgenommen, was mich besonders aufregte, denn eine Kopie meines ersten Buches war darin gespeichert. Wissen Sie, eine Kopie des Manuskripts, die man glücklich für die Nachwelt aufhebt, zusammen mit dem Ablehnungsschreiben in der untersten Schublade; mehrfach gelesen und mit gelegentlichen Korrekturen, von enormem Wert, nicht als Beispiel großer Literatur, sondern als ständige Erinnerung an Ausdauer, Hingabe und Disziplin. Es war meine Arbeit, und der Gedanke, dass jemand anders Zugang dazu hatte, regte mich auf. Ich hoffte nur, dass die Einbrecher die Datei löschten, bevor sie den Computer verkauften.

Diesmal hatten sie Schmuck gestohlen. Nur ein Stück von wirklichem Geldwert, doch die übrigen Schmucksachen von unschätzbar ideellem Wert. Der Diamant- und Saphirring meiner Mutter, ziemlich wertvoll, wie sie behauptet hatte; mein Verlobungsring; ein Perlenarmband, das mir meine Eltern zum 21. Geburtstag geschenkt hatten; ein Opalring, der Joes erstes Geschenk für mich gewesen war. Ich hatte nicht daran gedacht, die Dinge separat in unserer Versicherungspolice aufzulisten. Sie waren unersetzlich und kostbar für mich gewesen.

Die Versicherungsgesellschaft erklärte, sie werde mir den Gesamtwert von 1000 Dollar ersetzen, auf Grund einer schriftlichen Schätzung des Werts jedes Schmuckstücks. Ich schob die Erstellung der Liste vor mir her, denn ich war alles andere als begeistert von dieser Arbeit. Ein paar Wochen später ging ich an einem Samstagmorgen in ein Juweliergeschäft, während Joe in einem Laden nebenan stöberte. Ich begann mit der mühsamen Aufgabe des Erklärens. Bei uns war eingebrochen worden, und wenn ich die Schmuckstücke beschreiben würde, könnte man mir dann eine Schätzung des Werts geben? »Kein Problem«, sagte man mir.

»Da war zunächst ein Opalring mit breitem Band, Gold an der Unterseite, doch bedeckt mit Silber, um zu meinen anderen Ringen zu passen; ein ovalförmiger Opal auf dem Band, ziemlich schlicht.«

»War es ein zweifaches oder dreifaches Band, Ma'am?«

Nun, das war für mich schwierig zu beantworten. Ich war nie eine große Liebhaberin von Schmuck gewesen; deshalb hatten sich die tragbaren Dinge in der Schmuckschatulle befunden, und nicht an meiner Hand. Ich trug nicht einmal meinen Ehering, denn ich hatte ihn abgenommen, als ich mit Sam schwanger gewesen war und meine Finger geschwollen gewesen waren, und ihn später nie wieder angesteckt. Ich bat den Juwelier, mir einige seiner Opale vorzulegen, damit ich ihm zeigen konnte, welcher ähnlich war. Meiner war zwar ungewöhnlich gewesen, doch ich konnte mit den anderen vergleichen, und ich hoffte, diese oder jene Übereinstimmung zu finden.

Ich hatte Recht. Es war überhaupt nicht schwierig. Da war tatsächlich ein Ring im Angebot, der genau wie meiner aussah. »Wenn ich mir diesen Ring ansehen dürfte?«

Er gab ihn mir, und ich drehte ihn um. Eine dünne Schicht Gold unter dem Silber des breiten Bandes. Ein vertrauter kleiner Kratzer auf dem Stein. Es musste der Moment sein, vor dem sich Juweliere fürchten. Besonders wenn ihre Kunden so ausflippen wie ich. Es schafft keine Atmosphäre des Vertrauens in einem Geschäft, wenn eine Kundin aufgeregt durch den kleinen Laden brüllt: »Verdammte Scheiße!« (Nun, jeder würde sich in seiner Verblüffung zu so etwas hinreißen lassen.) »Das ist mein Ring! Da gibt es keinen Zweifel. Das ist *mein* Ring!«

Ich war wie betäubt. Joe tauchte auf der Türschwelle auf, und in meiner Aufregung rief ich ihn zu mir. Wie der Juwelier die Szene gehasst haben muss! Aber ich beruhigte mich schnell und stellte sachlich Fragen.

Hatte er den Ring vor kurzem gekauft?

Ja, das hatte er.

Waren noch andere Dinge zusammen mit dem Ring gekauft worden?

Ja, ein Diamant- und Saphirring und ein Perlenarmband.

Waren sie noch im Geschäft vorhanden?

Leider nein.

Gab es Aufzeichnungen, von wem sie gekauft worden waren?

Ja, die gab es. Er konnte sich sogar an eine gut gekleidete junge Frau erinnern, die den Ring gebracht hatte.

Wie hatte sie ausgesehen?

Das konnte er nicht preisgeben.

Konnte er mir ihren Namen nennen?

Natürlich nicht. Das sei Sache der Polizei, und ich müsse mich jetzt an sie wenden.

Das tat ich sofort, als wir zu Hause waren. Später an diesem Nachmittag suchten mich zwei Beamte auf. Das Perlenarmband war bereits sichergestellt worden, und als wir über den erstaunlichen Zufall plauderten, dass ich tatsächlich meinen eigenen Ring wiedererkannt hatte, sagte einer der Polizisten: »Da gibt es noch einen Zufall. Ich hörte, Sie sind Lehrerin. Die Frau, die das Armband gekauft hat, war ebenfalls Lehrerin.«

»Tatsächlich?«, sagte ich, nicht sonderlich interessiert, nur erleichtert darüber, dass ich das Geschenk meiner Eltern zu meinem 21. Geburtstag wiederhatte. »Vielleicht kenne ich sie.«

»Sie ist Direktorin einer Schule.«

Jetzt war ich interessiert. »Wie heißt sie?«

Diesmal beherrschte ich mich und sagte nicht »Verdammte Scheiße!« Vermutlich war ich zu verblüfft. Ich kannte die Direktorin ziemlich gut. Sie hatte das Armband für ihre Tochter gekauft, eine Freundin von Jess und im selben Schauspielkurs.

Die Polizei versicherte mir, sie würde mich entschädigen müssen. Aber die Neuigkeiten über den Diamant- und Saphirring (das wertvollste Stück der Schmucksachen) war weniger viel versprechend. Der Juwelier hatte den Ring verkauft, jedoch leider nicht den Namen des Kunden notiert, obwohl das gesetzlich vorgeschrieben war.

Am Dienstagnachmittag rief mich der Polizeibeamte in der Schule an.

»Ich wollte Ihnen nur Bescheid sagen. Wir haben das Paar verhört, das in Ihr Haus eingebrochen ist, und wir werden es anklagen. Es handelt sich um einen jungen Mann und eine Frau. Die junge Frau behauptet, keine Rolle bei dem Einbruch gespielt zu haben, den Ring nur für ihren Freund verkauft zu haben, nachdem er ihr erzählt habe, es sei ein Geschenk seiner Großmutter.«

»Können Sie mir ihre Namen nennen?«

»Bedauere, Ma'am, das darf ich zum jetzigen Zeitpunkt nicht.«

Ich zögerte nur kurz, bevor ich mit meiner Bitte herausplatzte: »Wenn ich Ihnen einige Vornamen nenne, können Sie mir dann sagen, ob sie ähnlich heißen?«

»Das kann ich tun, ja.«

Ich holte tief Luft. »Ian und Joanne?«

Ich brauchte seine Antwort eigentlich nicht zu hören, doch ich hielt den Atem an, bis sie kam.

»Ja, das stimmt. Kennen Sie die beiden?«

Meine Ahnung war also richtig gewesen.

Ich fühlte mich völlig verraten. Wie hatte Joanne uns das antun können? Es verwirrt mich noch immer. Sie hätte sich ein anderes Haus aussuchen können. Ich erklärte dem Beamten, dass ihre Geschichte unwahrscheinlich war, denn sie kannte Ian genau, und ich wies ihn auf die Tatsache hin, dass sie ebenfalls Rauschgift nahm. Er sagte mir, diesen Eindruck habe die Polizei bereits selbst gewonnen. Ian hatte voll kooperiert, offen darüber geredet und all ihre Fragen beantwortet. Joanne hatte beharrlich alle Schuld auf Ian geschoben.

Jessie war niedergeschmettert, als wir es ihr erzählten. Und ziemlich unversöhnlich. Joanne hatte es Jess gegenüber zugegeben, ihre Geschichte bei der Polizei jedoch aufrechterhalten. Es war das Ende ihrer Freundschaft. Interessanterweise empfand Jess nicht annähernd das Maß an Groll gegenüber Ian. Er zeigte sich bei ihr zerknirscht und rief mich sogar eines Tages an, als er völlig high war, um sich zu entschuldigen. »Wie kann ich das wieder gutmachen?«, fragte er.

Meine Antwort war simpel. »Ian, das Einzige, was du tun musst, ist, clean zu werden und clean zu bleiben. Dann wäre ich völlig zufrieden.«

Ian wurde für schuldig befunden. Bei dem Urteil wurden viele andere Anklagepunkte mit einbezogen, und so kamen sechs Monate in einem Drogen-Rehabilitationszentrum zusammen. Eine kluge und richtige Entscheidung.

Joanne zog zu ihren Eltern, kehrte zum Gerichtstermin zurück und erhielt eine geringe Haftstrafe auf Bewährung. Ihr Vater begleitete sie. Er wusste, dass sie wegen des Einbruchs in unser Haus angeklagt wurde, doch ihre Mutter dachte, er sei auf Geschäftsreise in Canberra und Joanne nutze die Gelegenheit, um ihre Freunde zu besuchen. Sie hat nie Kontakt mit uns aufgenommen.

Es steht mir nicht zu, das Verhalten anderer Leute zu beurteilen, so ungehörig es auch sein mag. Aber ich verurteile Joanne. Und ihren Vater.

7. KAPITEL

Allmählich stellten wir uns darauf ein, dass Jessie in Melbourne war. Das Haus wirkte verlassen, doch nach überraschend kurzer Zeit fanden wir es normal, das Abendessen von einem Tablett auf den Knien zu essen, nachdem wir jahrelang am Tisch gesessen hatten, den Fernseher ausgeschaltet und über die Ereignisse des Tages diskutiert hatten. Jetzt aßen wir beim Fernsehen und genossen die neu gefundene Zwanglosigkeit.

Joe hatte den gleichen rituellen Reinigungsprozess durchgemacht, damals, als die anderen Kinder ausgezogen waren. Diese Prozedur war notwendig, damit er akzeptieren konnte, dass sie fort waren.

Er hatte ihr Zimmer völlig renoviert, neu angestrichen und umdekoriert. Jetzt waren die Wände hellbraun, und das Bett hatte eine Decke mit einem Muster aus Weiß, Kaffeebraun und Blassblau. Jess hatte uns so plötzlich verlassen, dass wir uns nicht darauf vorbereiten konnten, und die Renovierung ihres Zimmer erleichterte es uns, damit fertig zu werden.

Jess rief uns oftmals per R-Gespräch an. Sie machte anscheinend keinerlei Fortschritte. Sie hatte keinen Job, obwohl sie ein paar Schichten als Kellnerin gearbeitet hatte, bis sie vom Besitzer des Lokals belästigt worden war. Wie groß die Belästigung und ihre Unfähigkeit gewesen war, damit fertig zu werden, weiß ich nicht.

Allmählich wurde offenkundig, wie unglücklich sie war. Ich hatte nicht immer Mitgefühl. Ich verübelte ihr immer noch, dass sie uns so plötzlich verlassen hatte, als sie noch die Schule besuchen und daheim hätte wohnen sollen. Nach vier Wochen rief sie eines Nachts an und fragte, ob es uns recht wäre, wenn sie für ein paar Tage heimkommen würde. Nur ein paar Tage, wiederholte sie hastig. Natürlich war uns das recht. Ich war sehr erfreut bei dem Gedanken, sie wieder zu sehen. Sie hatte entschieden jeden meiner Vorschläge abgelehnt, sie in den nächsten Schulferien in Melbourne zu besuchen. Ich hatte das unbehagliche Gefühl, dass ich nicht sehen sollte, in welchen Verhältnissen sie wohnte und lebte.

Es war ein freudiges Wiedersehen. Aus den ursprünglich geplanten vier Tagen wurde eine Woche, und uns wurde langsam klar, dass sie nicht nach Melbourne zurückkehren wollte. Wir brachten das Thema zur Sprache, sagten ihr, es sei nicht zu spät, zuzugeben, dass der Umzug nach Melbourne eine Fehlentscheidung gewesen war und es das Beste ist, einen Fehler zu erkennen und zu versuchen, ihn zu korrigieren. Sie wirkte erleichtert, weil wir die Initiative übernommen hatten. Zuvor war sie so unnachgiebig gewesen, und zuzugeben, dass sie einen Fehler begangen hatte, bedeutete einen ziemlichen Gesichtsverlust für sie.

Sie zog wieder nach Canberra und hatte jetzt Rastalocken.

Sie engagierte sich in einem Jugendtheater und bekam ziemlich schnell eine Rolle in einer Produktion, die auf Tournee durch Neusüdwales gehen würde.

Wir waren beeindruckt, nicht nur von ihrem Auftritt, sondern auch, weil sie einige sehr lustige und geistreiche Dialoge geschrieben hatte. Aber sie war ja an unserem Tisch beim Abendessen ausgebildet worden, wo unsere Kinder einander zum Lachen bringen – selbst jetzt noch. Alle haben den gleichen Sinn für Humor, der selbst die geschmacklosesten Witze einschließt, und sind – insbesondere Joe und ich – ein sehr dankbares Publikum.

Im Oktober sprach Jess für eine Rolle in einem Stück vor und erhielt das Angebot, die Hauptrolle zu spielen. Es war eine kleine Besetzung und ein sehr anspruchsvolles Stück. Wir mussten sie oft spät abholen. Es machte uns wirklich nichts aus. Sie war produktiv, hatte eine Stelle, und wir freuten uns für sie.

Gelegentlich rief einer der Organisatoren bei ihr an, um die angesetzten Termine für Proben zu bestätigen oder eine Änderung mitzuteilen. Er war herzlich und freundlich und hatte eine verführerisch klingende Stimme.

In der Woche vor Weihnachten war die Premiere. Drei Abende später besuchten wir die Aufführung. Es war ein intimes Stück und eine ziemlich schwierige Rolle. Wir waren hingerissen von Jessies Auftritt. Sie war so begabt. Nach der Vorstellung begegnete ich dem Mann mit der »Komm ins Bett«-Stimme. Er war um die 40, charmant, attraktiv, Schauspieler eines Tourneetheaters aus Übersee, das ein kurzes Gastspiel an einer Universität in Canberra gab, wobei er von Schauspielern hier lernen und seine Fähigkeiten verbessern wollte. Ich erwärmte mich sofort für ihn, als ich erkannte, dass er von Jessies schauspielerischem Talent ebenfalls beeindruckt war.

Einige Tage später rief er Jess morgens um halb zehn an. Ich brachte ihr den Telefonhörer ans Bett. Sie war noch schlaftrunken, als sie »Hallo« murmelte. Binnen Minuten hörte ich die Dusche rauschen. Dann erschien Jess in der Küche, um eine Mango zu schneiden und sich Orangensaft einzuschenken. Sie war hellwach im Vergleich zu ihrem üblichen trägen Start in den Tag.

Er würde sie um elf Uhr abholen. »Warum so früh?«, fragte ich mich. Die Vorstellung war doch erst um 20 Uhr. Sie erklärte, dass sie mit ihm ein Radiointerview geben und andere Einzelheiten durchgehen müsse.

Pünktlich um elf Uhr traf er ein. Schwarze Hose, schwarzes Hemd, schwarze Schuhe, schwarze Haare, durch die er gelegentlich mit den Fingern fuhr, wenn er sie aus der Stirn strich. Jeder Zoll kultiviert. Und diese Stimme! Er begrüßte Jess herzlich und schaute sie einen Moment zu lange an, als sie in die Küche kam und auf ihre Art der Achtzehnjährigen blendend aussah. Ein schwarzes Top, enge Jeans, den Bund ein wenig eingerollt, um den ersten Zoll eines schwarzen, spitzenbesetzten Slips zu enthüllen. Sie war zweifellos sittsam gekleidet, aber ebenfalls ziemlich provozierend, an diesen Gedanken erinnere ich mich. Es war nicht das erste Mal, dass sie diese Kleidung getragen hatte. Aber hatte Jess sie jetzt extra für ihn ausgewählt?

Ein paar Wochen später, kurz nach Neujahr, saß Jess auf der Terrasse und rauchte eine Zigarette. Es war ein kühler Abend in Canberra nach einem warmen Tag, und ich nahm meinen Kaffee mit, um mich zu ihr zu gesellen. Sie wirkte ziemlich niedergeschlagen, seit die Theatervorstellungen beendet waren. Ich fragte sie, wie sie sich fühlte und ob alles in Ordnung sei.

»Ich fühle mich so unter Druck, Mum. Und ich weiß überhaupt nicht, wie ich damit fertig werden soll.« Sie war ziemlich aufgeregt.

Ich war ein wenig skeptisch bei diesem offensichtlich melodramatischen Auftritt. Die Vorstellungen waren vorüber. Es gab keinen Druck. Sie konnte sich ausruhen.

»Du verstehst nicht, Mum. Ich habe das Gefühl, ich muss für einige Zeit von Canberra weg.«

Das hatten wir schon einmal gehabt. Meinte sie Drogen? Ich konnte mir nicht vorstellen, dass sie welche genommen und trotzdem die Produktion geschafft hatte, obwohl wir die Augen vor der Marihuanapfeife verschlossen hatten, die wir in ihrem Zimmer gefunden hatten. Stoff helfe ihr zu schlafen, hatte sie gesagt. Sonst dauere es Stunden, bis sie sich entspannen könne.

Wie war »Ich muss für einige Zeit weg« gemeint?

Sie sagte es mir. Genug, um mich ins Bild zu setzen, aber ohne mir Einzelheiten zu erzählen. Es war unglaublich. Aber Jess hatte nie übertrieben oder ihre Wichtigkeit überschätzt.

Sie sagte, dass am Abend bevor ihr neuer Bewunderer sie bei uns abgeholt hatte, er ihr gesagt habe, dass er in sie verliebt sei.

Ich fand Jess charmant, lustig, attraktiv, intelligent und talentiert. Aber schließlich war ich ihre Mutter. Ich erwartete nicht, das sonst jemand sie so sah. Ich konnte mir vorstellen, das dieser Mann all diese Eigenschaften in ihr erkannt hatte, nachdem er jeden Tag Stunden mit ihr zusammen verbracht hatte. Aber ich hätte nie gedacht, dass er sich in sie verlieben könnte. Er stammte aus unserer Generation, nicht aus ihrer, und er hatte Kinder.

Gewiss verklärte sie seine Zuneigung. Mit meiner üblichen Unverblümtheit in diesen Dingen sagte ich: »Glaubst du nicht, er meint, dass er dich gern hat?«

»Nein, Mum. Er liebt mich.«

Ich wollte ihren Eindruck nicht zerstören und so fuhr ich freundlich fort: »Aber wie kannst du das wissen, Liebling? Kannst du die Signale nicht missverstanden haben?« Sie war schließlich erst 18.

»Mum, er hat es mir gesagt. Hat es mir ins Gesicht gesagt. Ganz genau, was er für mich empfindet, und dass er mit mir zusammenleben will. Er würde seine Frau für mich verlassen.«

Jess hatte sich stets zu älteren Personen hingezogen gefühlt, aber gewiss würde sie keine Beziehung mit jemandem eingehen, der fast in meinem Alter war. Und wenn doch? Der Gedanke entsetzte mich, und zwar aus mehreren Gründen. Pädophilie war einer davon. Es war ein unbehagliches Gefühl, dass jemand meines eigenen Jahrgangs Gefallen an meinem Kind fand.

Als sie weiterredete, gewann ich die Überzeugung, dass es stimmte, was sie erzählte. Ich erinnerte mich an seinen langen Blick, den ich bemerkt hatte, an seinem starken Interesse an ihr, als wir uns nach der Vorstellung begegnet waren. (Und er schreibt ihr immer noch zum Geburtsgag und zu Weihnachten und schickt Lieder, Gedichte und Briefe.)

Hatte er sie sexuell belästigt? Jess versicherte mir, dass das nicht der Fall gewesen sei. Warum war sie so aufgeregt? Er habe ihre letzten Auftritte ruiniert, sagte sie. Er hätte bis zum Ende der Spielzeit warten sollen. Sie habe sich verlegen, verunsichert und gehemmt gefühlt. Angesichts der schwierigen Rolle konnte ich mir vorstellen, wie sich seine Liebeserklärung bei ihr ausgewirkt hatte.

»Aber das war noch nicht alles, Mum. Das war nicht das Einzige, was passiert ist.«

»Gewiss das Schwerwiegendste. Ein achtzehnjähriges Mädchen hört nicht oft von einem vierzigjährigen Mann, dass er es liebt.«

Ich hatte zu scherzen versucht, doch ich konnte ihr ansehen, dass es jämmerlich misslungen war. »Hat er dir etwas angetan, Jessie? Du würdest mir das sagen, nicht wahr?«

»Natürlich würde ich dir das sagen. Nein, er hat mir nichts angetan. Er hat mich nur schockiert. Ich weiß nicht, wie ich damit fertig werden soll. Aber das meine ich nicht. Es geht nicht nur um ihn.«

»Die Verehrer stehen Schlange, wie, Liebling?« Aber sie fand meinen Versuch, humorvoll zu sein, überhaupt nicht lustig. Etwas anderes machte ihr zu schaffen.

»Verzeihung. Ich werde ernst sein. Sag es mir.«

Sie schilderte ihre Geschichte.

Am Silvesterabend war sie mit einer Freundin auf ein paar Drinks ausgegangen. Durch Zufall waren sie in einer Bar mit einem erfahrenen Schauspieler zusammengetroffen, mit dem sie nicht zusammengearbeitet habe, den sie jedoch sehr bewundere und ziemlich gut kannte. Er war ebenfalls Anfang 40 und verheiratet und hatte eine siebzehnjährige Tochter. Sie hatten eine Zeit lang zusammen getrunken und über große Momente im Theater geplaudert. Sie waren entspannt und glücklich gewesen. Dann hatte er ihr gesagt, wie gut er ihre Arbeit fand. Kein Problem. Wie interessant er sie finde. Immer noch kein Problem. Wie gern er sie zum Vorsprechen für eine Filmproduktion empfehlen würde. Sie war entzückt gewesen. Und dann war sein unsittliches Angebot gekommen.

Viele achtzehnjährige Mädchen hätten sich über die umwerfende Wirkung gefreut, die sie plötzlich auf Männer hatten, die mehr als doppelt so alt wie sie waren. Aber Jess war wirklich zutiefst schockiert über die beiden Annäherungsversuche, die so dicht aufeinander gefolgt waren. Wären sie nur andere ältere Männer gewesen, die sie kennen gelernt hatte, hätte sie sicherlich ganz anders reagiert, davon bin ich überzeugt. Aber diese beiden Männer hatten wichtige berufliche Beziehungen mit ihr. Sie hatte das Gefühl, dass ihr Vertrauen verraten worden war.

Wir sprachen ausführlich darüber. Sie erzählte mir, dass sie sich am nächsten Tag mit dem Mann in einem Café getroffen hatte, um die Sache zu klären. Sie wollte, dass keine peinliche Stimmung zwischen ihnen zurückblieb, denn ihre Wege würden sich in Canberras Künstlerkreisen bestimmt kreuzen.

Jess erzählte mir, wie angenehm er sich am nächsten Tag verhalten habe. Sie hatten darüber gelacht, was ein paar Drinks bewirken konnten. Und jetzt fühlte sie sich besser, weil die Sache aus der Welt war. Dennoch hatte sie sich entschieden, für keinen der beiden in Zukunft zu arbeiten.

Jess erzählt mir, wie verwirrend diese Phase gewesen war. Am Ende ihrer Theaterauftritte tat sich für sie eine Kluft auf. Ihre Zukunft und ihr weiterer Lebensweg waren ungewiss. Nur wenn sie sich mit Drogen betäubte, brauchte sie sich mit keinem dieser Themen auseinander zu setzen und keine Entscheidungen zu treffen.

8. KAPITEL

Mitte Januar zog Jessie in eine möblierte Wohnung um, ganz gegen unseren Rat. Kurz nach Neujahr hatte sie angekündigt, dass einer ihrer Bekannten für ein paar Monate nach Byron Bay reiste und während seiner Abwesenheit einen Mieter für die Wohnung suchte. Es war eine Einzimmerwohnung in zentraler Lage, so billig, dass Jessie sich die Miete leisten konnte.

Der Traum einer Achtzehnjährigen, wenn die Unabhängigkeit so verlockend winkt.

Weder Joe noch ich waren glücklich darüber. Das Mietshaus befand sich in einer dubiosen Gegend, in einem großen Gebäudekomplex mit Sozialwohnungen für Einkommensschwache und Arbeitslose. Wir bezweifelten, dass sie die Rechnungen für all die Nebenkosten und den Lebensunterhalt zahlen konnte und dass es das Richtige war, allein dort zu wohnen. Wir wären viel glücklicher gewesen, wenn sie in eine Wohngemeinschaft gezogen wäre.

»Aber, Mum, es nicht nichts Dauerhaftes. Das ist das Gute an dieser Gelegenheit. Es gibt mir die Chance, eine Zeit lang nicht zu Hause zu wohnen und herauszufinden, ob ich allein zurechtkommen kann.«

»Aber was ist mit den Möbeln?«, fragte ich und erkannte, dass sie ihre Entscheidung bereits getroffen hatte und wir nur noch über die Einzelheiten stritten.

»Das ist das Gute daran. Es ist alles dort. Ich brauche nur noch das Telefon auf meinen Namen anzumelden und mich bei der Elektrizitätsgesellschaft einzutragen.«

Ihre Aufregung und Begeisterung waren offensichtlich, und ich wurde immer stiller und war mir nicht ganz sicher, warum ich so unglücklich über ihren Auszug war. Natürlich war sie die Jüngste, und es bedeutete, dass kein Küken mehr im Nest sein würde. Aber ich hatte die Freiheit nach ihrem Umzug nach Melbourne schließlich ziemlich genossen. Doch irgendwie kam es mir nicht richtig vor, dass sie in diese Wohnung zog.

Einige Zeit später, als Joe und ich im Bett lagen und lasen, kam Jessie in unser Zimmer und legte sich zu uns, kuschelte sich an mich, wie sie es getan hatte, als sie ein Kleinkind gewesen war.

»Würdet ihr euch glücklicher fühlen, wenn ich nur gelegentlich dort bleibe, wenn ich aus gewesen bin, damit ich mir kein Taxi nehmen muss? Nur ein paar Nächte pro Woche? Ich würde immer noch oft zu Hause sein und sehen können, wie es läuft.«

Wir konnten die Logik nicht widerlegen. Sie war 18, alt genug, um ihre eigenen Entscheidungen zu treffen. Es war ein natürlicher und gesunder Wunsch, unabhängig sein zu wollen. Aber als wir in dieser Nacht einschliefen, wussten Joe und ich, dass dies Jessies stille Art war, genau das zu tun, was ihr beliebte.

In den folgenden Wochen kam sie selten nach Hause, um zu übernachten, obwohl sie sich gelegentlich selbst zum Abendessen einlud.

Am Donnerstagabend, dem 13. Februar 1996, traf sie zu spät zum Abendessen ein – keine Überraschung bei vielen Teenagern, doch Jessie hatte uns stets angerufen, um uns wissen zu lassen, wenn sie später kommen würde als vereinbart.

Am vorangegangenen Abend gegen 18 Uhr hatte sie angerufen, um abzusagen. Ihre Stimme hatte ein wenig gepresst geklungen, eine Anspannung, die ich bei mehreren ihrer Telefonate wahrgenommen hatte, jedoch nicht ganz erklären konnte.

»Ich kann es heute Abend nicht schaffen, Mum. Tut mir leid. Einige Freunde wollen sich mit mir treffen, die ich eine Zeit lang nicht gesehen habe. Ist das okay?«

»Selbstverständlich, Liebling. Geht morgen Abend dann in Ordnung?«

»Morgen ist cool. Macht es dir wirklich nichts aus? Ich meine, ich könnte immer noch absagen, wenn du es wirklich von mir verlangst.«

»Nein, Liebling, es ist schon in Ordnung. Ehrlich gesagt, habe ich heute Abend einen Haufen Arbeit zu erledigen, und morgen passt mir ebenfalls besser.«

Ich hatte aufgelegt, und es war mir klar geworden, wie sehr ich mich darauf gefreut hatte, sie zu sehen. Am nächsten Tag um 18 Uhr 30 kam Jess nicht mit dem letzten Bus. Vielleicht würde sie von jemand mit dem Wagen mitgenommen, dachte ich, und das Unbehagen stieg bereits in mir auf, als ich mir vorzustellen versuchte, wer sie fahren würde.

Das erste Glas Wein war leer getrunken, und ich nahm die Flasche, um nachzuschenken, doch dann stellte ich sie nervös wieder ab. Ich hatte ernsthaft versucht, den Weinkonsum auf ein Glas pro Abend zu beschränken, und ich wusste, dass ich in der Stimmung, in der ich mich befand, das zweite Glas so schnell leer trinken würde wie das erste. Meine Freundin Sue und ich hatten beschlossen, dass die Zeit gekommen war, zu versuchen, die paar Extra-Kilos loszuwerden, die die meisten Frauen mit sich herumschleppen. Ein Limit von einem Glas Wein pro Abend war ein so guter Start wie jeder andere. Ich hatte ihr zu Weihnachten sogar eine *TOA*-(Tag ohne Alkohol)Medaille gebastelt. Aber ich war mir ziemlich sicher, dass sie enthaltsamer war als ich.

Ich ließ mich von einem Fernsehreporter gnadenlos über die Tragödien und Skandale informieren, die er als Nachrichten verkaufte, und hielt mit einem Auge Ausschau, ob Jess auf dem Zufahrtsweg auftauchte. Um 18 Uhr 50 warf ich die Pasta in den Topf und beschloss, dass sie essen konnte, was übrig war, wenn sie schließlich eintreffen würde.

Joe folgte mir in die Küche. »Um Himmels willen! Sie hätte anrufen können. Ihr Telefon ist angeschlossen worden. Ich nehme an, man hat es ihr noch nicht wegen unbezahlter Rechnungen abgestellt.«

»Natürlich nicht. Ich werde von ihr eine vernünftige Erklärung verlangen, wenn sie hier ist.«

»Wie soll sie es hierhin schaffen? Der letzte Bus ist weg. Sie kennt keinen, der sie fahren wird. Das ist typisch für Jessies derzeitiges Verhalten. Alles ist ihr einfach zu viel Mühe.«

»Warum warten wir nicht einfach ab und hören uns an, was sie zu erzählen hat, bevor wir urteilen?«

Aber ich war so ärgerlich wie er. Wusste sie nicht, dass wir sie vermissten und sie sehen wollten? Sie war gestern Abend nicht gekommen. Sie hätte uns wenigstens anrufen und uns sagen können, dass sie sich verspäten würde.

»Nun«, sagte ich, nahm den Hörer ab und wählte. »Ich werde bei ihr anrufen und feststellen, ob sie noch in ihrer Wohnung ist.«

Eine tiefe Männerstimme. »Hallo?«

»Kann ich bitte Jessie sprechen?« Wer meldete sich an ihrem Telefon?

»Nein, die ist gerade ausgegangen. Sie wird in einer Minute zurück sein.«

In einer Minute! Wie konnte sie für eine Minute ausgehen, wenn sie auf dem Weg zu uns sein sollte? Sie konnte den angekündigten Besuch nicht vergessen haben, wir hatten erst gestern Abend darüber gesprochen.

»Mit wem genau spreche ich?« Ich wusste, dass mein Tonfall schroffer war als nötig, doch ich war ärgerlich auf diesen Unbekannten, der sich am Telefon meiner Tochter meldete und mir sagte, sie sei nur eine Minute fort, wenn sie bei uns hätte sein sollen.

»Stephen.«

Ich hatte keine Ahnung, wer Stephen war, aber dies war nicht der richtige Zeitpunkt, um es herauszufinden. »Nun, Stephen, ich bin Jessies Mutter, Imogen. Kannst du mir sagen, wohin sie gegangen ist? Wir haben sie heute Abend bei uns zu Hause erwartet.«

»Sie ist zu Ian gegangen.«

»Du meinst Ian Goddard?« Ich wartete mit angehaltenem Atem auf die Antwort.

»Ja, das stimmt.«

»Danke, Stephen. Wirst du ihr ausrichten, dass ich angerufen habe?«

Ich legte auf und wandte mich an Joe.

»Sie ist bei Ian. Ich kann es nicht glauben.«

Wir hatten angenommen, dass sie nichts mehr mit ihm zu tun haben wollte. Es war einfach falsch von ihr, ausgerechnet Ian an diesem Abend zu besuchen. Warum tat sie das? Und warum hatte sie vergessen, uns anzurufen?

Meine sofortige Reaktion auf jede Krise besteht darin, etwas zu unternehmen. Und dies war eine Krise, das spürten wir beide. Ich brauchte nur ein paar Minuten, um zu der Entscheidung zu gelangen, zu ihrer Wohnung zu fahren und auf ihre Rückkehr zu warten.

Ich brauchte Joe eigentlich nicht zu überzeugen, dass mein Handeln richtig war, doch es hilft, moralische Unterstützung zu haben, wenn man im Begriff ist, in das Privatleben seines Kindes einzudringen. Wir beide wussten, dass Jessies Besuch bei Ian kein gutes Anzeichen war. Ich nahm die Autoschlüssel, und Joe ermahnte mich, vorsichtig zu fahren und ruhig zu bleiben.

Ich habe keine Erinnerung an die 15-minütige Fahrt dorthin. Ich weiß nur noch, dass ich mich abmühte, plausible Gründe für Jessies sonderbares Verhalten zu finden. Eigentlich war nicht viel passiert. Ein verpasstes Abendessen. Das kommt in vielen Familien vor. Kein Anruf. Na und? Kaum wert, dass die Mutter zu dem Kind fährt, um es zu tadeln, möglicherweise noch vor anderen Leuten. Zumindest vor Stephen, wer auch immer das sein mochte. Ich verhielt mich besser gelassen, wie Joe vorgeschlagen hatte. Nicht nötig, großes Theater zu veranstalten. Nur nachprüfen, ob sie wohlauf war, heimfahren und die Carbonara essen, eine Ausnahme machen und mehr als das eine Glas Wein trinken, irgendwas in der Glotze ansehen und dann noch etwas im Bett lesen. Keine große Sache.

Mein glänzender sauberer Wagen wirkte unpassend auf dem Parkplatz ihres Wohnblocks. Dort war jedes Auto, das jünger als ein '85er-Modell war, schon ein Luxuswagen. Ich stieg die Treppe hinauf, klopfte an die Tür ihrer Wohnung im ersten Stock und fragte mich, ob Jessie zurückgekehrt war. Stephen öffnete, jedenfalls nahm ich an, dass die Erscheinung vor mir Stephen war. Ich hatte schon seit langem aufgehört, mich über das Äußere von Jessie oder ihren Freunden zu wundern. Sie war immer noch ein Grunge-Fan wie die meisten ihrer Freundinnen und Freunde, und ich hatte bei jedem, der es hören wollte, standhaft die Haltung vertreten, dass man die Leute nicht nach ihrem Aussehen beurteilen sollte. Ich hatte mir das selbst ebenfalls eingeredet. Aber als ich den großen tätowierten jungen Mann sah, der mir die Tür öffnete, fiel es mir schwer, an meiner Überzeugung festzuhalten. Er trug Jeans und ein Trikothemd. Nichts allzu Bemerkenswertes, aber sein Haar war wirklich Aufsehen erregend. Es war an den Seiten rasiert, lange Locken in der Mitte, in die Federn eingearbeitet waren, die bis zu seinem Rücken fielen.

»Hi. Sind Sie Stephen?«

Er nickte und murmelte »Ja«.

»Ich bin Jessies Mutter. Wir haben vor kurzem am Telefon miteinander gesprochen. Ist sie schon zurück?«

»Nein, das ist sie nicht. Möchten Sie drinnen auf sie warten?«

»Es ist okay, danke«, erwiderte ich, zwang mich zu einem Lächeln und versuchte, nicht zu ungeduldig zu wirken. »Ich werde draußen auf sie warten.«

»Wie lange wird das wohl dauern?«, dachte ich, als ich vor dem Haus auf und ab ging. Der Wohnblock lag in einem recht schönen Park, doch ich war nicht ruhig genug, um mich unter einen Baum zu setzen und geduldig zu warten. Ich fühlte mich ein wenig unbehaglich. Was genau würde ich sagen, wenn Jessie eintraf, und wie lange sollte ich warten? Ich wünschte, ich hätte mein Buch und eine warme Strickjacke mitgenommen, und es wäre auch eine gute Idee gewesen, zu Hause auf die Toilette zu gehen. Aber ein paar Minuten machten wohl nichts aus.

»Mum!« Jessie lief mit einem Sandwich in der Hand auf mich zu. »Wie lange hast du gewartet? Es tut mir Leid. Ich habe es vergessen.«

Sie umarmte mich und gab mir einen Kuss, und ich erwiderte ihn ohne große Begeisterung. So leicht würde sie nicht davonkommen.

»Nun, wo bist du gewesen?«, begann ich und fuhr schnell fort, damit sie nicht leugnen konnte. »Als ich anrief, sagte mir jemand, du wärst zu Ian gegangen. Warum, um alles in der Welt?«

Sie wirkte verlegen, und jetzt sah ich sie genauer an, als sie antwortete. »Ich bin nur weggegangen, um etwas zu essen. Ich habe das Sandwich gekauft. In der Wohnung ist nichts zu essen da.«

Ich musterte sie prüfend. Ihre Worte klangen etwas gepresst und angestrengt. Der gleiche Klang, den ich schon zuvor bemerkt hatte, als sie mit mir telefoniert hatte, den ich jedoch nicht hatte erklären können. Ihre Augen waren gerötet, die Pupillen sehr klein, und in diesem Moment wusste ich Bescheid, doch ich rechnete immer noch nicht mit einer Bestätigung meines Verdachts.

»Du hast etwas genommen, nicht wahr?«

Sie nickte traurig.

»Was?« Ich schrie es fast.

»Heroin.«

Es hatte angefangen.

9. KAPITEL

Auf mein Verhalten in den nächsten paar Stunden bin ich nicht sehr stolz. Ich würde gern schreiben, ich hätte sie in die Arme genommen, sie in ihrem sichtlichen Elend getröstet, ihr versichert, dass ich sie liebe und ihr alle Hilfe geben würde, die sie brauchte. Dass wir ruhig zu ihrer Wohnung gegangen wären, mit Joe, und sachlich und unterstützend besprochen hätten, was zu tun war, was wir unternehmen wollten.

Es mag viele Eltern geben, die mit den zunehmend ernsten Problemen ihrer innig geliebten Kinder über viele Jahre zurechtkommen und die auch dieses, gegen das alle anderen Probleme banal wirkten, mit einem gewissen Maß an Gleichmut und Feingefühl gemeistert hätten. Ich zählte nicht dazu.

Ich war wütend.

Ich hatte aufgehört, mir Sorgen zu machen, hatte gedacht, es sei vorüber. Wie konnte sie mir das von neuem antun? Was war mit ihr falsch? Wie hatte sie so dumm sein können? Mein Kind heroinabhängig! Das durfte nicht sein. Sie war intelligent und attraktiv und talentiert. Es konnte einfach nicht wahr sein!

»Du nimmst Heroin. Einfach so. Du nimmst Heroin.«

Ihr blasses Gesicht spiegelte Schmerz wider, als sie nickte.

»Verdammt, Jess! Wie kannst du Heroin nehmen?« Ich wusste, dass meine Stimme schrill und laut war, aber es war mir gleichgültig.

»Ich habe es eben getan, Mum. Es tut mir Leid.«

»Es tut dir Leid! Na, großartig. Das ändert alles, nicht wahr? Toll.«

Ich ging auf und ab, um ruhiger zu denken. »Seit wann? Wie lange schon?«

Sie schwieg.

»Wie lange?« Ich spuckte ihr die Worte fast ins Gesicht.

Sie blickte zu Boden. »Schon lange, aber erst ständig seit kurz nach Weihnachten.«

Sieben Wochen. Wie hatte dies geschehen können? Und ohne, dass ich etwas bemerkt hatte?

Aber vielleicht *hatten* wir einen Verdacht – oder uns zumindest gefragt, ob es möglich sein könnte.

Seit sie ihre Arbeit mit der Theatergruppe am Tag vor Weihnachten beendet hatte, war ihr alles zu viel gewesen. Die Pläne, die sie täglich neu entworfen hatte, waren nie in die Tat umgesetzt worden. Oftmals hatte sie gesagt, sie werde ein neues Skript auswendig lernen, um sich aufs Vorsprechen vorzubereiten, doch getan hatte sie es nie. Ich hatte sie einmal am späten Samstagmorgen angerufen. Um sie auf einen möglichen Job aufmerksam zu machen, der in der Zeitung inseriert war, und hatte sie geweckt. Wie konnte es ihr mit der Arbeitssuche ernst sein, wenn sie zum Mittagessen noch im Bett lag? Als wir sie deswegen zur Rede stellten, gab sie zu, lasch und träge gewesen zu sein, und sie beteuerte, sie sei tatsächlich auf der Jagd nach einem Job. Sie verstand es meisterhaft, zu sagen, was wir hören wollten. Nicht umsonst hatte sie Schauspieltalent.

Dann war da der Abend gewesen, an dem Joe und ich mit ihr an meinem Geburtstag zum Abendessen ausgegangen waren. Sie war mit schmutzigen Jeans nach Hause gekommen und hatte ziemlich schlampig gewirkt. Vor Jahren hatte sie gelernt, was sie bei ihren Freunden tragen konnte und was wir akzeptierten, wenn wir ausgingen. Schmutz kam überhaupt nicht in Frage. Joe hatte keine Szene machen wollen, weil dies ein glücklicher Familienanlass sein sollte, und so hatte er ruhig darauf bestanden, dass sie sich etwas Sauberes von den Sachen aussuchte, die in ihrem Kleiderschrank zurückgeblieben waren.

An einem anderen Abend, an dem sie zum Essen gekommen war, hatte sie am Tisch gesessen, in ihrem Gericht herumgestochert und kaum die Augen offen halten können. Sie waren gerötet gewesen, die Pupillen klein. Wir hatten es bewusst ignoriert, bis ihr dann beim Sprechen die Augen zugefallen waren.

Wir hatten beide gleichzeitig die Geduld verloren, aber Joe war als Erster explodiert. »Um Gottes willen, Jess. Wenn du nicht zum Essen kommen kannst, ohne high zu sein, dann komm überhaupt nicht. Ich kann es nicht ertragen, dich so zu sehen.« Und er war aufgesprungen und hatte den Tisch verlassen.

Wir beide hatten angenommen, sie hätte Hasch geraucht. Nun, jetzt wussten wir es besser.

Ich packte sie am Arm und zerrte sie zu meinem Wagen. Sie musste sofort von hier weg. Sie musste mit mir heimfahren, wo wir ihr den Kopf zurechtsetzen, sie zur Vernunft bringen und etwas unternehmen konnten, um die Sache in Ordnung zu bringen.

Sie riss sich von mir los. »Was machst du da, Mum?«

»Wir besprechen dies zu Hause. Komm und steig in den Wagen!«

»Mum, ich fahre nicht mit zu euch. Hör mal einen Moment auf.«

Ich hörte nur auf, weil sie sich weigerte, mitzugehen. »Jess, wir werden darüber sprechen. Wir können entweder zu dir gehen oder zu uns fahren, aber wir werden darüber sprechen.«

»Wir können nicht in meine Wohnung. Dort sind Freunde von mir.«

»Wirf sie raus!«, schrie ich ihr ins Gesicht.

»Ich kann sie nicht einfach fortschicken. Sie wohnen dort. Sie können nirgendwo sonst hin.«

Mir platzte der Kragen. »Du bist heroinsüchtig, und du kannst sie nicht fortschicken, damit wir darüber sprechen können? Dann werde *ich* es ihnen sagen!« Ich ging über den Rasen auf das Gebäude zu.

»Das kannst du nicht tun, Mum.« Ihre Stimme klang jetzt weinerlich, als sie mir nachlief.

»Hör zu, Jess. Entweder sagst du es ihnen, oder ich werde das tun.«

»Ich sage es nicht.«

»Okay. Dann ich.«

Sie folgte mir die Treppe hinauf, und ihr wurde klar, dass sie mich nicht davon abhalten konnte, sie vor ihren Freunden bloßzustellen. Es war offenkundig, dass ich sie nicht höflich bitten würde, mal irgendwo einen Kaffee trinken zu gehen. An der Tür schob sie sich vor mich und sah mich flehend an. »Wartest du? Bitte!«

Ich hörte nicht, was sie ihren Freunden sagte, aber ich bezweifle, dass sie überhaupt etwas anzukündigen brauchte. Unser Streit auf der Straße war sicherlich bis zum Fenster herauf zu hören gewesen. Fast sofort kamen Stephen und ein anderer Jüngling aus der Wohnung und verschwanden wortlos die Treppe hinunter. Es musste ihnen klar sein, dass dies eine Szene werden würde, die keine Zuschauer gebrauchen konnte.

In ihrer Wohnung sah es schlimm aus. Da stand nicht nur das dreckiges Geschirr mehrerer Tage herum, sondern es war allgemein unordentlich und schmutzig. Volle Aschenbecher, das Bett ungemacht, überall Kleidungsstücke, eine Kaffeetasse, die umgekippt war und einen großen Fleck auf dem Teppich hinterlassen hatte. Es gab wenig Möbel außer einer Kommode, einem geliehenen Fernseher und einem Couchtisch, doch die Wohnung wirkte vollgestopft.

»Es ist okay, Mum. Ich weiß, dass es aufhören wird. Ich werde morgen zur Entgiftung gehen.«

»Jessie, es ist nicht okay. Nichts ist okay. Als Erstes wirst du dieses verkommene Loch verlassen und nach Hause kommen.«

Ich nahm ihre Bettdecke, die zerwühlt auf dem Bett lag, breitete sie mitten im Zimmer aus, riss in wilder Aufregung Schubladen auf und warf all ihre Habe auf einen Haufen auf die Decke. Ich leerte jede Schublade und schnappte mir dann alles sonst, was mir in die Hände geriet.

»Was machst du da, Mum? Hör auf. Ich habe dir gesagt, dass ich morgen zum Arcadia gehe. Das kannst du nicht mit meinen Sachen machen.«

»Du verwindest jetzt hier und kommst nach Hause.«

»Nein, ich komme nicht mit.« Sie heulte bereits.

Ich nehme an, ihre Tränen waren mehr eine Reaktion auf meinen erschreckenden Zorn als Aufregung wegen meiner Aktionen. Sie nahm ihre Jeans von dem Haufen, und für einen Moment gab es ein lächerliches Tauziehen. Dann ließ ich die Jeans los und schlug Jessie so hart, wie ich konnte, ins Gesicht. Ich war aus dem Gleichgewicht geraten und glücklicherweise war wenig Wucht hinter dem Hieb, und er war nicht annähernd so stark, wie ich beabsichtigt hatte. Sie sank schluchzend zu Boden, hielt sich die Wange, und ihre Augen spiegelten Schmerz wider – und Erstaunen darüber, dass ich ihr das angetan hatte.

Aber ich war noch nicht fertig. Ich holte aus und schlug ihr mit ganzer Kraft auf den Rücken, prügelte auf sie ein, bis mich die Kräfte verließen. Sie kroch von mir fort und duckte sich in die Ecke ihrer Küchenbank.

Ich folgte ihr schreiend. »Zeig mir deinen Arm!«

Zwischen Schluchzern zog sie ihren rechten Ärmel hoch. Es gab keinen Zweifel an dem, was ich sah.

»Wo bewahrst du das Zeug auf? Zeig es mir!«

Sie wies zu einer Gebäckdose oben auf dem Kühlschrank. Sie war voller Utensilien eines Fixers – sterile Tupfer, Spritzen, ein geschwärzter Löffel.

Mein Zorn war verraucht, und ich sank in einer Ecke zusammen und weinte hemmungslos.

Erst allmählich beruhigte ich mich, und mein Schluchzen ließ nach. Ich wusste, dass Joe kommen musste; er musste es mit eigenen Augen sehen und von Jess persönlich hören. Ich brauchte auch seine ruhige Anwesenheit und seine Einsicht, was als Nächstes zu tun war. Ich griff zum Telefon.

»Was machst du?«

»Ich rufe Joe an. Er muss kommen.«

»Ruf Dad nicht an. Ich will nicht, dass du es tust. Er braucht nicht hier zu sein.«

Sie begann wieder zu weinen, aber es machte mich nur entschlossener. Es war für sie in Ordnung, dass ich dies durchmachte, aber sie wollte Joe die Pein ersparen.

»Doch, Jessie. Ich rufe ihn an.«

Ich kann auch jetzt nur vermuten, wie dieser Anruf für Joe gewesen sein muss. Es war nicht schonend oder in irgendeiner Weise liebevoll, wie ich es ihm beibrachte. Seine Gefühle interessierten mich nicht im Geringsten. Ich war völlig von meinem eigenen Kummer erfüllt.

»Sie nimmt Heroin. Du musst kommen.«

Selbst da war er ruhig und beherrscht. »Ich komme sofort.« Keine theatralischen Äußerungen, keine unnötigen Fragen.

Ich weiß nicht mehr, was Jess und ich bis zu Joes Eintreffen taten. Nichts sehr Zusammenhängendes, und die meiste Zeit heulte einer von uns oder weinten wir beide. Joes schnelles Eintreffen war ein Anzeichen dafür, wie besorgt er war. Der Ärger war ihm anzusehen, als er eintrat, doch während sich mein Zorn so leicht äußerte, war Joe viel beherrschter.

»Nun, du solltest mir davon erzählen, Jess.« Die knappe und angespannte Art, wie er das sagte, zeigte, wie aufgewühlt er war.

»Sie spritzt sich Heroin. *Das* wird sie dir sagen.«

»Halt den Mund, Im. Lass sie es sagen.«

»Jess nimmt Heroin, und du sagst mir, ich soll den Mund halten?« Ich merkte an seiner Ungeduld, dass er alles andere als die normale Ruhe empfand, die er in einer Krisensituation bewahrte. Aber ich schwieg.

In der nächsten Stunde enthüllte Jess ihre Geschichte. Sie hatte geglaubt, sie könne Heroin gesellschaftlich konsumieren, nur gelegentlich. Doch seit Weihnachten hatte sie es wieder genommen. Binnen Tagen hatte es ihr Leben übernommen, und sie war eine willenlose Süchtige geworden. Entweder war sie zu high gewesen, um etwas anderes außer Schlafen zu tun, oder ihre Zeit war damit ausgefüllt gewesen, sich den nächsten Schuss zu injizieren.

Wir alle weinten gelegentlich und schrien uns an. Selbst inmitten all der Aufregung war mir bewusst, dass die Mieter in diesem Haus nicht meine Nachbarn waren und es mich einfach nicht interessierte, ob sie alles hörten. Und sie müssen alles mitbekommen haben. Es ist ein Anzeichen dafür, dass dies hier alltäglich war, denn keiner schlug an die Wand, klopfte an die Tür oder beschwerte sich auf irgendeine Weise über den schrecklichen Streit, den wir führten.

»Ich weiß, dass es aufhören muss. Ich will aufhören. Deshalb gehe ich morgen zum Entzug.« Die Tränen rannen immer noch über Jessies Gesicht.

»Frage sie, ob sie dir als Stammkundin Rabatt geben.« Ich wusste, dass mein Sarkasmus keineswegs hilfreich war, doch ich wollte, dass es schmerzlich für sie war, dass sie sich so schlecht fühlte wie ich mich.

»Wann wolltest du uns davon erzählen?«, sagte Joe. »Oder hast du gedacht, wir brauchen es nicht zu wissen?«

Dies wäre der Zeitpunkt gewesen, um ihr zu versichern, dass wir ihr helfen und ihr jede Unterstützung geben würden, die sie brauchte. Doch ich war immer noch zu wütend. Ich wollte sofort die Kontrolle über alles bekommen, sie mit nach Hause nehmen, damit sie die Nacht dort mit uns verbrachte. Morgen würde einer von uns sie dann zum Arcadia House bringen. Es war nicht leicht, mit dem Bus dorthin zu fahren.

Ich war besorgt wegen ihrer Kleidung. Alle Sachen waren anscheinend dreckig. Jess versicherte mir, sie dort zu waschen. Als ob das eine Rolle gespielt hätte.

Aber sie bestand darauf, nicht mitzukommen. Sie würde in dieser Nacht in der Wohnung bleiben, einer ihrer Freunde würde sie zum Arcadia House bringen, und wir sollten uns heraushalten und sie gewähren lassen.

Mein Zorn war jetzt mit dem Gefühl gemischt, ziemlich überflüssig zu sein. Offensichtlich wollte sie keine Hilfe von uns. Ich war zu durcheinander und fühlte mich zu elend, um zu erkennen, dass es für sie sehr wichtig war, dies allein zu schaffen, und dass sie uns mehr brauchte als je zuvor. Wenn es jemals einen Zeitpunkt für bedingungslose Liebe gibt, dann war es dieser. Doch in dieser Nacht bekam sie keine von mir.

»Mir reicht es, Jessie. Hier kann nichts mehr getan werden. Ich fahre heim.« Ich nahm meine Handtasche und wandte mich zur Tür. »Ruf uns an, wenn du im Arcadia House bist.«

Wir kannten die Routine. Ein vierzehntägiges Programm, keinerlei Kontakt mit Leuten von draußen, sogar keinen telefonischen, doch wir konnten über die Mitarbeiter Nachrichten übermitteln lassen und Bitten empfangen, wenn sie etwas haben wollte.

Jessie kam mir nach. »Gibst du mir keinen Kuss?«

»Ich werde dich küssen, wenn du raus bist.«

»Mum!« Sie folgte mir bis zur Treppe und versuchte, mich zu umarmen, aber ich ließ es nicht zu.

»Ich will dich nicht küssen, Jess«, sagte ich und ging.

Sie nicht anzurühren war ein Anzeichen dafür, wie elend ich mich fühlte. Wenn Guten Tag, Auf Wiedersehen und viele andere Momente des Familienlebens von Küssen und Umarmungen begleitet werden, ist es unfassbar, dass es bei so etwas Bedeutsamem wie dieser Trennung nicht so war. Was auch immer sonst in unserer Familie schief gegangen sein mag, unsere Liebesbezeigungen waren es nicht. Unsere Kinder verbargen ihre Gefühle nicht. Es war üblich für sie, sich gegenseitig oder uns vor oder nach einer Zeit der Trennung zu sagen, dass sie sich oder uns liebten. Wir wussten, dass wir darin ein wenig ungewöhnlich waren, aber es kam uns völlig normal vor. Jessie vor ihren zwei Wochen der Isolation in der Anstalt keinen Kuss gegeben zu haben ist etwas, das ich immer bedauern werde.

Joe erzählte mir später, dass er sie tröstete, den Arm um sie legte, sie daran erinnerte, dass ich mich sehr schnell beruhigen würde und sie nur nicht geküsst hatte, weil ich aufgeregt war. Er überprüfte, ob sie irgendetwas brauchte. Sie bat ihn, anzurufen, wenn er daheim angekommen sei, besorgt sogar mitten in ihrem eigenen Leiden, dass wir beide sicher nach Hause gelangen würden. Als Joe zurückkehrte, war ich unter der Dusche. »War alles in Ordnung mit ihr, als du gegangen bist?«

Er nickte.

»Hast du festgestellt, ob sie etwas braucht?«

Er nickte abermals.

»Du weißt, dass ich ihr keinen Kuss gegeben habe.«

»Es ist okay. Sie versteht es.«

Ein paar Minuten später hörte ich ihn im Nebenzimmer telefonieren.

»Es geht ihr gut, Liebling. Wir werden an dich denken. Wir rufen an.« Seine Stimme versagte. »Tschüs, Liebling.«

Ich fühlte mich erschöpft. Ich öffnete das Schränkchen im Badezimmer und fand das flache Päckchen mit nicht verschreibungspflichtigen Schlaftabletten, die ich gelegentlich nahm. Ich ging ins Bett und wusste, dass ich ein paar Stunden des Vergessens finden würde, wenn die Tablette erst wirken würde. Ich wollte nicht denken oder mir Fragen stellen müssen. Als Letztes dachte ich: »Wie konnte es dazu kommen? Wie konnte unsere Tochter zu einer Heroinsüchtigen werden?«

10. KAPITEL

Am nächsten Morgen taten wir genau das Gleiche wie sonst auch. Das Radio des Weckers ging pünktlich mit den Nachrichten um halb sieben an. Ich hatte Mühe, wach zu werden, denn die Wirkung der billigen Schlaftablette hielt viel länger an, als mir lieb war. Wir duschten, zogen uns an, frühstückten und fütterten den Hund. Ich föhnte mein Haar, trug Lidschatten und Lippenstift auf, nahm meine Handtasche und gab Joe einen Abschiedkuss. Keiner von uns erwähnte die vergangene Nacht. Als ob wir sie ungeschehen machen könnten, wenn wir sie totschwiegen.

Der Gedanke an den Tag mit meiner ungebärdigen vierten Klasse, die ich erst seit zwei Wochen unterrichtete, war ziemlich entmutigend. Ich hatte die Schüler noch nicht gezähmt, und wir kämpften noch darum, Prozeduren einzuführen, Regeln und Grenzen zu bestimmen und die Art festzulegen, wie ich die Klasse leiten wollte. Es war schwierig und erschöpfend. In den meisten Klassenzimmern gab es eine große Bandbreite an begabten und minderbegabten Schülern und viele Verhaltensprobleme. Am Ende eines jeden Tages erinnerte ich mich an die Worte meiner Direktorin, die mit einiger Belustigung gesagt hatte: »Ich glaube, diese Klasse ist eine besondere Herausforderung.« »Kein Problem«, hatte ich gedacht. Ich hatte andere Klassen zurechtgebogen. Ich würde es auch diesmal schaffen. Aber an diesem Tag hätte es mich nicht interessiert, wenn die Schüler auf dem Kopf gestanden hätten.

Sie arbeiteten an diesem Morgen recht ordentlich mit, und ich ging in der Pause dankbar ins Lehrerzimmer, um eine Tasse Kaffee zu trinken. Ich setzte mich still hin und hörte mit halbem Ohr der Unterhaltung ringsum zu. Sie drehte sich um allerlei Themen, einige beruflich, andere privat. Und dann hörte ich die Stimme einer Kollegin deutlicher als die der anderen. »Es war ein schrecklicher Morgen, Michelle wollte nicht aus dem Bett aufstehen, und dann bekam Aaron einen Tobsuchtsanfall, weil keine Coco Pops mehr da waren. Als ich endlich zur Schule kam, fühlte ich mich völlig gestresst.«

Ich sah sie angewidert an und konnte kaum meinen Abscheu verbergen. Wie konnte sie es wagen, sich über ein normales Familienleben mit kleinen Kindern zu beklagen? Wie konnte jemand in der Runde Mitleid mit ihr wegen des ärgerlichen Verhaltens ihrer Kinder haben, wenn nichts davon wirklich zählte? Sie wussten nicht, wie glücklich sie waren. Wie trivial ihre Sorgen waren! Am liebsten hätte ich sie alle angeschrien: »Ihr blöden egozentrischen Weiber. Ist euer Kind heroinsüchtig? Nein? Dann wagt es nur ja nicht, zu jammern.« Stattdessen stand ich auf, goss meinen ungetrunkenen Kaffee ins Spülbecken und verließ schnell das Lehrerzimmer. Ich ging in mein Büro, legte den Kopf auf den Schreibtisch und weinte.

Der Tag schleppte sich dahin, und ich war dankbar dafür, dass mich das Unterrichten voll und ganz in Anspruch nahm. Es war praktisch unmöglich, sich ernsthaft ablenken zu lassen, mehr als einen flüchtigen Augenblick an andere Dinge zu denken. Dreißig junge Kinder haben die Angewohnheit, alle verfügbare Aufmerksamkeit in Anspruch zu nehmen. Auch wenn man als Lehrerin vielleicht nicht schrecklich erfolgreich ist, aber wenn die Unterrichtsstunde eingeläutet wird, muss man irgendwie zurande kommen. Und dieser Tag war keine Ausnahme.

Ich traf mich kurz nach 15 Uhr mit Sue, meiner Freundin, und ihrer Kollegin Sally auf einen Wein. Sally, in ihrer scharfsinnigen Art, musterte mich und sagte: »Du siehst aus, als hättest du einen harten Tag hinter dir, Imogen. Und deine Stimme ist auch heiser. Gewiss hast du nicht so viel schreien müssen. Du bist für gewöhnlich so ruhig.«

Es fiel mir schwer, meiner Stimme einen festen Klang zu geben, als ich die Spur von Mitgefühl hörte. »Ich hatte heute wirklich viel zu tun. Und ich bin jetzt ein bisschen heiser. Aber das liegt nicht an einer Erkältung.«

Wenn sie nur wüsste, dass ich heiser war, weil ich meine drogensüchtige Tochter angebrüllt und beschimpft hatte. Ein Teil von mir wollte es ihnen mitteilen, besonders Sue, die meine engste Freundin war. Sie sollten wissen, wie sehr ich litt, welche Ängste ich hatte, wie schuldig ich mich an dem fühlte, was nur mein Versagen als Mutter sein konnte. Ich wünschte mir, ihnen verständlich machen zu können, dass alles sonst trivial war und im Vergleich mit der Schwere dessen, was ich durchmachte, überhaupt nicht zählte. Ich wollte sie anschreien, dass mein Kind jedes Mal, wenn es sich einen Schuss setzte, sterben konnte. Und wie ich mich bei allem ohnmächtig fühlte.

Aber ich sagte natürlich nichts. Ich hörte zu, als sie über den Verlauf ihres Tages erzählten und für den nächsten planten. Dann nahm ich meine Handtasche und fuhr heim. Boris, unser Spaniel, fragte sich vermutlich, weshalb er das Glück hatte, von mir zusätzlich ein paar Kekse zu bekommen, reichlich von mir gestreichelt zu werden und zu hören, dass er ein braver, prächtiger Junge war. Er legte sich zu meinen Füßen nieder, während ich die Zeitung las. In diesem Augenblick schien er das Familienleben zu symbolisieren, das wir verloren hatten – einfach, vorhersehbar und liebevoll.

Später, als Joe heimkam und wir beide etwas von dem Stress des Tages hinter uns gelassen hatten, rief er beim Arcadia House an, um festzustellen, ob Jessie tatsächlich eingetroffen war. Der Mitarbeiter bestätigte es und erklärte, dass es ihr gut gehe und sie im Augenblick Gitarre spiele. Joe bat, sie herzlich von uns zu grüßen und ihr auszurichten, dass wir am nächsten Abend wieder anrufen würden, um uns nach ihrem Wohlergehen zu erkundigen. Meine Augen füllten sich mit Tränen, als ich bei dem Telefonat zuhörte.

Wir aßen ohne großen Appetit zu Abend. Schließlich schnitt ich das Thema an, das wir beide gemieden hatten. »Wir werden es Sam und Lucy sagen müssen. Ich bin mir ziemlich sicher, dass Lucy morgen mit ihr zu Mittag essen gehen wollte.«

Joe seufzte tief. Wir wussten beide, wie sie sich aufregen würde. »Also erzählen wir es jetzt Lucy. Und sie wird es Sam später sagen. Er braucht es jetzt noch nicht zu wissen.«

Ich nickte. Nicht weil Joes Vorschlag unbedingt Sinn ergab, sondern weil es leichter war. »Ich werde sie jetzt anrufen.«

Ich ging ins Schlafzimmer, damit ich beim Telefonieren auf dem Bett liegen konnte. Ich fühlte mich plötzlich sehr müde und erschöpft. Lucy meldete sich fröhlich. Ich wusste stets sofort, wie sie gelaunt war, entweder hörte ich es am Klang ihrer Stimme und sah es an der Art, wie sie aus dem Wagen stieg, wenn sie zu Besuch kam. »Ein Jammer, ihr die gute Stimmung zu verderben«, dachte ich. Sie war noch in den Semesterferien.

»Hallo, Lucy. Du klingst fröhlich.« Ich hörte eine Weile zu, als sie den Verlauf ihres Tages schilderte, aber ich fand es unpassend, über Banalitäten zu reden, wenn ich ihr etwas von so großer Bedeutung zu erzählen hatte.

»Ich muss dir etwas Wichtiges sagen, Darling.«

Sie verstummte sofort, zweifellos vom ernsten Klang meiner Stimme alarmiert. »Was ist es? Was ist los?«

»Nun, es geht um Jess.« Ich legte eine Pause ein und war mir nicht sicher, ob ich es ihr schonend beibringen oder einfach unverblümt sagen sollte.

»Es geht ihr doch gut, oder? Ist sie verletzt oder was?«

»Sie ist okay. Aber sie ist wieder im Arcadia House. Diesmal ist es Heroin.«

Wir sprachen lange Zeit miteinander. Wie wir alle hatte auch Lucy zur Weihnachtszeit gespürt, dass etwas nicht in Ordnung war, doch sie war sich nicht ganz sicher gewesen, was es sein konnte. Sie stellte viele der Fragen, die mir noch nicht in den Sinn gekommen waren und auf die ich keine Antworten hatte. Ich war mir auch nicht sicher, ob ich sie hören wollte. »Wie hatte sie die Sucht finanziert?« »Wer belieferte sie?« »Wie war ihr HIV-Status?« »Was war mit Hepatitis C?« Ich hatte noch nicht einmal angefangen, an irgendetwas anderes als die Tatsache zu denken, dass ich sie dazu bringen musste, mit dem Konsum aufzuhören. Als ich den Hörer auflegte, fühlte ich mich ein bisschen besser, weil ich mein Leid mit jemandem geteilt und darüber gesprochen hatte. Es tröstete mich auch ein wenig, dass mir Lucy versichert hatte, Jessie könnte davon loskommen, wenn sie es wollte. Lucy hatte angekündigt, sofort beim Arcadia House anzurufen und zu fragen, ob Jessie irgendetwas gebracht haben wollte, vielleicht mehr Zigaretten.

Wir schliefen relativ entspannt in diesen beiden Nächten, Mittwoch und Donnerstag, weil wir wussten, dass Jessie in der Entzugsanstalt sicher war. Wir wussten, dass wir eine Atempause in den beiden Wochen haben würden, in denen sie dort sein würde. Wir fürchteten uns davor, uns wieder mit dem Problem befassen zu müssen. Es war eine Erleichterung, es für eine Weile zu ignorieren.

Am Freitagabend bereiteten wir uns darauf vor, auszugehen. Da keine Kinder mehr zu Hause wohnten, hatten wir uns angewöhnt, Freitagabend außer Haus zu essen. Manchmal trafen wir uns mit Freunden, aber genauso oft gingen wir allein aus. Es war eine entspannende Art, das Wochenende zu beginnen. Wir waren im Begriff aufzubrechen, als ich Joe vorschlug, vor dem Weggehen anzurufen und zu fragen, wie es Jess ging, denn vielleicht würden wir erst spät zurückkehren. Nur selten konnte ich diese Telefonate führen. Ich musste immer dabei weinen. Joe verstand das und würde die Information an mich weitergeben.

Er wählte hastig, während ich Boris herausrief. Der Spaniel hatte es sich drinnen vor dem Fenster bequem gemacht, und weil er jetzt älter war, gab er sich damit zufrieden, einfach im gleichen Raum wie wir zu sein und dort zu schlafen. Er wirkte beleidigt, als er sich auf seine zunehmend wackligen Füße mühte und mir hinausfolgte. Ich ging hinaus in den Hof und wartete darauf, dass Joe das Telefonat beendete. »Grüße sie herzlich von mir«, rief ich. Boris stieß mein Bein mit der Schnauze an und bettelte, als Entschädigung für die Störung gestreichelt zu werden.

Als Joe auftauchte, ahnte ich bereits, dass irgendetwas nicht stimmte.

»Was ist los? Sag es mir.«

»Jessie hat heute Nachmittag das Arcadia House verlassen.«

Joe rief sofort in ihrer Wohnung an, doch keiner von uns nahm auch nur eine Sekunde lang wirklich an, dass sie dort sein würde. Ich konnte mir nur vorstellen, dass sie irgendwo high herumlag, hilflos und ohne dass sich irgendjemand um sie kümmerte. Es gab keine positiven Gründe dafür, dass sie nach nur zwei Tagen die Behandlung abgebrochen hatte. Mir kam als Erklärung nur in den Sinn, dass sie wieder an der Nadel hing.

Zu unserer Überraschung meldete sie sich am Telefon. Ich hörte besorgt zu, als Joe mit ihr sprach, versuchte an seinen Reaktionen zu erraten, was sie sagte.

»Was ist los, Jess? Ich dachte, du würdest zwei Wochen im Arcadia bleiben … Wann? … Aber warum? … Was ist so besonders an deinen Bedürfnissen? … Und was wird jetzt geschehen? … Wer ist Stephen? Du hast ihn mir gegenüber nie zuvor auch nur erwähnt.«

Ich schnaubte höhnisch im Hintergrund, dass ich Stephen an jenem Abend kennen gelernt und nicht einmal gewusst hatte, wie er ins üble Spiel passte und ob er überhaupt irgendeine Rolle spielte. Ich wusste gar nichts über ihn und hatte nur ein paar Worte mit ihm gewechselt. Mein Vorurteil beruhte allein auf seinem Äußeren.

Joe sprach nicht mehr lange am Telefon. »Wäre es nicht besser, wenn du nach Hause kämst? ... Aber wird es dort sicher sein, Jessie? ... Wer ist bei dir? ... Ist es sicher, bei ihm zu sein? ... Wann werden wir dich sehen? Nun, ich hoffe, du weißt, was du tust. Okay, Liebes, bis morgen.«

Wir setzten uns im Hof hin, und alles Interesse am Ausgehen war verschwunden. Jessie hatte Joe gesagt, sie hasse die Entzugsanstalt, sie habe ein Zimmer mit einem anderen Süchtigen teilen müssen, das Arcadia House sei klein und überfüllt. »Wie wählerisch von ihr«, dachte ich. »Was genau hatte sie erwartet? Das Hyatt?«

Sie hatte Joe versichert, dass sie mit dem Entzug weitermachen werde, dass sie nicht gefixt habe, seit sie raus sei, und sie es selbst schaffen werde, ohne Hilfe der Anstalt. Ich war in diesem Stadium zu unwissend, um das monumentale Ausmaß dessen zu erkennen, was sie ihrer Meinung nach ohne Hilfe zu schaffen glaubte. Stephen würde sie morgen zur Farm seiner Mutter außerhalb von Canberra bringen und sich dort zwei Wochen lang um sie kümmern. Sie hatte sich geweigert, zum Arcadia House zurückzukehren oder für die Nacht zu uns zu kommen. Sie würde uns am Morgen kurz besuchen, um uns zu sehen, bevor sie wegfuhr.

Ich nehme an, einige Eltern hätten gedacht: »Wir haben zuvor eingegriffen. Warum fahren wir nicht einfach hin und holen sie?«

Nun, wir taten es nicht. Wir sprachen nicht einmal darüber. Sie hatte zuvor unsere sofortige Hilfe abgelehnt, und wir beide wussten, welche Entschlossenheit Jessie zeigen konnte, um ihren Willen durchzusetzen. Sie war unglaublich eigensinnig, und ohne es auszusprechen wussten Joe und ich, dass es nicht helfen würde, wenn wir eingreifen würden. Und ich glaube, wir standen in diesem Stadium immer noch unter Schock und wussten einfach nicht, was wir tun sollten. Im Nachhinein betrachtet, handelten wir aus dem Gefühl heraus, und das Gefühl war richtig.

Um 11 Uhr am nächsten Morgen war ich unruhig und konnte mich auf nichts konzentrieren, als ich aufs Jessies Eintreffen wartete. Ich hatte in der Zeitung geblättert, den Vorgarten gegossen und mit dem Gedanken gespielt, den Swimmingpool zu säubern, mich dann jedoch dagegen entschieden, weil es mehr als die paar Minuten dauern würde, die ich noch totschlagen musste. Ich ging zur Bäckerei um die Ecke, um frisches Brot für das Mittagessen zu kaufen. Als ich zurückkehrte, saß Jess auf der Küchenbank.

Sie sah schrecklich aus, blass, ungepflegt, offensichtlich wirklich krank. Meine erste Reaktion war Erleichterung. Wenn sie krank war, nahm sie keinen Stoff. Gott sei Dank. Wir setzten uns ins Wohnzimmer, und Joe brachte den Kaffee, den er soeben gemacht hatte.

»Ich weiß, dass ihr vermutlich mit mir sprechen wollt, aber ich fühle mich jetzt zu schlecht dazu«, sagte Jess. »Ich habe seit Dienstagnacht nicht geschlafen.«

Sie sah wirklich schlimm aus, kranker als bei einer Grippe. Nicht verwunderlich, wenn sie drei Nächte nicht geschlafen hatte. Bis dahin war mir nicht klar gewesen, dass Schlaf das Letzte ist, was ein Süchtiger auf Entzug in den ersten paar Tagen finden kann.

»Mein Plan, zur Farm von Stephens Mutter zu fahren, hat nicht geklappt.«

Ich hielt meinen Sarkasmus zurück. »Und was wird jetzt geschehen? Warum gehst du nicht zurück ins Arcadia?« Ich hielt es für einen vernünftigen Vorschlag, und mir fiel auch kein anderer ein.

»Dorthin gehe ich nicht zurück, Mum. Versuche nicht, mich zu überreden, denn ich gehe nicht hin. Hier kann ich ebenfalls nicht bleiben. Und ich bin zu krank für dieses Gespräch. Ich habe gesagt, dass ich jetzt überhaupt nicht darüber reden kann.«

Es war wirklich nicht fair, ihr jetzt damit zuzusetzen. Sie ging, um sich hinzulegen, und Joe und ich versuchten zu überlegen, wie wir einer Tochter helfen konnten, die auf Entzug war. Was tun? Sie brauchte Zeit und Platz, um dies zu tun. Dafür waren die Entzugsanstalten da. Wir kamen auf die sofortige Lösung des Problems zurück, die für uns auf der Hand lag, doch Jessie weigerte sich.

Es dauerte fast eine halbe Stunde, bis wir auf eine Idee kamen. Dan, einer unserer engsten und ältesten Freunde, besaß ein paar Morgen Land bei Sale in Victoria. Er mochte unsere Kinder besonders, vor allem Jessie, und er hatte sie zu Skiferien mit seinem Stiefsohn, der im gleichen Alter wie Jess war, eingeladen und auf seiner Farm wohnen lassen. Bei Telefonaten hatte er immer darauf bestanden, genau darüber informiert zu werden, wie es unseren Kindern ging. Er war fast so etwas wie ein Pate für sie. Dans Farm schien eine mögliche Lösung zu sein. Sie lag isoliert, und dort hatte Jessie Platz und Ruhe.

Ich sprach mit Jessie darüber. »Wie würdest du dich fühlen, wenn ich dich zu Dans Farm bringen und mich dort um dich kümmern würde?«

Sie nahm sich kaum die Zeit, darüber nachzudenken. »Das wäre toll, aber kannst du das tun, Mum? Was ist mit deinem Job? Es könnte ein paar Wochen dauern.«

»Nun, darüber werde ich mir Sorgen machen, wenn es vorüber sein wird. Aber meinst du, es könnte klappen? Du hättest dort die Zeit und völlige Ruhe. Du weißt, wie abgelegen die Farm ist.«

»Das ist genau das, was ich brauche. Wann würden wir hinfahren?«

»Das kann ich nicht vor morgen arrangieren. Und ich finde, wenn ich bereit bin, das zu tun, dann solltest du hier übernachten. Wir können deine Sachen am Morgen aus der Wohnung holen.«

»Was ist falsch an einem bisschen emotionaler Erpressung?« dachte ich.

Sie nickte, zu krank, um zu protestieren.

Ich verbrachte den Nachmittag mit Vorbereitungen. Ich rief meine Direktorin an und erzählte ihr widerstrebend den Grund, weshalb ich mir Urlaub nahm. Sie war erst seit zwei Wochen an der Schule, und ich kannte sie kaum. Sie hätte mich nicht besser unterstützen können, und sie war – wie ich später feststellte – äußerst diskret. Das spielte für mich eine enorme Rolle.

Ich besuchte Sue. Ich wollte ihr erzählen, was ich vorhatte, denn ich wusste, dass in der Schule Fragen gestellt werden würden. Wir waren ein kleines Lehrerkollegium, das lange im Dienst war, und viele von uns betrachteten sich nicht nur als Kollegen, sondern auch als Freunde. Wir wussten über die Kinder der anderen Bescheid und hatten mit unseren Ehepartnern an gemeinsamen Abendessen teilgenommen. Meine plötzliche Abwesenheit auf unbestimmte Zeit würde sicherlich Fragen aufwerfen, und ich wollte Sue auf die Antworten vorbereiten, die sie geben sollte.

Sie wusste von meinem vorherigen Anruf, dass irgendetwas nicht stimmte. Sie scheuchte schnell ihre Kinder zum Spielen nach draußen, damit wir ungestört miteinander sprechen konnten. Ich sagte es ihr so schnell wie möglich, und wir weinten gemeinsam ein paar Minuten lang.

Wie konnte sie helfen? Sollte sie irgendetwas für mich in der Schule tun, das erledigt werden musste? Was sollte sie sagen, wenn Leute zwangsläufig Fragen stellten?

Wir dachten uns die beste Geschichte aus, die uns einfiel. Ich sei aus familiären Gründen nach Tasmanien, wo ich aufgewachsen bin, zurückgerufen worden. Das war nicht sehr überzeugend, denn das einzige Mitglied meiner Familie, das mich vielleicht brauchte, war meine Mutter, die sich mit fortgeschrittener Alzheimerkrankheit in einem Pflegeheim befand. Im Nachhinein betrachtet, hätten wir eine viel bessere Idee entwickeln können, aber zu diesem Zeitpunkt war es das Beste, was uns einfiel.

Sue handhabte alles sehr gut. Denjenigen, die nicht hartnäckig weiterfragten, erzählte sie, dass ich nach Tasmanien heimgerufen worden sei. Anderen, die erkannten, dass die Geschichte unwahrscheinlich war, sagte sie einfach, ich hätte einige private Angelegenheiten zu erledigen und sie wäre dankbar, wenn sie keine Fragen nach weiteren Einzelheiten beantworten müsste.

Es war wichtig für mich, dass diese Sache vertraulich behandelt wurde. Ich wollte niemanden einweihen, schreckte davor zurück, mit jemandem darüber zu reden. Ich wollte allein damit fertig werden. Mein Kummer war so groß, dass ich manchmal sogar vergaß, dass Joe gleichermaßen litt.

Ich versuchte Dan telefonisch zu erreichen, doch es meldete sich nur sein Anrufbeantworter. Ich hatte keinen Zweifel daran, dass er uns auf seiner Farm aufnehmen würde, doch es schien ein bisschen vermessen zu sein, Pläne zu schmieden, ohne überhaupt mit ihm zu reden.

Jessie bestand darauf, Canberra nicht zu verlassen, ohne sich zuvor Valium verschreiben zu lassen. Ich weiß jetzt, dass dies eine Droge ist, die von Heroinsüchtigen normalerweise bei einem Entzug benutzt wird. Jess sagte, sie habe ein »Kribbeln« und Zittern in den Beinen und Valium sei das Einzige, was dagegen vielleicht helfen würde. Selbst zu diesem Zeitpunkt wunderte ich mich, woher sie das wusste. Hatten andere ihr davon erzählt, oder hatte sie es selbst herausgefunden?

Wir fuhren zum Gesundheitsamt, und als wir auf einer der Bänke warteten, lehnte Jess den Kopf auf meine Schulter. Es kam mir ein bisschen surreal vor, und ich versuchte mir einzureden, dass wir das waren, wonach wir aussahen: eine Mutter mit ihrer grippekranken Tochter. Wir brauchten nur ungefähr eine halbe Stunde zu warten, was angesichts der vielen Patienten dort ziemlich kurz war. Als Jess von der relativ kurzen Beratung zurückkehrte, mit einem Rezept in der Hand, folgte ihr der Arzt in den Empfangsbereich hinaus. Er blickte zu mir, und in seinem Blick las ich Abscheu. Ich legte einen Arm um Jess. Wie konnte er es wagen, über mich und sie zu urteilen? Was wusste er über sie?

Ich verbrachte eine unruhige, schlaflose Nacht. Ich wusste, dass Jess im Moment sicher war, aber ich hatte ein unbehagliches Gefühl wegen unserer Reise.

Eigentlich war mein Leben konventionell, spießig und normal. Jetzt reiste ich nach Victoria, um mein Kind zu pflegen, während es einen Heroinentzug durchmachte.

11. KAPITEL

Am nächsten Morgen packte ich, was ich für nötig hielt – Grundnahrungsmittel, Zeitschriften, Bücher (kein einziges davon habe ich später gelesen) –, tankte den Wagen auf und überprüfte den Reifendruck. Es war eine Sechs-Stunden-Fahrt, und ich wusste, dass es vernünftig war, früh genug loszufahren, doch ich fürchtete mich vor der Fahrt. Ich hatte immer noch nicht mit Dan gesprochen, obwohl ich mehrfach angerufen und eine Nachricht auf dem Anrufbeantworter hinterlassen und um Rückruf gebeten hatte. Ich nahm an, er war übers Wochenende weggefahren.

Lucy kam rüber, um auf Wiedersehen zu sagen, Jessie zu umarmen und ihr zu sagen, dass sie das Richtige tue und die Sucht besiegen konnte, wenn sie es nur wollte. Jess stimmte ihr zu, aber ich bezweifle, dass es sie interessierte, was gesagt wurde oder zu wem. Niemand kann bei dem Gedanken an eine sechsstündige Autofahrt begeistert sein, wenn er krank ist, und sie war offensichtlich wirklich krank.

Wir fuhren gegen Mittag. Es war eine lange Fahrt, und ich nehme an, Jessie kam sie noch viel länger vor. Wir rasteten kurz in Bombala, um zur Toilette zu gehen, und dann hielten wir erst wieder am Strand von Lakes Entrance. Dort aßen wir Pommes, und ich sprach eine weitere Nachricht auf Dans Anrufbeantworter.

»Hallo, Dan. Ich bin's, Imogen. Dies ist mein vierter oder fünfter Anruf. Ich nehme an, du machst einen Wochenendausflug. Ich rufe von Lakes Entrance aus an. Es ist sechzehn Uhr, und ich bin mit Jess auf dem Weg zur Farm. Wir haben eine

Krise in der Familie. Joe kann dir die Einzelheiten erzählen, wenn du ihn anrufen willst. Jess und ich sind okay, aber wir müssen irgendwo unterkommen. Ich wusste, dass es dir nichts ausmacht, auch wenn ich dich nicht gefragt habe, aber wir mussten einfach von Canberra fort. Ich werde es dir persönlich erklären.«

(Ich habe ihn niemals gefragt, was er von dieser Nachricht gehalten hat.)

Es war fast 18 Uhr 30, als wir auf den langen Privatweg bogen, der zu Dans Wochenendhaus führte. Es war ein umgebauter Zugwaggon, der vorn eine Veranda hatte und an einem sanften Hang, nur wenig von einem großen Staudamm entfernt stand. Es war ein schöner Anblick, als wir uns näherten. Ein wundervoller Zufluchtsort fern der Stadt.

Das Wochenendhaus war natürlich abgeschlossen. Ich wusste, dass ein Schlüssel für den Jungen hinterlegt wurde, der regelmäßig mähen kam, doch wir konnten den Schlüssel nicht finden. Wir versuchten es an den Fenstern und rüttelten an den Türen, doch alles war völlig gesichert. So stiegen wir verärgert wieder in den Wagen und fuhren in den nahen Ort zum einzigen Hamburgerladen. Jim, der Hamburger-Verkäufer, war ein Freund von Dan, und es war sein Sohn, der für Dan mähte. Jim brauchte nur einige Minuten, um seinen Sohn telefonisch aufzuspüren und sich Anweisungen geben zu lassen, wie wir ins Wochenendhaus hineinkamen. Wenn er es sonderbar fand, dass wir unangemeldet eintrafen, so ließ er sich das nicht anmerken. Ich war überzeugt, dass er genauso hilfsbereit gewesen wäre, wenn wir ihm die ganze Geschichte erzählt hätten. Dans Freunde sind wie er – bescheiden, herzlich und freundlich.

Wir hatten gerade mit dem Auspacken begonnen, als das Telefon klingelte. »Hallihallo! Fein, dass ich dich bei mir erreiche.« Dans lautes Gelächter dröhnte an mein Trommelfell. Dann hörte seine Heiterkeit auf. »Was ist passiert? Ich habe all deine Nachrichten erhalten, aber ich bin soeben erst zurückgekehrt.«

Ich erzählte ihm alles. Er nahm es ruhig zur Kenntnis und stellte die Art Fragen, die keinem sonst in den Sinn kommen würden. »Ist es ihr ernst mit dem Aufhören? Was wird nach dem Aufenthalt auf der Farm werden? Ist sie okay? Wie krank ist sie?«

Mir wurde klar, dass ich keine Ahnung hatte, wie ich die ersten beiden Fragen beantworten sollte. Anscheinend war es ihr ernst, aber wer konnte das mit Sicherheit sagen? Und ich konnte nicht über die nächsten paar Tage hinaus denken. Jim wünschte uns alles Gute, ermunterte mich, alles aus dem Kühlschrank zu essen und zu trinken, und versprach, uns so bald wie möglich zu besuchen.

Sofort nachdem ich aufgelegt hatte, rief ich Joe an, um ihm mitzuteilen, dass wir eingetroffen waren. Dann aßen wir Brot und Käse, tranken Tee und gingen schließlich erschöpft zu Bett.

Wir blieben genau eine Woche. Eine Woche, die am besten als »bittersüß« beschrieben werden kann.

Gewiss fühlte ich mich einsam, isoliert und traurig. Ich wachte jede Nacht auf und weinte. Ich konnte nicht glauben, dass dies unserer Familie widerfuhr.

Meine Selbstanklagen nahmen kein Ende. Nichts weist definitiver auf Versagen der Eltern hin als Heroinsucht. Welche Fehler hatten wir gemacht? Ich hatte die große Karriere geopfert, obwohl ich in Vollzeit gearbeitet hatte, seit sie fünf gewesen war. Wir waren beide der Ansicht gewesen, dass die Erziehung dreier Kinder eine ernste Sache ist und dass einer von uns freier von Verantwortlichkeiten sein musste. Es hatte mich gefreut, dass ich es sein konnte. Wir hätten Jessie nicht inniger lieben können. Ich hatte all die Erfahrung, die ich beim Aufziehen unserer beiden älteren Kinder gewonnen hatte, in Jessies Erziehung gesteckt, aber es hatte trotzdem nicht geklappt. Ich hätte nicht mehr Selbstmitleid haben können.

Aber die Woche war nicht nur Trübsal.

Am ersten Morgen stand ich auf und ließ Jess schlafen, während ich mich umschaute. Es war wirklich eine pittoreske und äußerst friedliche Umgebung. Die Temperatur war mild und das Land nicht verdorrt und trocken wie bei Besuchen in vorangegangenen Sommern.

Dan und Trish, seine Frau, waren unberechenbar in ihrer Auslegung von Zeit. Bei meinem letzten Besuch auf der Farm waren wir alle gegen halb neun oder neun aufgestanden, aber das Frühstück hatte es erst um halb eins gegeben. Ich hatte mir gleich nach dem Aufstehen Müsli und Toast zubereitet, aber sie hatten sich später zu einem Gelage mit Eiern, Schinken, Pilzen und gebratenem Brot hingesetzt. Trish war eine fabelhafte Köchin, und das Frühstück war ein großes Ereignis wie ihre anderen Mahlzeiten. Die Essenszeiten hatten sich in diesem Rhythmus verschoben. Mittagessen gegen 16 Uhr, und das Abendessen hatte um 21 Uhr begonnen und war gegen 23 Uhr beendet gewesen. Um Mitternacht – oder später – waren wir ins Bett gefallen, vollgestopft mit Essen und zu müde, um den Aufwasch zu erledigen. Die Routine gefiel ihnen, und sie fanden es sicher sonderbar, um sieben Uhr morgens zu frühstücken, als sie uns besuchten.

An diesem Morgen, während Jess schlief, putzte ich das Haus, reinigte die Veranda, wischte einige Spinnweben weg und entfernte Gartengeräte aus dem Essbereich. Mitten auf dem Tisch lagen mit Schlamm bedeckte Gartenhandschuhe. Ich holte ein Tuch, um die Platte abzuwischen, und als ich die Handschuhe beiseite schob, störte ich eine Spinne, die es sich darunter gemütlich gemacht hatte.

Eine Spinne ist etwas ziemlich Normales im Busch. Man muss damit rechnen, vieles zu finden, das sich bewegt. Aber für mich kam es nahe an eine Katastrophe heran. Bei Mäusen oder Spinnen passe ich in das Klischee des kreischenden, hilflosen Frauchens.

Diese Spinne war fast so groß wie die Handfläche der Handschuhe und definitiv eine Herausforderung. Ich nahm einen Besen, der in der Nähe stand, und versuchte, sie zu erschlagen, doch natürlich verfehlte ich sie, und sie flüchtete außer Sicht unter das Sofa – genau das, auf dem wir stets saßen. Ich riss den Bezug ab und schüttelte ihn heftig, schob das Sofa von der Wand, schlug mit den Kissen auf den Boden und sah, wie überall Staub aufwallte. Ich tat alles, was mir einfiel, um die Spinne zu verscheuchen. Aber sie war viel zu clever, um ihr Gesicht oder die haarigen Beine wieder zu zeigen.

Für den Rest der Woche setzte ich mich sehr vorsichtig auf das Sofa.

Ich wusste, dass Jessie sehr wenig Kontrolle darüber hatte, wann und wie lange sie schlafen konnte, doch nach dem ersten Morgen bestand ich darauf, dass sie zur gleichen Zeit wie ich aufstand. Ich war der Ansicht, dass sie sich an feste Zeiten gewöhnen musste, damit sich ihr Schlafrhythmus normalisieren konnte. Ich bestand ebenfalls darauf, den Valium-Konsum zu kontrollieren. In der ersten Nacht behauptete sie jedoch, sechs Tabletten zu brauchen. Jede war fünf Milligramm stark, und als der Arzt sie ihr verschrieb, hatte sie gesagt, sie seien nicht stark genug. Eine Dosis von 30 Milligramm kam mir enorm stark vor, aber sie behauptete, die Wirkung kaum zu spüren. Ich wusste damals noch nicht, dass Heroinsüchtige für gewöhnlich ebenfalls andere Drogen konsumieren, besonders wenn sie sich keinen Schuss setzen können, und dass eine Überdosis häufig die Folge der Kombination von Drogen ist, dic sic zusätzlich zu dem Heroin genommen haben.

Wir machten ab, die Dosis jede zweite Nacht zu reduzieren. Am Donnerstag entschloss sie sich, kein Valium mehr zu nehmen. Ich war erleichtert und hatte das Gefühl, dass dies nur ein positives Zeichen sein konnte.

Jessie hatte die erste Nacht nicht schlafen können. Sie konnte sich auch nicht aufs Lesen konzentrieren und lag stundenlang wach, umgeben von Finsternis und den nächtlichen Geräuschen im Busch.

Es gab keinen Fernseher. Ich vermute, dass Dan sich ohnehin nichts aus Fernsehen machte, und außerdem war ohne eine Riesenantenne in diesem Gebiet kein Empfang möglich. Weder Jess noch ich sind große Fernsehfans, aber nun fehlte uns eine Möglichkeit der Zerstreuung. Oftmals hilft es einem, die Zeit vor dem Fernseher totzuschlagen, und ich bin überzeugt, wir wären froh gewesen, wenn wir uns nach dem Sonnenuntergang mit irgendetwas hätten berieseln lassen können.

Am nächsten Morgen schlug ich vor, in die nächste Stadt zu fahren, um ein Fernsehgerät und einen Videorecorder zu mieten. Das war unsere Rettung. In den Nächten, in denen wir dort waren, schaute sich Jessie Dutzende von Filmen an. Ich hatte ein besseres Gefühl, wenn ich mich schlafen legte; ich wusste, dass sie die Nacht nicht völlig einsam ertragen musste.

Unsere Tage begannen um neun Uhr, wenn ich Jessie zum Frühstück rief, für gewöhnlich Eier mit Speck, etwas Besonderes in ihrer Kindheit und zweifellos ihr liebstes Frühstück. Sie hatte wieder Appetit, eine übliche Reaktion, wenn Heroin entzogen wird, und sie hatte stets Hunger. Joe und ich hatten oftmals bemerkt, dass Jess als Kind keinen richtigen Appetit entwickelt hatte. Wenn sie hungrig gewesen war, hatte sie den Kühlschrank geöffnet und sich höchstwahrscheinlich mit einem Würstchen zum Frühstück oder irgendeinem Fertigsnack zum Abendessen begnügt. Ich hatte es gelernt, ihr »Eigentlich habe ich keinen Hunger, danke, Mum« zu ignorieren. So hatte sie sich angesehen, was ich vorbereitet hatte, alles gegessen und gesagt: »Hm, lecker.« Aber sie hätte sich nicht die Mühe gemacht, etwas zu essen, wenn ich es ihr nicht angeboten hätte.

Die Planung unseres Essens, das Einkaufen der Zutaten und die Zubereitung nahmen in dieser Woche allerhand Zeit in Anspruch. Wir aßen ziemlich viel. Am Montagabend machte ich einen großen Apfelkuchen. Ich war nicht gut im Zubereiten von kleinen Mengen, denn ich hatte früher für eine fünfköpfige Familie plus gelegentliche Besucher gekocht. Wir brauchten Tage, um alles aufzuessen. Sie erklärte lachend, dass sie gemästet nach Canberra zurückkehren würde – aber sie war zuvor auch besonders mager gewesen.

Sie hatte mir erzählt, dass Essen die letzte Priorität gehabt hatte, während sie gefixt hatte. Sie hatte sporadisch etwas in Lokalen gegessen, wo Häppchen gratis angeboten wurden, und ging besonders Freitagnacht zu einem Stand im Civic Centre, wo es eine gesunde Suppe und altes Brot für jeden gab, der Hunger hatte. Die Einrichtung war von der Mutter eines Süchtigen ins Leben gerufen worden, der seit Jahren am Methadon-Programm teilnahm. Sie verköstigte Süchtige, Obdachlose und Arme, ohne etwas dafür zu verlangen. (Seit Jess uns darauf aufmerksam gemacht hat, geben wir ihr regelmäßig ein paar Dollar, wenn wir dort vorbeikommen. Zuerst lehnte sie das Geld ab, wich zurück und schüttelte den Kopf, weil sie dachte, Joe wolle das Essen bezahlen. Als wir erklärten, dass das Geld für den Kauf weiterer Nahrung für andere gedacht war, nickte sie und dankte ihm. Sie ist jetzt an uns gewöhnt, und wir brauchen keine Erklärungen mehr abzugeben. Ich bin überzeugt, sie hat erraten, dass sie unser Kind mit Essen versorgt hat.)

Wenn wir unsere Zeit nicht mit Essen verbrachten, blätterten wir all die Zeitschriften durch, die wir gekauft hatten, und testeten unser Wissen über Klatsch und Trivialitäten. Eine Zeitschrift war genau die richtige Lektüre. Sie erforderte kein lange anhaltendes Interesse und keine große Konzentration.

Am Montagabend begann Jess den langen Privatweg mit dem Auto auf und ab zu fahren. Ich hatte daran gedacht, ihr

Anfängerschild mitzunehmen. In den vergangenen zwei Jahren war ihr Leben zu unstet gewesen, um den Führerschein zu machen, obwohl sie alt genug dazu war.

Wir hatten ihr das Geld für den Führerschein gegeben, doch sie war nicht dazu gekommen, ihn zu machen, und schließlich hatte sie zugegeben, dass sie das Geld für etwas anderes ausgegeben hatte. Selbst da ahnten wir, dass es vermutlich für Stoff draufgegangen war. So gaben wir ihr nicht noch einmal Geld und sagten ihr, dass sie den Führerschein selbst finanzieren müsse. Das war vernünftig gewesen. Sie hatte schließlich einen Teilzeitjob an Sonntagen in einem Supermarkt gehabt. Aber sie war nie dazu gekommen, den Führerschein zu machen.

So war dies eine Gelegenheit, sich auf eine der Fähigkeiten des Lebens vorzubereiten, die sie versäumt hatte. Sie stellte das Autoradio laut, fuhr auf dem Weg auf und ab, hinterließ tiefe Reifenspuren auf dem Gras, und wir beide lachten und hofften, sie würden zuwachsen, bevor Dan die Bescherung sah. Mit Jessies Fahrstunden verbrachten wir einen Großteil unserer Zeit. Die Straßen rings um die Farm waren kaum befahren, es gab keine Verkehrsampeln und Stoppschilder – ausgezeichnet zum Üben für Fahranfänger, die in Australien zusammen mit einem Führerscheininhaber vor dem Erwerb des eigenen Führerscheins fahren dürfen.

Am Mittwochmorgen fuhren wir nach Sale. Jess hatte nicht viel Energie, doch wir wanderten an den Geschäften vorbei. Das meiste von Jessies Kleidung war vergammelt. Alt, schäbig, im Grunge-Look. Sie hatte ein paar anständige Kleidungsstücke, die sie trug, wenn wir oder der Anlass es erforderlich machten, doch auch sie waren ziemlich alternativ und riefen vermutlich Bemerkungen von anderen hervor. Wir waren daran gewöhnt, wie sie herumlief. Sie kaufte ihre Kleidung hauptsächlich auf Trödelmärkten oder in Discount-Shops. Wir gingen ziemlich regelmäßig gemeinsam dorthin. Ich wies dann auf das schrecklichste Stück auf der Stange. »Was hältst du davon, Jess?« Jedes Mal gefiel es ihr. Lucy und Sam hatten jeder 25 Dollar beigesteuert, die sie als ihr Weihnachtsgeschenk auf den Märkten ausgeben konnte. Nach ihrem Einkauf waren sie erstaunt gewesen, wie viele Sachen sie zusammenbekommen hatte, alle billig und ziemlich furchtbar.

Aber an diesem Morgen stöberte sie in den Angeboten von Sportsgirl, Witchery und Just Jeans. Wir fanden einen kleinen Laden, in dem Unterwäsche zum herabgesetzten Preis angeboten wurde, und kauften mehrere Garnituren und ein schönes, langes Nachthemd aus Baumwolle. Es war so anders als alles, an dem sie jemals Interesse gezeigt hatte. Erstens war es weiß, nicht schwarz, und zweitens war es sehr herkömmlich. Wir scherzten oft beim Einkaufsbummel, und ich erklärte, dass der Gammellook sicherlich nur eine kurze Phase sei und ich so begeistert sein würde, wenn sie sich schließlich für Kleidung von Sportsgirl interessieren würde, dass ich vermutlich den Laden für sie leer kaufen würde.

Ein bisschen war es jetzt so. Es schien einen Neuanfang zu symbolisieren, ein Ablegen des alten Images. Wir beide genossen die Kauforgie. Es schien für sie wichtig zu sein, etwas zu haben, was das nächste Stadium ihres Lebens markierte, doch wir hatten keine Ahnung, was das nächste Stadium bringen würde.

Die weitaus denkwürdigsten Tage waren Donnerstag und Freitag. Am Donnerstagnachmittag bestand ich darauf, einen Spaziergang zu machen. Ich wusste, dass Jess keine Ausdauer hatte und es ihr noch längst nicht gut ging, doch wir beschlossen, eine Viertelstunde zu spazieren und dann umzukehren. Wir folgten dem Pfad gegenüber der Straße. Kelly vom Nachbargrundstück war an diesem Morgen vorbeigekommen, um zu sehen, ob Dan da war, denn er hatte in der Nacht im Wochenendhaus Licht gesehen. Wir hatten erklärt, dass wir ein paar Tage bleiben würden, und Kelly hatte uns von einem schönen Badesee jenseits des Damms und der Straße erzählt. So machten wir uns auf die Suche danach.

Wir folgten Kellys Anweisungen, und Jess stöhnte dauernd »Wie weit denn noch?«, wie ein kleines Kind. Ich konzentrierte mich auf einen Baum in der Ferne und kündigte an, dass wir dort umkehren würden. Als wir uns dem Baum näherten, stießen wir auf einen alten Schuppen. Wir schnüffelten dort ein bisschen herum und hatten das Gefühl, völlig allein zu sein. Es war uns gar nicht bewusst, dass wir unbefugt fremdes Terrain betraten. Als wir umkehren wollten, bemerkten wir einen anderen Pfad, der den Hügel hinaufführte. Am Straßenrand stand ein Schild mit der Aufschrift »Privatbesitz«, doch wir gönnten ihm nur einen kurzen Blick und entschieden uns, die Gegend noch ein bisschen weiter zu erkunden.

Ein bisschen Bewegung auf sanfte Weise konnte nur helfen, dass Jessies Körper das Heroin loswurde.

Wir stiegen keuchend den Hügel hinauf, gelangten zu einer Lichtung und sahen eine Reihe unbenutzter Hütten, die jetzt verlassen waren. Jess war fasziniert, und wir verbrachten lange Zeit damit, in den Ruinen des Lebens von anderen Leuten zu stöbern. Wir brauchten nicht lange, um herauszufinden, dass die Hütten zuletzt von einem Mann und seinem Hund bewohnt worden waren. Ein großer Haufen leerer Dosen Hundefutter lag vor der größten Hütte. In einer Hütte lag noch eine Matratze. Anscheinend hatte der Besitzer nicht beabsichtigt, sie für immer zu verlassen. Es gab Dokumente, die uns verrieten, wie er hieß und dass er einst verheiratet gewesen war. Noch rührender waren die Registrierungspapiere für seinen Hund und ein Foto seines Kindes, Überbleibsel aus seinem vorherigen Leben, bevor er zum Einsiedler geworden war.

Jess wollte nicht gehen, doch ich fand es unheimlich und überredete sie, den Pfad wieder hinunterzugehen. Wir fanden die Verpackung einer Spritze und fragten uns, ob der Besitzer Drogenkonsument gewesen war, aber wir verwarfen den Gedanken, weil es zu schwierig war, im Busch diese Sucht aufrechtzuerhalten. Wir waren hierher gekommen, um sie zu beenden.

Auf dem Rückweg diskutierten wir scheinbar endlos über den Einsiedler. Hatte er gewusst, dass er die Hütte zum letzten Mal verließ? Was war aus dem Hund geworden? Hatte der Mann keine Verwandten, die seine Dinge für sich in Anspruch nahmen? Oder hatte seine Familie einfach zurückgelassen, was sie nicht haben wollte? Jemand musste das Schild »Privatbesitz« neben der Straße aufgestellt haben. Wir hatten jede Menge Fragen und Theorien.

Am nächsten Tag war Jessie begierig darauf, wieder dorthin zu gehen. Wenn es ein Grund zum Spazieren für sie war, dann hatte ich nichts dagegen. Als wir uns dem Pfad näherten, konnten wir sehen, dass das Schild »Privatbesitz« umgestellt worden war. Es stand jetzt mitten auf dem Pfad, um den Weg für jeden Wagen zu blockieren. Wir waren verblüfft. Wer hatte es versetzt? Wusste jemand, dass wir herumgeschnüffelt hatten, und wollte uns nun abschrecken? Es war ein unangenehmes Gefühl, dass wir gesehen worden waren, obwohl die Hütten so verlassen gewirkt hatten.

Ich bin niemals die Mutigste gewesen und wollte umkehren. Aber Jessies Phantasie war angeregt.

»Nein, Mum. Wir richten ja keinen Schaden an. Ich will mich dort noch einmal umsehen. Nur eine schnelle Besichtigung, komm mit.«

Widerstrebend stimmte ich zu.

Ich setzte mich auf einen Baumstamm und ermahnte Jess sich zu beeilen, weil ich mich sehr unbehaglich fühlte. Jemand hatte uns indirekt gesagt, fern zu bleiben. Niemand außer uns war hier gewesen. Aber Jess fand das aufregend. Einmal hörten wir einen Wagen nahen und gerieten in Panik, suchten nach einem Versteck, doch das Motorengeräusch entfernte sich und verklang. Schließlich tauchte Jess mit einem alten Kerzenhalter in der Hand und einer Ausgabe der gesammelten Werke von William Shakespeare auf. Wir hatten eine lebhafte Diskussion darüber, ob es moralisch war, die Dinge mitzunehmen, auch wenn sie von geringem Wert und vermutlich weggeworfen worden waren. Sie können sich denken, wer seinen Willen durchsetzte. Der Kerzenhalter, von Joe auf Hochglanz poliert, steht jetzt auf Jessies Regal in ihrem alten Schlafzimmer in unserem Haus. Die gesammelten Werke von William Shakespeare, die Joe neu gebunden hat, liegen als geschätzter Besitz neben Jessies Bett.

Was wir in der Woche nicht machten, war eine Analyse ihrer Drogenabhängigkeit. Wir sprachen gelegentlich darüber, doch ich glaube, keinem von uns war nach tief schürfenden Diskussionen zumute. Ich fragte sie jedoch, wie sie die Drogensucht finanzierte.

»Das willst du nicht wissen, Mum.«

Das stimmte. Ich wollte es nicht wissen, musste jedoch einfach fragen. Ich bezweifle, dass sich irgendwelche Eltern diese Frage verkneifen können.

»Ich war niemals eine Prostituierte. Hauptsächlich habe ich gedealt, aber das willst du nicht wissen. Du würdest dich bestimmt nicht besser fühlen, wenn du es wüsstest. Wir wollen es einfach dabei belassen.«

Sie hatte Recht. Ich wollte die Einzelheiten nicht hören und brauchte sie auch nicht zu wissen. Ich habe nie wieder gefragt.

Großen Stress hatten wir, als sie das Arcadia House anrief, um die Ergebnisse der HIV- und Hepatitis-Untersuchungen zu erhalten, denen sie sich vor einer Woche unterzogen hatte. Mir war nicht klar gewesen, dass es selten Heroinkonsumenten gibt, die sich keine Hepatitis C zuziehen. Aber Jess wusste Bescheid. Sie wusste auch, dass Ian positiv war, und sie hatte viel Zeit mit ihm zusammen verbracht. Sie hatte allen Grund, besorgt zu sein – Hepatitis C ist weitaus ansteckender als HIV und kann tödlich sein. Sie hatte voller Angst auf die Ergebnisse der Untersuchungen gewartet. Gott sei Dank waren beide negativ.

Am Samstagmorgen war ich noch um halb neun im Bett und weigerte mich, den Tag zu beginnen. Ich hörte das unverkennbare Geräusch eines nahenden Wagens und erkannte, dass er in der Nähe hielt. Als ich aufgestanden war und mir etwas übergezogen hatte, stand Dan an der vorderen Tür.

»Auf, auf, ihr faulen Schläfer. Setz Teewasser auf, Imogen. Ich habe frisches Brot für das Frühstück.«

Er schloss mich wie ein Bär in die Arme, und ich war froh, dass ich keine Ohrringe trug. Sie waren bei Dans überschwänglichen Umarmungen oftmals gegen meinen Kopf gepresst worden.

Wir setzten uns auf die Veranda. Der Tee war aufgebrüht, das Brot geschnitten. Jess tauchte auf, noch verschlafen, und sie umarmten und küssten sich. Ich weiß, dass sie erfreut und zugleich enttäuscht war, ihn zu sehen. Erfreut, weil sie ihn sehr mochte, aber enttäuscht und aufgeregt, weil sie wusste, dass er nicht nur höflich mit ihr plaudern, sondern sie auch einem Kreuzverhör unterziehen würde. Ich war gerührt, weil er die dreistündige Fahrt von Melbourne auf sich genommen hatte, um uns zu besuchen, und erfreut, weil die Langeweile eines weiteren Tages aufgelockert werden würde.

Er erzählte uns die traurige Geschichte des örtlichen Einsiedlers und wie er vor kurzem gestorben war, aber es dauerte nicht lange, bis er seine Aufmerksamkeit auf Jess konzentrierte.

»Was wird also jetzt passieren, Jessie-car-car?« Schon seit ihrer Kindheit war es sein liebster Spitzname für sie.

Ich stand auf und begann, den Tisch abzuräumen. Es war viel besser, wenn sie ohne meine Anwesenheit miteinander redeten. Jess konnte sagen, was ihr gefiel, ohne dass sie an meine Gefühle denken musste. Ich spülte das Geschirr, während sie miteinander sprachen.

Jess erzählte mir anschließend, sie habe zwar Angst davor gehabt, eine Erklärung abgeben zu müssen, in Wirklichkeit sei es jedoch nicht allzu schlimm gewesen. »Es war das Mindeste, was ich tun konnte, damit Dan uns erlaubte, hier zu bleiben«, sagte sie.

Wir verbrachten einen angenehmen Tag, unseren sechsten auf der Farm. Am Nachmittag fuhren wir zu einem kleinen See in der Nähe und badeten in einer atemberaubenden Schlucht zwischen hoch aufragenden Felswänden. Am Abend besuchten wir den kleinen Ort und aßen bei Jim Hamburger. Nach unserer Rückkehr tranken wir noch Kaffee auf der Veranda.

Jess und ich hatten uns entschieden, am nächsten Tag nach Canberra zurückzukehren. Ich hatte genug von der Farm und ihrer Isolation und Monotonie. Wenn die Umstände anders gewesen wären, hätte ich die Stille und den Frieden vielleicht geliebt, aber jetzt wollte ich fort. Und Jess ebenfalls.

Eine von Lucys besten Freundinnen, Karen, besaß ein Häuschen an der Küste, und Lucy hatte für uns arrangiert, es für die nächsten beiden Wochen zu mieten. Es war näher an zu Hause, jedoch weit genug von Canberra entfernt.

Jetzt war das nächste Stadium geplant.

12. KAPITEL

Jessie und ich waren erleichtert, als wir am späten Sonntagnachmittag wieder in Canberra eintrafen. Später an diesem Abend kehrte Jess in ihre Wohnung zurück. Sie behauptete, es ginge ihr gut und sie brauche den nächsten Tag, um Kontakt mit dem Wohnungsbesitzer aufzunehmen, um zu vereinbaren, ihm die Schlüssel zurückzugeben.

Ich hatte Joe vermisst. Ich wollte ihn sehen und die Last mit ihm teilen. Er gab kein richtiges Anzeichen dafür, dass er darüber reden wollte. Ich erzählte ihm noch einmal von unserer Woche, obwohl wir jeden Tag miteinander telefoniert hatten. Aber sein Blick wurde abwesend, wenn ich versuchte, tiefer in die Einzelheiten zu gehen, und seine Körpersprache hätte nicht offenkundiger sein können. Er versuchte immer noch, sich mit Jessies Heroinsucht abzufinden. Ich hatte sowohl den Vorteil als auch den Nachteil gehabt, eine Woche lang jeden Tag damit zu leben. Es war jetzt ziemlich real für mich. Ich nehme an, für ihn war es das nicht. Selbst später, als wir uns daran gewöhnt hatten, änderte sich dieses Verhalten selten. Er fühlte sich sichtlich unbehaglich, vermied es, mir in die Augen zu sehen, und wirkte unbeteiligt. Ich gab es bald auf, mit ihm über Jessies Probleme zu reden, höchstens in theoretischen Begriffen. Seine Angewohnheit, sich davon zu distanzieren und wegzugehen, war nicht hilfreich für mich, und manchmal fand ich es sehr frustrierend. Aber das war einfach seine Art, Probleme zu verarbeiten. Er musste stets die Dinge selbst durchdenken. Ich glaube, er bemüht sich jetzt mehr, sich auf mein gelegentliches Bedürfnis, darüber zu sprechen, einzustellen und das Problem zu verarbeiten wie ich.

Ich ging ziemlich früh zu Bett, weil ich starke Kopfschmerzen hatte. Wir wollten den nächsten Tag in Canberra verbringen und am Dienstag zur Küste fahren.

Am Montagmorgen fühlte ich mich schrecklich. Die Kopfschmerzen waren schlimmer, und mir war auch übel. Ich fühlte mich völlig überfordert. Wenn es sonst Probleme gegeben hatte, war es mir möglich gewesen, mich ihnen zu stellen und damit fertig zu werden. Ich gab nicht leicht unter einer Last nach. Andere fanden mich stark und belastbar, und es wäre mir peinlich gewesen, ein Problem nicht meistern zu können. Aber an diesem Morgen war ich die ganze Zeit den Tränen nahe. Ich wusste einfach nicht, was ich tun sollte.

Ich rief kurz bei Sue an, um ihr zu sagen, dass ich zurück war. Sie erinnerte mich, dass an diesem Abend ein Essen mit dem Lehrpersonal geplant war, das ich zum Abschied unserer Ex-Direktorin organisiert hatte. Wendy war nicht nur meine Chefin gewesen, sondern auch meine Freundin geworden, und Sue bedrängte mich, zu dem Treffen zu kommen. Ich blieb unverbindlich und sagte, ich würde Joe fragen, was er davon hielt. Sue schickte ihren Mann, Michael, mit ein paar Tabletten gegen die Kopfschmerzen. Ich nahm sie, kroch wieder ins Bett und schlief bis halb zwölf.

Sue hatte Recht. Die Kopfschmerzen waren ebenso fort wie die Übelkeit. Ich wusste, dass es eine körperliche Reaktion auf den Stress gewesen war. Ich duschte, immer noch ein wenig beduselt von den Tabletten, aber es ging mir zweifellos besser.

Ich rief meine Freundin Janet an. Sie arbeitete von zu Hause aus, und mit etwas Glück würde ich sie erreichen. Janet und ich waren seit über 20 Jahren befreundet. Ich hatte sie durch Joe an der Uni kennen gelernt. Er war ihr Trauzeuge bei ihrer ersten Hochzeit gewesen, und obwohl wir in Canberra weit auseinander wohnten und uns selten sahen, gingen wir stets in den Schulferien gemeinsam essen und redeten ausführlich miteinander. Während wir uns unsere jüngsten traumatischen Erlebnisse erzählten, lachten wir darüber, wie langweilig die Unterhaltung beim Essen anderer Leute sein musste. Und es hatte wirklich traumatische Erlebnisse für uns beide gegeben, nicht nur kleinen Ärger und Problemchen. Janet war ruhig, gelassen, sehr klug und hatte einen gesunden Menschenverstand.

Die Tränen, so lange unterdrückt, kamen mir fast, als sich ihr Anrufbeantworter meldete. Sie führte ein sehr arbeitsreiches Leben, betrieb nicht nur ein Geschäft, sondern war auch eine talentierte und erfolgreiche Künstlerin. Sie würde die Nachricht vielleicht erst viel später am Tag erhalten. Und ich musste *jetzt* mit ihr sprechen.

Ich sprach die Botschaft so ruhig auf Band, wie ich konnte. »Hallo, Janet. Ich bin's, Imogen. Wirklich schade, dass ich dich nicht erreiche. Ich hatte gehofft, wir könnten heute zusammen Kaffee trinken. Kannst du mich anrufen, wenn du Zeit hast? Ich bin zu Hause.«

Gott sei Dank dauerte es nicht lange, bis das Telefon klingelte. »Was ist los?«, fragte Janet. »Deine Stimme klang schrecklich. Du bist nicht in der Schule.«

Sie hörte geduldig zu, als ich ihr erzählte, was in der vergangenen Woche passiert war. Ich erklärte ihr, dass ich mich nicht in der Lage fühlte, damit fertig zu werden. Dass ich keine emotionale Stärke und Energie hatte und nicht wusste, was ich tun sollte. Während ich mit Janet sprach, hatte ich das Gefühl, dass dies so gar nicht zu meinem sonstigen Verhalten passte. Ich fühlte mich völlig überfordert. Ich konnte nicht klar denken oder irgendetwas planen. Ich wusste, das ich mit Jess am nächsten Tag zur Küste fahren würde, aber ich war unfähig, mich auch nur darauf vorzubereiten. Mir ist jetzt klar, dass ich vermutlich den Ausbruch einer schweren Depression beschreibe. Aber erst ein paar Monate später erkannte ich dies.

Janet sprach wie stets ruhig und sachlich mit mir.

»Nun, dazu fällt mir zweierlei ein, Imogen. Erstens brauchst du Hilfe, um damit fertig zu werden. Das Problem ist zu groß für dich allein. Warum sprichst du nicht mit Jessies Drogenberaterin beim DRIC? Du kannst vielleicht einen Termin bei ihr bekommen, bevor du morgen zur Küste fährst. Sie wäre die beste Gesprächspartnerin, findest du nicht?«

Warum hatte ich nicht daran gedacht? Shelley war wundervoll gewesen, als Joe und ich sie aufgesucht hatten, nachdem Jess das Arcadia House verlassen hatte. Natürlich! Allein bei dem Vorschlag fühlte ich mich besser. Ich konnte etwas tun, das positiv klang.

»Und zweitens Folgendes: Ich werde meine Freundin Joy anrufen.« Janet hatte mir schon von ihrer Freundin in Sydney erzählt, deren Sohn seit langem drogensüchtig war. Sie hatte viele Jahre lang mit entsetzlichen Problemen fertig werden müssen. »Sie wird wissen, was in solch einer Situation vernünftig ist. Warum versuchst du nicht, einen Termin bei der Drogenberaterin zu bekommen, und ich werde mit Joy telefonieren und dich dann zurückrufen, was hältst du davon?«

Ich fühlte mich sofort besser, einfach weil ich mich ausgesprochen hatte. Ich war dankbar für ihre Unterstützung und Freundschaft. Sie war klug und vernünftig und unerschütterlich.

Als Elternteil kann man die Probleme seiner Tochter nur jemandem preisgeben, der nicht schockiert darüber ist. Die meisten meiner Freundinnen waren viel konservativer als ich, und obwohl ich sie sehr mochte, konnte ich mich ihnen jetzt nicht anvertrauen.

Ich erinnere mich, dass ich mich ziemlich albern gefühlt hatte, als ich eine Kollegin ins Vertrauen gezogen hatte, deren Sohn zur gleichen Zeit wie Sam das Elternhaus verlassen hatte. Ich erzählte ihr, dass ich ihn schrecklich vermisste und mir oft zum Weinen zumute gewesen war, wenn ich mit ihm am Telefon gesprochen hatte. Die Kollegin hatte mich mit echtem

Erstaunen angeschaut und mit einem kleinen nachsichtigen Lachen gesagt: »Du lieber Himmel, Imogen. Tatsächlich?«

Es war ein großer Fehler gewesen, mich der Kollegin anzuvertrauen. Sie hatte überhaupt kein Verständnis für mein Gefühl aufbringen können. Das war mir erst richtig klar geworden, als ich Janet nervös erzählt hatte, wie elend ich mich fühlte, weil Sam so weit fort war, und sie verständnisvoll erwidert hatte, das sei ihr genauso gegangen, als ihr Sohn zum ersten Mal das Elternhaus verlassen und für ein Jahr nach Perth gezogen war. Sie hatte es nicht ertragen können und begierig auf jeden Anruf von ihm gewartet, um sich zu vergewissern, dass es ihm gut ging. Ich war also überhaupt nicht so blöde, wenn Janet sich genauso gefühlt hatte.

Ich rief beim DRIC an und erhielt einen Termin bei Shelley für den nächsten Tag um 9 Uhr 30.

Janet rief bald zurück. »Joy sagte, wir alle begehen zuerst den gleichen Fehler. Wir ziehen unsere Kinder aus dem Verkehr, um alles wieder in Ordnung zu bringen, doch das klappt nicht. Sie nimmt an, du hast einen langen, harten Weg vor dir und es wird lange Zeit dauern – wenn es überhaupt besser werden wird.«

Das waren offene Worte. Aber ich dachte ernsthaft darüber nach. War es dumm von mir gewesen, Jess zu der Farm zu bringen? War es Zeitverschwendung, mit ihr zur Küste zu fahren? Versuchte ich nur, die Kontrolle zu übernehmen, damit ich ein besseres Gefühl hatte? Aber was war die Alternative? Es gab anscheinend keine.

»Joy meint außerdem, du solltest dich an eine Selbsthilfegruppe für Eltern von Drogensüchtigen wenden. Es gibt überall Gruppen, die sich regelmäßig versammeln. Sie findet das äußerst hilfreich und geht jede Woche hin. Sie versäumt keines dieser Treffen.«

Eine Selbsthilfegruppe kam nicht in Frage. Jessie war nicht diese Art Süchtige. Sie würde nicht lange brauchen, um mit dem Laster aufzuhören. Diese Gruppen waren für Eltern mit Langzeitsüchtigen gedacht, nicht für Eltern von Personen wie Jessie. Sie war süchtig, aber es war nicht so schlimm wie bei Joys Sohn. Zu diesem Zeitpunkt wusste ich es nicht besser.

Im Nachhinein betrachtet, gab mir Joy einen sehr guten Rat, aber es dauerte viele Monate, bis ich bereit war, ihn anzunehmen.

An diesem Abend stylte ich mich auf und ging zu dem Essen. Joe hatte gesagt, ich sollte mich dort sehen lassen, wenn ich mich danach fühlte, denn schließlich hatte ich das Ganze organisiert. Ich war erleichtert darüber, dass er die Entscheidung für mich traf. Hätte er mein Ausgehen für unpassend gehalten, hätte ich ihm beigepflichtet und wäre ebenso bereitwillig daheim geblieben.

Ich fand, ich sah ziemlich gut aus in meiner blassrosa Leinenhose und dem dazu farblich passenden Jackett, das Joe mir zum Geburtstag gekauft und das ich noch nicht getragen hatte. Ich wandte besondere Sorgfalt für meine Frisur und das Makeup auf. Niemand sollte mir ansehen, dass ich Sorgen hatte.

Das Abendessen würde eine Ablenkung sein. Sue hatte angeboten, mich zu fahren, und wenn ich erst etwas getrunken hatte, würde ich den Abend vielleicht sogar ein wenig genießen. Ich war darauf vorbereitet, fröhlich und munter zu sein. Es überrascht mich immer noch, dass ich mich manchmal in einer Gruppe, die ich gut kannte, verhalten konnte, als sei das Leben eine Party.

Ich war in einem ruhigen, ernsten Haushalt aufgewachsen, das jüngste von zwei Kindern, die Eltern bereits Ende 30. Es gab viel Liebe, wenig Humor. Wir hatten nie Spaß, machten nie irgendwelche albernen Dinge oder lachten viel. Es gab keine lustigen Familiengeschichten (wie bei unseren Kindern), die regelmäßig aufgetischt wurden und über die alle lachten und sich freuten. Es gab keine geflügelten Worte der Familie.

Keinen Sinn für Familientradition, die uns zusammenhielt. Es wurde wenig mit anderen Freunden unternommen, und die Großeltern wohnten in einem anderen Staat und wurden selten besucht. Wir hatten keine Cousins. Es war eine ziemlich trübe Zeit gewesen.

Ich erinnere mich, wie Joes Familie mich aus der Fassung gebracht hatte, als ich sie kennen lernte. Er war mein erster ernster Freund, und er hatte mich eingeladen, nach Weihnachten an dem Strand zu wohnen, wo seine Familie stets Camping machte. Ich war ziemlich nervös. Wir gingen erst seit ein paar Monaten miteinander.

Da waren sein älterer und jüngerer Bruder, seine kleine Schwester und die Eltern, die in einer kleinen abmontierbaren Hütte gleich beim Strand wohnten. Ein kleines Zelt war für mich aufgeschlagen worden – in das Joe und ich oftmals verschwanden, sehr zur gutmütigen Bestürzung seiner Eltern. Der Campingplatz erstreckte sich über ein großes Gebiet, mit Zelten, Wohnwagen und Strandhütten, die von den größten Familien bewohnt wurden, die ich jemals gesehen hatte – Omas, Opas, Tanten, Onkel, unzählige Cousins. Es war völlig anders als alles, was ich je gekannt hatte.

Ich liebte einfach alles, von der Minute an, in der mich Joe seiner Mutter vorstellte und sie mich fast sofort mit dem Namen seiner letzten Freundin ansprach. Die Familie zog sie deswegen gnadenlos auf, und Joes Mutter lachte und lachte über ihre Dummheit. Meine Mutter hätte sich ernsthaft entschuldigt.

Ich konnte nicht fassen, wie viel sie alle lachten. Beim Mittagessen, als ich sie erst ein paar Minuten kannte, verbrannte mich Joes Vater mit seinem Teelöffel. Es war ein Trick der Familie, jemand am Tisch abzulenken und ihn dann mit dem Teelöffel zu berühren, der natürlich vom heißen Tee erhitzt war. Ich fand es lustig und setzte alles daran, es ihm heimzuzahlen. Das gefiel ihm noch mehr. Joe erzählte mir später, dass sein Vater mich von diesem Moment an mochte. Ein Mädchen mit Sinn für Humor. Das Richtige für seinen Sohn. Und kurz danach durfte ich mir seine Briefmarkensammlung ansehen – ein großer Beweis seiner Billigung. Seine Mutter brauchte länger, um sich für mich zu erwärmen, wie es bei Müttern manchmal der Fall ist.

Ich war wirklich sehr zurückhaltend aufgewachsen. Freunde, die mich nicht in meiner Kindheit gekannt hatten, können es nicht glauben, wenn ich ihnen zu erklären versuche, dass ich sehr schüchtern war. Aber ältere Freunde erinnern sich, dass ich sehr wenig gesellschaftlichen Umgang gehabt und manchmal kein Wort zu sagen gewagt habe, wenn mehr als nur ein paar Leute anwesend waren. Als Joe und ich für ein Jahr in Adelaide wohnten und ich an der örtlichen High School – an der er ebenfalls arbeitete – Englisch und Geschichte in Teilzeit unterrichtete, ging ich nur ins Lehrerzimmer, wenn ich wusste, dass er auch dort sein und sich zur mir setzen würde.

Erst als wir im folgenden Jahr nach Darwin umzogen, mit einem zweijährigen Kind und einem Baby von zwei Wochen, wurde mir klar, dass ich diese Schüchternheit irgendwie überwunden hatte. Ich hatte keine Freunde oder Familie, keinerlei Unterstützung. Ich würde mir niemals Freunde machen, wenn ich nicht mit Leuten sprach. So versuchte ich bewusst, mein Verhalten zu ändern. Es war nicht leicht, doch ich fand heraus, was für mich am besten war. Je länger ich schwieg, desto schwieriger wurde es. So müssen mich viele, die mich in meiner mitteilsamen Phase kennen lernten, für die Frau mit verbalem Durchfall gehalten haben. Aber ich meisterte die Umstellung. Ich machte mir Freunde, und ich überstand zwei Jahre in Darwin.

Diese Technik wandte ich immer noch an und fühlte mich gelegentlich wie die junge Frau in Darwin. Und auch jetzt verließ ich mich auf meine extrovertierten Fähigkeiten und meinen Sinn für Humor, um den Abend zu überstehen. Ich würde ein paar Scherze machen und sie von der richtigen Spur abbringen. Ich hatte mich bereits entschieden, einfach zu sagen »Familienangelegenheiten, Sie wissen ja, wie das ist«, wenn jemand fragen würde, wo ich gewesen war. Aber Sue hatte so gute Arbeit geleistet, dass niemand es wagte, mich überhaupt mit Fragen zu behelligen. Ich gab mich fröhlich und munter. Ich schaffte sogar eine Ansprache aus dem Stegreif, als ich darum gebeten wurde. Sie war nicht großartig, aber passabel. Ich war überzeugt, dass niemand irgendetwas argwöhnte. (Viel später, als ich mich einer Kollegin anvertraute, die an jenem Abend anwesend gewesen war, sagte sie: »Ich wusste bei diesem Abendessen, dass Sie Probleme hatten.«)

Wendy war erpicht darauf, nach dem Essen eine Tasse Kaffee mit mir zu trinken. Sie bot mir sogar an, mich heimzufahren, obwohl sie in der entgegengesetzten Richtung wohnte. Ich machte Ausflüchte, mit ihr zu fahren, doch ich erkannte, dass sie unbedingt mit mir sprechen wollte. »Ich habe einige wirklich große Neuigkeiten«, sagte sie. Sie wusste, dass sie mich damit ködern konnte, und ich verabschiedete mich von den anderen und stieg in ihren Wagen. Sie fuhr zu Tilley's, einem beliebten Café, und es war offenkundig, dass sie sich nicht mehr zügeln konnte.

»Also raus mit der Sprache«, sagte ich und bemühte mich, echt interessiert zu klingen. »Was gibt es Bedeutsames?«

»Was hältst du für die erstaunlichste Neuigkeit, die ich dir erzählen könnte?«

Warum spielen wir diese Spielchen? Wir alle tun es. Wir wollen es unbedingt loswerden und wollen dennoch, dass jemand es errät. Ich machte ein paar lächerliche Versuche und wurde zunehmend verstimmter, als sie über jeden nur lachte.

Dann konnte sie es nicht länger für sich behalten und kündigte an: »Ich bin schwanger.«

Nun, dies war wirklich eine tolle Neuigkeit. Wendy war 42. Sie hatte jung geheiratet wie wir alle, war ein paar Jahre später geschieden worden und hatte dann ein sehr erfülltes Leben als Single geführt, bis sie vor drei Jahren wieder geheiratet hatte. Vor ein paar Monaten hatte sie mir anvertraut, wie schwierig sie es fand, mit der Kinderlosigkeit zurechtzukommen und dass sie die Hoffnung aufgegeben habe, noch Mutter zu werden. Ihre Liebe zu Kindern war aus der Herzlichkeit und Geduld ersichtlich, die sie als Schuldirektorin zeigte. Sie und ihr Mann waren unsere guten Freunde. Dies war eine phantastische Neuigkeit für sie.

Wir umarmten und küssten uns, und ich freute mich mit ihr. Wir sprachen ungefähr eine halbe Stunde darüber. Die Kaffeetasse wurde leer getrunken und wieder aufgefüllt.

Ich fragte mich, ob ich ihr das mit Jess erzählen sollte. Es war unpassend, ihr die gute Stimmung zu verderben. Nicht, dass sie es verurteilt hätte, doch die Aufmerksamkeit sollte ihrer guten Nachricht gelten. Die Entscheidung, ob ich es ihr sagen sollte oder nicht, wurde mir abgenommen, als sie fragte, ob ich in der vergangenen Woche krank gewesen sei. Ich hätte schwindeln können (und später wurde ich ziemlich geübt darin, wenn Leute mich wegen Jessie fragten), aber es widerstrebte mir, eine gute Freundin zu belügen. So erzählte ich es ihr. Es war das erste Mal, dass ich es jemandem erklärte. Sue und Janet zählten nicht; ich wusste, dass ich ihnen praktisch alles anvertrauen konnte. Wendy war ernst und nachdenklich und bedauerte mich, wie ich spürte, und wir sprachen eine Zeit lang über das Thema. Erst viele Monate später erzählte sie mir, dass ihr Bruder vor einigen Jahren an einer Überdosis Heroin gestorben war.

Süchtigkeit zieht das Leben so vieler Leute in Mitleidenschaft.

Ich traf Shelley am nächsten Morgen um halb zehn. Ihre Begrüßung war herzlich und freundlich, und mir fielen sofort wieder die dunklen Ringen unter ihren Augen auf, die nicht auf Müdigkeit, sondern auf harte Erfahrungen zurückzuführen waren. Ich wusste einfach, dass ich mit jemandem redete, der nicht nur die Theorie kannte, sondern mit jemandem, der die Praxis erlebt hatte.

Sie war großartig und hörte geduldig zu, als ich ihr die Ereignisse der letzten paar Wochen schilderte. Sie war nicht überrascht. Ich nehme an, sie hatte immer wieder ähnliche und viel schlimmere Geschichten gehört. Sie war es gewohnt, mit überreizten Eltern umzugehen, die verzweifelt vor Sorge waren wie ich. Und sie befasste sich ausgiebig und einfühlsam mit meinem Problem.

Sie erklärte mir ruhig, dass es Jess' Sache und ihr Problem sei und dass ich sie zwar unterstützen, jedoch nichts wirklich tun könne, um es für sie besser zu machen. Es lag an ihr. Ich musste es als *ihr* Problem betrachten und mich von dem Gedanken trennen, dass ich ihr überhaupt helfen konnte. Es klang völlig vernünftig, aber schaffte ich das?

Shelley fand die Idee, zur Küste zu fahren, prima, auch wenn Jess dort für ein paar Tage allein wohnen würde. Ich war besorgt, dass sie sich Heroin spritzen könnte, wenn ich sie allein lassen würde. Shelley fragte mich freundlich, ob ich Jessie für den Rest ihres Lebens jede Minute des Tages im Auge behalten wollte. Sie wies mich darauf hin, dass Jess überall Rauschgift konsumieren konnte, wo auch immer sie sich gerade aufhielt. Es gab keinen sicheren Platz, an dem sie nicht an Drogen herankommen konnte.

Shelley erwähnte auch, wie leicht Jess es gehabt hatte, von mir fortgebracht zu werden, damit sie einen Entzug machen konntc. Nicht alle Eltern konnten oder würden das für ihr Kind tun. Ich gewann den Eindruck, dass Shelley es leicht missbilligte, und als ich sie fragte und sie mir die Geschichte erzählte, erkannte ich auch den Grund.

Sie war von ihrem fünfzehnten Lebensjahr an fünf Jahre lang heroinsüchtig gewesen und hatte in einem anderen Staat gelebt, getrennt von ihren Eltern, die keine Ahnung von ihrer Sucht gehabt hatten. Mit 20 und mit einem zweijährigen Kind hatte sie an der Tür ihres Elternhauses geklingelt und gefragt, ob sie zum Entzug nach Hause kommen könnte. Würden sich die Eltern in dieser Zeit um sie und ihr Kind kümmern? Sie hatten zugestimmt. Sie war nie wieder rückfällig geworden.

Es war tröstlich, zu hören, wie erfolgreich sie gewesen war. Jess konnte es genauso gut schaffen. Es konnte überhaupt nicht so schwer sein, das Heroin aufzugeben.

Ich sprach etwa eine halbe Stunde lang mit Shelley, und schließlich erschien das Problem nicht geringer, aber ich sah es aus einer anderen Perspektive.

Bevor ich ging, sagte Shelley, dass sie angesichts ihrer anderen Fälle ziemlich zuversichtlich sei, dass Jess es schaffen konnte. Ich nickte heftig. Aber sie ernüchterte mich sofort, indem sie hinzufügte, dass es vielleicht diesmal nicht klappen würde, aber vielleicht in der Zukunft. Viele junge Leute wachsen aus ihrer Drogenabhängigkeit heraus. Ihre Aufgabe sei es, sie am Leben zu halten, bis es soweit war.

Diesmal konnte ich nur traurig nicken.

13. KAPITEL

Gegen Mittag brachen wir zur Küste auf. Es widerstrebte mir, dorthin zu fahren. Ich hatte begonnen, mich über die enorme Störung meines Lebens zu ärgern, die Jessie verursachte. Mir war meine Verantwortung für meine Schule bewusst, und ich war begierig darauf, wieder so etwas wie Normalität in mein Leben zu bringen. Aber um der Fairness willen muss ich sagen, dass es mein Vorschlag gewesen war, einige Zeit auswärts zu verbringen, nicht ihrer. Sie war glücklich über den Vorschlag gewesen, war enorm dankbar. Ich hatte mich dazu entschlossen, auch wenn es mich allmählich anwiderte.

Ich hatte bereits entschieden, dass wir nur eine Woche bleiben würden. In der zweiten Woche würden Lucy und Karen dort ein-, zweimal übernachten, dann würde eine von Jess' Freunden zu Besuch kommen, und den Rest der Zeit würde Jess allein verbringen. Joe war ein bisschen besorgt deswegen, und ich ebenfalls. Ganz abgesehen vom Drogenkonsum sind nicht allzu viele Achtzehnjährige gefestigt genug, um allein Ferien zu machen. Jess versicherte uns, dass dies gut für sie sein würde, und ich dachte an Shelleys Worte: dass es an ihr lag und ich unmöglich ständig auf sie aufpassen konnte.

Gegen 18 Uhr trafen wir beim Haus ein. Es überraschte uns, wie leicht wir es gefunden hatten. Obwohl man uns gewarnt hatte, war es kein bisschen schwierig gewesen, es zu finden. Wir fuhren einfach die Straße entlang, bis wir das Haus sahen, eingezwängt neben Nummer 18 – aus Holz, alt, ein bisschen heruntergekommen, mit einer Veranda, von der aus man auf den Ozean blicken konnte, genau wie es beschrieben worden war.

Es war ein entzückendes Haus, und wir freuten uns. Jess rief begeistert, als sie durch das Fenster hineinspähte, dass es sogar ein Klavier gab. Komisch, dass Lucy vergessen hatte, das zu erwähnen. Sie hatte oftmals mit Karen dort übernachtet.

Ich schob den Schlüssel ins Schloss, während Jess das Gepäck aus dem Wagen auszuladen begann. Ich hatte ziemlich unordentlich gepackt, Dinge lose in den Kofferraum geworfen, genau die Art, die Joe verabscheute. Für ihn musste alles in Behältern verstaut und systematisch verpackt werden.

An der vorderen Tür hatte ich kein Glück mit dem Schlüssel, und so nahm ich an, dass wir den Schlüssel für die Tür der hinteren Veranda hatten, von der aus man die gesamte Bucht überblicken konnte. Der Ausblick war toll. Die Beschreibung des Hauses war wirklich untertrieben gewesen. Ich sah vor meinem geistigen Auge, wie wir dort des Abends saßen, stellte mir vor, wie ich Wein nippte und Jess auf der Gitarre zupfte oder Klavierspiel die abgekühlte Luft erfüllte, während wir den Sonnenuntergang beobachteten. Ich war hingerissen und dachte für einen Moment, dass ich diese Woche vielleicht als zusätzliche Ferien betrachten und versuchen sollte, sie zu genießen.

Die Verandatür ließ sich ebenfalls nicht öffnen. Wir beide versuchten es, rüttelten, schoben und fluchten, doch alles war vergebens. Jessie war aufgeregter als ich. Obwohl sie normalerweise ziemlich ruhig blieb, konnte sie in dieser Zeit nur wenig Stress vertragen.

Wir hielten es für das Vernünftigste, wenn sie hier blieb und ich zur nächsten Telefonzelle fuhr, um Jean anzurufen, Karens Mutter, von der wir das Haus gemietet hatten. Ich war erbost, weil sie so unaufmerksam gewesen war, uns den falschen Schlüssel zu geben. Es war ihre Schuld, und sie würde das Problem für uns lösen müssen.

Ich schaffte es, höflich und freundlich zu sein, als sie sich am Telefon meldete. Ich hatte sie niemals kennen gelernt, aber Karen und Lucy waren eng befreundet, und ich wollte Lucy nicht in Verlegenheit bringen, indem ich ruppig war, was ich manchmal sein kann, wenn mir der Kragen platzt. Jean war sehr liebenswürdig. Sie entschuldigte sich für unseren Ärger, war jedoch überzeugt, dass es keine Verwechslung mit dem Schlüssel geben konnte. Sie forderte mich auf, es noch einmal zu probieren, denn manchmal hake der Schlüssel im Schloss. Sie kündigte an, später am Abend anzurufen und sich zu vergewissern, dass wir ins Haus hineingekommen waren.

Bei meiner Rückkehr spielte Jess Gitarre. Es war tröstend, das zu hören. Sie spottete über Jeans Vorschlag und erklärte, dass wir bereits alles versucht hatten. Da stimmte ich ihr zu. Wir beide waren müde und erhitzt und hatten es satt. Ich wollte auspacken, duschen, etwas essen und entspannen.

Das Sesam-öffne-dich-Spiel begann von neuem. Keine Tür ließ sich öffnen. Da konnte wohl nur ein Schlosser helfen. Ich entschied mich, diesmal von einem benachbarten Haus aus anzurufen, anstatt zur ziemlich weit entfernten öffentlichen Telefonzelle zu fahren. Jessie hatte inzwischen das meiste unseres Gepäcks vor dem Haus aufgestapelt, und während sie den Rest aus dem Wagen auslud, ging ich zum Haus gegenüber.

Die Nachbarin hätte nicht hilfsbereiter sein können. Sie sprühte sogar das Schloss mit einem speziellen Öl ein, um zu sehen, ob das half. Bei ihrem Schloss hatte es geklappt, versicherte sie uns. Sie zeigte sich überrascht, weil Stephanie ihr gegenüber nicht erwähnt hatte, dass sie das Haus vermieten würde. »Nur ein weiteres Anzeichen dafür, wie doof sie ist«, dachte ich. Zu jeder anderen Zeit wäre mir klar geworden, dass etwas sonderbar war – Karens Mutter hieß Jean, nicht Stephanie.

Wir resignierten und riefen den Schlosser an.

Während wir warteten, bot uns die Nachbarin Kaffee an. Sie war so hilfsbereit gewesen, dass ich nicht ablehnen wollte, aber das Letzte, was ich mir wünschte, war eine höfliche Unterhaltung mit einer Fremden. Wie sich herausstellte, hätte ich mir keine Sorgen zu machen brauchen, mich unterhalten zu müssen. In sehr kurzer Zeit erfuhr ich von ihrem Witwenstand, ihrem vorherigen Leben in Canberra, den Mühen des Umzugs zur Küste und ihren Krankheiten in der Folgezeit. Ich brauchte nur gelegentlich zu nicken. Ich wusste, dass es nur noch Minuten dauern würde, bis sie mir Einzelheiten über ihre Gebärmutter mitteilen würde.

Es war eine große Erleichterung, als ich den Schlosser vorbeifahren sah. Ich verabschiedete mich und dankte ihr für ihre Hilfe.

Draußen war der Van des Schlossers nirgendwo zu sehen. Jess und ich äußerten ein paar nicht druckreife Wörter über Leute, die keinen Wegbeschreibungen folgen können. Ich hatte ihm klar und deutlich die Adresse genannt. Er tauchte auch sehr bald wieder auf.

»Haben Sie den Schlüsseldienst angerufen?«, fragte er mit breitem Grinsen.

Ich erklärte ihm, dass wir alles versucht hatten und annahmen, dass etwas an dem Schloss defekt sein musste.

Er schüttelte den Kopf, sichtlich belustigt. »Mit dem Schloss ist alles in Ordnung. Es liegt an dem Haus. Sie sind beim falschen Haus. Nummer 20 steht auf der anderen Seite des Hügels. Schade für den Ausblick, aber was soll's. Das macht vierzig Dollar für die Anfahrtskosten des Notdienstes. Tut mir Leid.«

So würdevoll, wie ich konnte, schrieb ich den Scheck aus, während Jess unser Gepäck wieder in den Wagen warf. Als der Schlosser wegfuhr, wären wir vor Verlegenheit am liebsten im Boden versunken, bevor uns klar wurde, wie lustig das Ganze war.

Darüber hinaus hatte er Recht, was den schlechten Ausblick anbetraf.

Später an diesem Abend verschwand meine Verlegenheit nach einem Glas lauwarmem Wein, als Jean anrief, um sich zu vergewissern, dass wir eingezogen waren. Wir brüllten vor Gelächter über meine Blödheit. Sie war überzeugt, dass wir uns mögen würden, und ein paar Wochen später lud sie Joe und mich zum Abendessen ein. Sie hatte Recht, und wir verbrachten noch einen großartigen Abend.

Der Rest unserer Woche verlief nicht so ereignisreich. Nach einer Woche ohne Fernsehen schauten wir uns jeden Abend irgendetwas an. Wir spazierten am Strand, erkundeten die benachbarten Dörfchen (wobei Jess meistens fuhr), stöberten in den Läden und gingen ins Kino. All die Dinge, die man während einer Woche an der Küste tut. Das Wetter war kühl, genau so, wie es mir gefiel. Ein paar Mal ging Jess zum Strand, um zu schwimmen, kam jedoch zurück, weil sie es sich anders überlegt hatte.

Am Wochenende gesellte sich Joe zu uns. Wir überraschten ihn mit Lammbraten und plauderten über unsere Woche, als hätten wir einfach Ferien gemacht. Er hatte ebenfalls mit Shelley gesprochen. Es hatte mich überrascht, als er vorgeschlagen hatte, ebenfalls einen Termin mit ihr abzumachen. Er war genauso beeindruckt von Shelley wie ich, und anschließend fand er es viel leichter als ich, es als Jessies Problem zu betrachten.

Erst gegen Ende des Essens brachte er zur Sprache, was er offenbar schon die ganze Zeit hatte sagen wollen.

»Jess, was solltest du deiner Meinung nach tun, wenn der Aufenthalt hier vorüber ist? Es ist wahrscheinlich keine gute Idee, in Canberra zu bleiben.« Wir beide wussten, dass fast alle ihre Freundinnen und Freunde mehr oder weniger Umgang mit Drogen hatten. Es war zu viel von ihr verlangt, in einer relativ kleinen Stadt jeden Kontakt mit dem bisherigen Freundeskreis zu meiden.

»Ich weiß es einfach nicht, Dad. Wohin könnte ich gehen?«

»Wie wäre es, wenn du bei Sam in Adelaide wohnen würdest?«

Früher in der Woche hatte Joe angerufen, während Jessie einen Spaziergang gemacht hatte, und mir von Sams Angebot erzählt. Sam wohnte in seinem eigenen Haus, das er mit einer Untermieterin teilte. Es gab ein unbenutztes Schlafzimmer, und er war begierig darauf, dass Jess nach Adelaide kam und bei ihm wohnte.

Wir hatten Bedenken, Jess zu ihm zu schicken. Er hatte einen soliden, jedoch arbeitsreichen Lebensstil. Nachdem er in Volkswirtschaftslehre seinen Abschluss gemacht hatte, arbeitete er jetzt als Vertreter bei einer kleinen Firma und spielte immer noch Football, obwohl er Verletzungen nicht auskuriert hatte. Er war nicht wie Tony Lockett, das Football-Ass, gebaut. Sam war schlank, wog nur 72 Kilo, als er Canberra verließ, und war kaum 1,80 m. Er hatte sechs Operationen hinter sich, die fast alle auf Überbelastung zurückzuführen waren, nicht auf Verletzungen aus Zweikämpfen, und einige Knochen wurden von Schrauben zusammengehalten. Er hätte einen Sport wählen sollen, der besser zu seiner Statur gepasst hätte, und er war in mehreren Sportarten talentiert. Aber er liebte nun einmal Football.

Wir wussten, dass er Jess wirklich bei sich haben wollte und sie gut miteinander auskommen würden. Aber es schien eine so große Verantwortung zu sein. Selbst wenn wir Jessies Sucht nun als ihr Problem betrachteten, war es immer noch eine riesige Verantwortung. Joe und ich hatten uns daran erinnert, dass es in anderen Kulturen alltäglich war, dass sich ältere Geschwister um ihre jüngeren Brüder und Schwestern kümmerten. Im Großen und Ganzen hielten wir das für eine gute Idee. Und es gab niemand sonst. Wir wussten, dass sie überall auf der Welt Heroin konsumieren konnte, aber es war ihr möglich, ein neues Leben zu beginnen. Sie hatte einen Kursus in Gastronomie besucht. Vielleicht konnte sie einen Job in einem Restaurant oder als Kellnerin bekommen.

Jess fand die Idee großartig. Das Abendessen war kaum vorüber, als sie auch schon Sam anrief und eine Nachricht auf seinem Anrufbeantworter hinterließ, in der sie ihm dankte und scherzte, er würde sicherlich sein Angebot bereuen, weil er doch wisse, wie schlampig sie sei.

Am nächsten Morgen gingen Jessie und Joe zum Angeln. Sie hatte ihn gebeten, eine Angel mitzubringen. Sie hatten seit Jahren nicht mehr geangelt. Als Jessie jünger gewesen war, waren sie oftmals zum örtlichen Flüsschen gegangen, um Fische zu fangen.

Sie fuhren nach dem Frühstück in den Ort, kauften Köder und verbrachten dann den Morgen am Pier. Gegen Mittag kehrten sie mit zwei ungenießbaren Katfischen zurück, entspannt und glücklich.

Besonders Joe genoss diesen Morgen. Ich kann nicht sagen, dass er und Jess sich entfremdet hatten, aber sie waren ein paar Jahre lang nicht gut miteinander ausgekommen. Es hatte viel Spannung zwischen ihnen gegeben. Wir alle hatten das bemerkt. Den Angelausflug, angeregt von Jess, betrachtete Joe als ihren Versuch, die Beziehung zu retten. (Und sie verbesserte sich stetig. Sam bemerkte einmal: »Ein Gutes hat Jessies Drogensucht, Mum, nämlich dass Dad und Jess jetzt miteinander auskommen.«)

Ich entschied mich, am nächsten Morgen mit Joe nach Canberra zurückzukehren. Am Ende der zwei Wochen Ferien würde ich kommen um Jessie abzuholen, und in der Zwischenzeit würde sie von Lucy und Karen und am nächsten Tag vielleicht von einer Freundin besucht werden.

Ich machte mir Sorgen, sie allein zu lassen, aber ich wusste, dass ich nicht ewig bleiben konnte. Es gab reichlich Lebensmittel für sie, eine kleine Summe Bargeld für Zigaretten, Milch und Brot, und in ein paar Tagen würde Lucy bei ihr sein.

Meine Rückkehr zur Schule war schwierig. Ich war emotional erschöpft, überhaupt nicht energiegeladen für den Start ins neue Schuljahr, und obwohl ich erleichtert war, mein Leben wieder unter Kontrolle zu haben, fand ich meine Klasse sehr schwierig. Ich weiß nicht, ob ich sie ebenfalls problematisch gefunden hätte, wenn ich mich großartig gefühlt hätte. Jeder Tag war ein Kampf, und zum ersten Mal in meinem Leben hatte ich keine Freude am Unterrichten. Ich konnte keine guten Tage zählen, nur gute Schulstunden, und manchmal waren auch die selten. Am Nachmittag blickte ich immer wieder auf die Uhr und zählte die Minuten, bis es 15 Uhr war. Es war ein schwacher Trost, dass meine Klasse berüchtigt war, von anderen gemieden wurde und als Horror Nummer eins in der Schule galt. Es war *meine* Klasse, und ich hätte meine Sache besser machen sollen.

Ich hatte Schlafstörungen. Es gab kein Problem mit dem Einschlafen, aber drei oder vier Stunden später wachte ich auf, überwältigt von Trauer, und heulte. Es war mir nicht immer bewusst, dass ich für Jess weinte, nur dass ich unglaublich traurig war. Anfangs versuchte Joe, mich zu trösten, doch ich war untröstlich und zog es vor, in meiner Trauer in Frieden gelassen zu werden. Schließlich gewöhnte er sich so sehr an meinen nächtlichen Kummer, dass er mich nur noch tätschelte und weiterschnarchte.

Ich kehrte zur Küste zurück, um Jessie wie geplant abzuholen. Ihre Woche war ereignislos gewesen, doch sie hatte sie genossen. Lucy hatte mehrmals angerufen und sie besucht.

Jess und ich kehrten nach Canberra zurück. Nach dem Abendessen verbrachte sie den Abend damit, alles zu packen, was sie ihrer Meinung nach in Adelaide brauchen würde. Wir hatten vor, sie in ein paar Wochen zu Ostern zu besuchen und ihr dann alles mitzubringen oder vorab zu schicken, was sie vergessen hatte.

Ich verabschiedete mich tränenreich von ihr, bevor ich am nächsten Morgen zur Schule fuhr. Joe würde sie am Mittag ins Flugzeug setzen. Auf der Fahrt zur Schule versuchte ich, mich zu beruhigen. Meine Kollegen waren höflich genug, keine Bemerkungen über meine geröteten und geschwollenen Augen zu machen. Aber vielleicht waren sie inzwischen daran gewöhnt, mich so zu sehen.

Ich konnte immer noch nicht glauben, dass wir unsere geliebte Jess wegschickten, unser letztes Kind, weil sie drogensüchtig war.

14. KAPITEL

Adelaide kam mir jetzt so fern vor wie damals, als Sam dorthin gezogen war. Es war unmöglich, auf einen Besuch zum Wochenende dorthin zu fahren. Ebenso wenig konnte Jess für ein-, zwei Tage nach Hause kommen. Ich hatte mich allmählich bei Sam und bei Lucy daran gewöhnt, als sie das Jahr in Darwin gewohnt hatte. Wir würden uns ebenfalls bei Jessie daran gewöhnen.

Anfangs war meine Reaktion Erleichterung. Ich hatte das Gefühl, dass sie bei Sam so sicher war, wie sie es nur sein konnte. Viel sicherer, als wenn sie noch bei uns in Canberra gelebt hätte. Ein Neuanfang schien vernünftig zu sein.

Aber eine geografische Trennung reicht selten aus, um irgendein Problem zu lösen. Ich nahm an, sie würde einen Job als Kellnerin oder vielleicht im Theater finden, eine ausgezeichnete Möglichkeit, um sich Freunde zu machen. Und natürlich dachte ich, dass sie über ihre Fixerzeit hinweg war. Sie war entgiftet. Ich war überzeugt, dass sie ihr Leben in Ordnung bringen wollte. Was sonst brauchte sie noch, damit es ihr besser ging? »Es ist so gut wie geschafft«, dachte ich. Naiv und ohne eine gegenteilige Warnung – abgesehen von Shelleys Worten: »Vielleicht schafft sie es noch nicht dieses Mal«, an die ich gelegentlich denken musste –, glaubte ich, es sei vorüber.

Vielleicht helfen Entzug und ein Umzug ein bisschen. Wenn das auf die Mehrheit zuträfe, dann wäre Heroinsucht nicht das katastrophale gesellschaftliche Problem, das es heute ist.

Ich war erfreut, als Jessie eines Tages anrief und erklärte, dass sie die Versammlungen der Narcotics Anonymous (NA) besuche. Wir lachten, als sie schilderte, wie verlegen sie sich gefühlt hatte, als sie mit mehreren Mitgliedern nach einem Treffen ausgegangen war, um etwas zu trinken, und ein Bier bestellt hatte. Es entstand schockiertes Schweigen, bis eines der älteren Mitglieder freundlich erklärte, dass bei den NA alle berauschenden Substanzen verboten waren, einschließlich Alkohol.

»Eigentlich wollte ich gar kein Bier trinken, Mum«, sagte Jessie. »Sie waren alle älter als ich, und ich dachte, es würde mich entspannen und mich älter wirken lassen. Eigentlich ziehe ich Orangensaft vor.«

Ich erinnerte mich an meinen Vater, einen sehr regelmäßigen Trinker, der mir ein Bier angeboten hatte, als ich nur ein wenig älter als Jess gewesen war. »Nein, danke, Dad, ich bin nicht durstig«, hatte ich erwidert.

Er hatte mich mit echtem Erstaunen und belustigt angeschaut. »Du brauchst nicht durstig zu sein, Darling. Ich biete dir einen Drink an.«

Ich hätte damals ebenfalls Orangensaft vorgezogen. Erst Ende 30, sogar Anfang 40 begann ich zu verstehen, was mein Vater gemeint hatte. Durst hat nichts damit zu tun.

Die NA wurden ein wichtiger Teil von Jessies Leben. Sam ging häufig Freitagabends mit ihr zu einem Treffen. Er hätte nicht mehr tun können, um sie zu unterstützen, und wir waren enorm dankbar. Er begleitete sie zu NA-Ausflügen und nahm sich so viel Zeit für sie, wie er angesichts seiner eigenen Verpflichtungen aufbringen konnte.

Während dieser Zeit entwickelte Jess eine starke Freundschaft mit Sams Freundin. Sie mochten sich auf Anhieb, und sie wurde Jessies erste Freundin in Adelaide. Ihre stille Würde, ihr starkes soziales Gewissen und ihre Intelligenz, zusammen mit ihrem Sinn für Humor, gefielen sowohl Sam als auch Jess. Sie war eine junge Frau, die wir alle bewunderten. Sam erzählte mir, dass sie zu sagen pflegte, wenn sie irgendeine

Unternehmung planten: »Und was ist mit deiner kleinen Schwester? Bringe sie ebenfalls mit.« Sie hatte Psychologie studiert und einen guten Abschluss gemacht, und Jess liebte sie innig und tut das immer noch. Wir alle mögen sie. Wir alle waren glücklich darüber, dass sie dort war. Sie war klug für ihr Alter, hatte selbst mit Härten anderer Art gekämpft und hatte viel Verständnis für Jessies Probleme. Sie war auch eine enorme Unterstützung für Sam.

Es ist ein kleineres Dilemma des Lebens, wenn die Beziehungen Ihrer Kinder enden, wenn Freundinnen und Freunde, die wir gern gehabt haben – in diesem Fall besonders – nicht mehr auf der Bildfläche erscheinen. Es ist ein Problem, das ich immer noch zu lösen versuche. Mit einigen sind wir in Kontakt geblieben. Und das ist nett. Bei anderen war es aus einer Vielzahl von Gründen unpassend. Und das ist traurig. Ich erinnere mich an Dots kluge Worte, als sie gesagt hatte, es sei ihre Herzensangelegenheit, all die Freundinnen und Freunde ihrer Kinder zu mögen. Ich befolgte ihren Rat. Einige, wie Sams Freundin zu dieser Zeit, waren etwas Besonderes.

Es gab keinen Zweifel, dass Sams Leistungsabfall beim Football der Preis war, den er zahlte, weil er Jess liebte und ihr helfen wollte.

Wir sorgten uns oft, weil Sam praktisch allein mit einem schrecklichen Problem dastand. Wir riefen ihn oft an, und er wusste, dass wir nur ein Telefonat weit entfernt waren. Aber ich weiß, dass er es hart fand. Das Schwierigste, mit dem er es jemals zu tun gehabt hatte. Er liebte Jessie ungeheuer und wollte, dass es ihr besser ging. Er weihte seine engen Freunde ein, warum Jess bei ihm wohnte. Aber es ist ein schwacher Trost, wie ich selbst erfahren hatte, jemanden ins Vertrauen zu ziehen, der es nicht selbst erlebt hat. Es gibt einfach zu vieles, das sie nicht verstehen. Wie bei jedem wirklich tragischen Ereignis können nur diejenigen richtigen Trost geben, die das gleiche Trauma erlebt haben. Diese Leute wissen, wie es ist. Andere können freundlich und mitfühlend sein. Aber sie wissen nicht, wie es ist.

Sam hat vor kurzem Joe erzählt, wie sehr sein Footballspielen in diesem Jahr litt. Es gab viele Abende und Nächte vor Spielen, besonders gegen Ende des Jahres, an denen er sich nicht konzentrieren und geistig vorbereiten konnte, wie es für diese Spielklasse nötig ist. Ich bemerkte einmal sogar, nachdem er schwach gespielt hatte und aus der Mannschaft herausgeworfen wurde: »Wenn wir nur seinen Trainer anrufen und erklären könnten, was er in dieser letzten Woche und besonders in der Nacht vor dem Spiel durchgemacht hat.« Aber das konnten wir natürlich nicht tun. Es kam nicht in Frage. Er spielte in der höchsten Klasse, wo einzig und allein die Leistung zählte. Und so sollte es sein. Seine Unruhe und sein Schmerz waren privater Natur und kamen erst Monate später wirklich zum Vorschein.

Kurz nachdem Jess mir erzählt hatte, dass sie die Treffen der NA in Adelaide besuchte, wurde mir klar, wie schlecht informiert ich über Drogensucht war. Ich hatte mich mit dem anfänglichen Schock abgefunden, Jess war in Adelaide und ich wurde nicht Tag für Tag mit ihrer Sucht konfrontiert, und so beschäftigte ich mich zum ersten Mal richtig mit dem Thema Heroinsucht. Jetzt war ich bereit, einige Informationen zu sammeln.

Ich hatte häufig in Buchhandlungen gestöbert und nach in Frage kommenden Titeln gesucht. In der Abteilung für Selbsthilfe-Bücher hatte ich begonnen und dann die Titel der Gesundheits-Ratgeber überflogen. Nirgendwo stand das Wort »Heroin« im Titel, und auch »Drogen« kam nicht vor. Wo standen die Bücher *Heroin und Ihr Kind* und *Was tun, wenn Ihr Kind Drogen nimmt?* Ich konnte überhaupt nichts dergleichen finden. Und es war mir zu peinlich, danach zu fragen. Ich wollte nicht mitten unter Fremden als die Mutter einer Drogensüchtigen identifiziert werden. Nicht, weil ich mich schämte, glaube ich, sondern weil dies eine sehr private Angelegenheit war.

Ich entschied mich, Informationen zu sammeln, indem ich ein Treffen der Narcotics Anonymous in Canberra besuchte. Ich brachte das Thema bei Joe zur Sprache, erklärte ihm, dass Jess so viel Unterstützung bei ihrer NA-Gruppe fand und ich deshalb mehr über NA erfahren und eine Versammlung besuchen wollte. Er zeigte keine wahre Begeisterung für die Idee und meinte, ich bräuchte keine weiteren Informationen. Es wäre mir lieb gewesen, wenn er mich begleitet hätte, aber ich verstand, dass er die Dinge allein verarbeiten musste.

Ich wollte jedoch nicht allein zu einem Treffen der NA gehen. Ich hatte das unangenehme Gefühl, dass ich es bedrückend und peinlich finden würde. Ich hatte meine »Traurigkeitsanfälle-während-der-Nacht«-Phase, in der ich nie meine Gefühle unter Kontrolle hatte. Wenn ich einen schlechten Tag in der Schule gehabt hatte, war mir zum Heulen zumute. Ein böses Wort von Joe, und ich war in Tränen aufgelöst, anstatt ihm Kontra zu geben. Jeder Optimismus, den ich zuvor gehabt hatte (und einige Leute behaupten, ich hätte eine Menge davon gehabt), verschwand, zusammen mit meinem Selbstvertrauen.

So entschloss ich mich, Michael, Sues Ehemann, zu bitten, mich zu begleiten. Ich brauchte jemanden, der unerschütterlich bleiben und die Kontrolle behalten würde, wenn ich aus der Fassung geraten sollte.

Ich überlegte hin und her, was ich anziehen sollte. An diesem Tag hatte ich in der Schule Jackett und Hose getragen. Das schien mir für ein NA-Treffen nicht das Richtige zu sein. Ich zog einen blauen Trainingsanzug an.

Michael und ich redeten während der 20-minütigen Fahrt dorthin pausenlos miteinander. Über die Schule, denn er unterrichtete ebenfalls, über seine Kinder (ich war Patin von einem), über alles Mögliche, um die Zeit auszufüllen. Ich wurde sofort ruhig, als wir vor dem Schulgebäude hielten, in dem die Versammlung stattfand. Einige Leute standen draußen und rauchten. (Wenn Sie versuchen, schwere Drogen aufzugeben, zählt Nikotin nicht.)

»Meinst du, dies ist eine gute Idee, Michael? Vielleicht sollte ich einfach Jess über die Sucht befragen.«

»Kommt nicht in Frage. Wir sind jetzt hier, und wir gehen rein. Komm mit.«

Als ich aus dem Wagen gestiegen war, ergriff er meine Hand und ließ sie erst los, als wir den Raum betraten.

Der Saal war groß, und etwa 40 Stühle standen im Kreis. Der Durchmesser war so groß, dass es schwierig war, mit den anderen Personen Blickkontakt zu halten. Ich war dankbar für meine Entscheidung, den Trainingsanzug anzuziehen. Mit Jackett und Hose wäre ich noch mehr aufgefallen. Wir setzten uns auf zwei freie Stühle, und der Saal füllte sich schnell. Ich hatte keine Ahnung, was mich erwartete, und fühlte mich fehl am Platz und befangen.

Das Treffen wurde eröffnet, indem die Leiterin aus dem NA-Buch vorlas und dann das Buch an die nächste Person im Kreis weiterreichte, damit sie fortfuhr. Ich war sofort besorgt und schätzte die Zahl der Leute, die vor mir drankommen würden. Was sollte ich tun, wenn ich an der Reihe war? Ich war keine Süchtige, und das Vorlesen hatte nach dem, was ich verstand und mir zusammenzureimen versuchte, mit Genesung zu tun. Mir kam nicht in den Sinn, das Buch an die nächste Person, Michael, weiterzureichen, der meinem Beispiel gefolgt wäre und es an seinen Nachbarn weitergegeben hätte.

Drei Leute vor mir hörte das Vorlesen auf. Mir fiel vor Erleichterung ein Stein vom Herzen. Aber nur vorübergehend. Der Kreis begann von neuem. Die Leiterin fing an. »Mein Name ist Kylie, und ich bin eine Süchtige. Ich bin seit zwei Jahren clean.« Und dann die nächste Person. Einige beendeten die Vorstellung mit »Ich bin seit heute clean.« Andere nannten nur ihren Namen und gaben an, dass sie süchtig seien. Einige hatten heute Rauschgift genommen, manche vermutlich gestern, doch sie nahmen sich immer noch die Zeit und gingen zu einem Treffen, um wieder gesund zu werden.

Als die Leiterin näher zu mir kam, wurden meine Handflächen feucht und ich atmete flacher. Ich bin normalerweise nicht nervös, wenn ich öffentlich sprechen muss. Es ging schließlich nur um meinen Namen und eine Erklärung, weshalb ich anwesend war. Aber ich fand es sehr schwierig, etwas zu sagen. Meine Stimme versagte sogar. »Ich bin Imogen. Ich bin keine Süchtige. Meine Tochter ist süchtig und besucht die NA in Adelaide. Ich wollte herkommen und sehen, wie so etwas funktioniert, denn die NA haben ihr viel Beistand geboten.« Meine Stimme war immer leiser geworden. Ich hatte einer Gruppe von Fremden offenbart, dass meine Tochter eine Süchtige war.

Warum war ich so empfindsam? War es nur die allgemeine Verfassung, in der ich mich befand, und dies war nur ein weiteres Beispiel dafür? Oder lag es daran, dass ich mich mit Jessies Abhängigkeit abfand und zum ersten Mal die Tatsache anerkannte, dass sie eine Süchtige war und genauso litt wie diese Leute?

Und wie sie litten! Und kämpften. Ich hörte erschüttert zu, als die Leiterin einige aufforderte, ihre Erfahrungen mitzuteilen. Einer war seit sieben Jahren clean. »Der braucht bestimmt nicht mehr herzukommen«, dachte ich. Aber als ich seine Geschichte hörte, wurde mir klar, dass er immer noch regelmäßig an den Versammlungen teilnahm. Ein anderer nahm seit zwei Monaten kein Rauschgift mehr. Alle erzählten traurige Geschichten, wie sie ihren Drogenkonsum verabscheut hatten, wie sie das Selbstvertrauen und die Selbstachtung verloren und sich wertlos und nutzlos gefühlt hatten – so, wie viele in unserer Gesellschaft einen Drogensüchtigen beurteilen. Und sie erzählten, wie sie jetzt gegen scheinbar unüberwindliche Hürden Tag für Tag darum kämpften, clean zu bleiben und etwas Kontrolle über ihr Leben zu gewinnen. So musste es auch für Jessie sein. Aber war sie so schwer süchtig wie diese Leute? Wie wenig ich über Rauschgiftsucht wusste.

Ich fühlte Demut, als ich zuhörte. Und ich hatte Achtung vor ihren Bemühungen. Ich fragte mich, ob ich ihren Mut aufbringen würde. Vor diesem Treffen hatte ich keine Ahnung gehabt, wie unglaublich hart es ist; ich hatte gedacht: »Einfach entziehen und dann das Leben fortsetzen.«

Ich wollte ihnen sagen, wie hilfreich das Treffen für mich gewesen war. Dass ich ein »Eindringling« war, wie einer mich bezeichnete, aber kein feindseliger. Ich wollte ihnen sagen, wie sehr ich es schätzte, dass sie ihre Geschichten mit mir geteilt hatten.

Dazu bekam ich bald Gelegenheit. Als ich sicher war, dass eine junge Frau zu Ende gesprochen hatte, fragte ich die Versammelten ruhig, ob ich etwas sagten durfte.

Als ich Jessie davon erzählte, war ihre Reaktion so wie meine jetzt ist. Sie war völlig entsetzt. »Oh, Mum, das hast du nicht getan. Das hast du nicht getan. Sag mir, dass du es nicht getan hast!«

»Doch, Jess, ich habe es getan. Und ich erkannte sofort, dass es völlig falsch war. Aber es war zu spät. Es war geschehen.«

»Was ist passiert?«, fragte Jess, immer noch eine Hand vor dem Mund.

Ich erklärte es und war immer noch verlegen. Vierzig Augenpaare hatten sich auf mich gerichtet. Ich hatte das Unverzeihliche getan und jemanden unterbrochen, der sich mitteilen wollte. Ich hatte nicht erkannt, dass sie nur eine Pause eingelegt hatte. Die Leiterin wirkte verblüfft. Warum sollte ich überhaupt etwas sagen? Es war ein Treffen für Süchtige.

»Ja, Sie können später reden, aber jetzt noch nicht. Wir sind mitten in einer Sitzung.«

Ich nickte, ärgerlich, weil ich das Falsche getan hatte, und ich fühlte mich noch unbehaglicher.

Als sie mich schließlich mit einem Nicken zum Sprechen aufforderte, entschuldigte ich mich für die Störung, dankte ihnen ruhig dafür, dass sie mich hatten teilnehmen lassen, und erklärte, dass ich jetzt verstand, wie schwierig es ist, clean zu werden und zu bleiben, und dass ich großen Respekt vor ihrem Kampf hatte. Ich erinnere mich nicht, wie ich es formulierte, aber es muss in Ordnung gewesen sein. Die junge Frau, die ich unterbrochen hatte, sagte mir nach dem Treffen, dass sie meine Worte toll gefunden habe und mir dafür danke. Sie war es, bei der ich mich bedanken musste.

An diesem Abend begann ich zu verstehen.

Ich denke oft an die Narcotics Anonymous.

Die NA ist ein gemeinnütziger Verein für Männer und Frauen, für die Drogen ein großes Problem darstellen. Die Mitglieder sind genesende Süchtige, die sich regelmäßig treffen, oftmals täglich, manchmal sogar mehrmals am Tag, um einander zu helfen, clean zu bleiben. Es ist ein Programm für völlige Abstinenz von allen Drogen. Die einzige Bedingung für die Mitgliedschaft ist der Wunsch, mit dem Drogenkonsum aufzuhören. NA ist keiner anderen Organisation angeschlossen, kostet keine Gebühren oder Beiträge, und es sind keine Gelübde zu leisten oder Versprechen abzugeben. Es gibt keine Verbindung zu irgendwelchen politischen, religiösen oder anderen Gruppen. Jeder kann beitreten, ungeachtet des Alters, der Rasse, des Geschlechts, der Konfession, der Frömmigkeit oder dem Mangel daran.

NA definiert »Süchtige« als Personen, bei denen der Konsum von berauschender Substanz ihr Leben bestimmt. NA definiert »Sucht« als eine Krankheit. Die Philosophie, die dahinter steht, besagt, dass der Süchtige ungewollt dazu geworden ist.

Der Gedankenaustausch mit anderen Süchtigen ist ein wesentlicher Bestandteil des Programms. Die Hilfe, die nur von einem anderen Süchtigen kommen kann, besagt »Mir ist ebenfalls so etwas passiert, und ich habe Folgendes getan …« und basiert auf der Erkenntnis, dass ein Süchtiger einem anderen Süchtigen am besten helfen kann. Es wird aktiv zu Patenschaften und besonderer Fürsorge für andere Süchtige ermuntert. Erfahrungen zeigen, dass diejenigen, die am meisten von NA profitieren, die sind, für die Patenschaften eine wichtige Rolle spielen.

Anonymität ist die Grundlage aller NA-Traditionen. Die Betonung der Prinzipien hat Vorrang vor der Persönlichkeit. NA glaubt, dass persönliche Schicksale zwar verschieden sind, ein Faktor jedoch auf alle Süchtigen zutrifft: zwanghaftes Verhalten. Aber indem sie sich selbst sagen NUR FÜR HEUTE und weiterhin zu den NA-Treffen gehen, können sie wieder gesund werden. NA glaubt, dass Drogensüchtige niemals geheilt werden können – sie tragen die Krankheit für den Rest ihres Lebens in sich –, dass sie jedoch jeden Tag eine Chance haben.

Ostern konnte nicht schnell genug für mich kommen. Ich freute mich riesig auf die Reise nach Adelaide. Während andere Leute unseres Alters und Standes überschüssiges Geld in Aktien investieren, gaben wir alles Geld, das wir erübrigen konnten, für Reisen nach Adelaide aus. Es war keine billige Reise, und in den sechs Jahren, in denen Sam dort wohnte, schafften wir es, ihn mindestens ein paar Mal pro Jahr zu besuchen. Er fand es schwierig, zu uns zurückzukehren, weil ihn der Football und die anderen Verpflichtungen in Anspruch nahmen. Joe schaffte es oftmals in Zusammenhang mit Geschäftsreisen, einen Ausflug dorthin zu machen, und ich begleitete ihn manchmal. Die Kosten bereuten wir nie. Es war wie mit der Telefonrechnung. Wenn Sie mit Ihren Kindern in Verbindung bleiben wollen, müssen Sie mit ihnen telefonieren und sie besuchen. Mit der Pension würden wir schon auskommen. Außerdem war nach ernsten gesundheitlichen Problemen die Lebensqualität jetzt wichtig für uns beide. Besonders für Joe.

Sam und Jess waren beide am Flughafen und begrüßten uns. Jessies Äußeres bildete einen starken Kontrast zu Sams strahlender Gesundheit und seiner Fitness. Sie sah aufgedunsen aus, ihre rapide Gewichtszunahme war nicht gleichmäßig über ihre schlanke Gestalt verteilt. Sie war gepflegt – ich nehme an, weil wir eintrafen –, aber ihr Gesicht war blass, sie hatte Ausschlag und ihr Blick war glanzlos. Und die Rastalocken, die ihrem Auftritt vor Weihnachten zum Opfer gefallen waren, waren wieder da, jetzt noch übertriebener.

Sie freute sich, uns zu sehen, und wir verbrachten eine angenehme Zeit miteinander, machten Einkaufsbummel, gingen zum Strand, sahen uns ein Footballspiel an, in dem Sam mitspielte, und gingen danach zum Abendessen aus. Jess und Sam genossen offensichtlich ihre gemeinsame Zeit und scherzten und lachten oft miteinander. Aber die Dinge waren nicht in Ordnung. Wir erkannten im Gespräch, wie einsam und verloren sie sich fühlte. Sie ging wieder zu den Treffen der NA, aber sie hatte kein richtiges Ziel und nichts, um ihre Zeit auszufüllen. Sie hatte einen halbherzigen Versuch unternommen, Arbeit zu finden, aber mir wurde nun klar, dass sie nicht die geistige Kraft hatte, sich mehr zu bemühen, so viel Energie wandte sie dafür auf, clean zu bleiben.

Als wir Adelaide verließen, waren wir besorgt. Jess hatte nicht den Fortschritt gemacht, den wir erwartet hatten.

Ein paar Wochen nach unserer Rückkehr nach Canberra rief sie an einem Sonntagmorgen früh an. Wir sprachen über die

Ereignisse seit unserem letzten Besuch, und dann erzählte sie mir von ihren Plänen.

»Mum, ich habe viel nachgedacht und überlegt, was ich tun sollte. Und ich habe mit NA-Leuten geredet, um zu hören, was sie meinen. Es ist so, dass ich anscheinend nicht weiterkomme.«

Ich war mir nicht sicher, was sie meinte. War sie nicht immer noch clean? Konnte sie nicht bald einen Job bekommen? War das kein Weiterkommen?

»Das ist es nicht, Mum. Ich bin noch clean, aber ich brauche etwas mehr als die NA. Ich glaube, ich gehe für einige Zeit in die Rehabilitation. Es gibt eine sehr gute Reha-Klinik hier in Adelaide, und viele Leute habe sie mir empfohlen.«

Bei mir begannen Alarmglocken zu schrillen. Warum sprach sie von einem Rehabilitations-Zentrum? Gewiss waren diese Einrichtungen nur für Langzeit-Drogensüchtige mit schweren Leberschäden bestimmt. Das traf auf Jess nicht zu. Sie war nur eine gelegentliche Fixerin, deren Konsum außer Kontrolle geraten war.

»Liebling, ich kann dir nicht sagen, was du brauchst. Aber ist das wirklich nötig? Ist das nicht übertrieben? Musst du wirklich in eine Reha-Klinik gehen?«

Warum konnte es nicht so bleiben wie bisher? War dies nicht übertrieben dramatisch?

Wenn sie mir gesagt hätte, wie sie sich wirklich fühlte, wie intensiv und langfristig ihr Konsum gewesen war, wie sie sich allzeit mit dem Gedanken quälte, sich wieder einen Schuss zu setzen und dass sie sich so elend fühlte, dass sie leicht schwach werden konnte – dann hätte ich verstanden. Aber wie stets wollte uns Jess nicht beunruhigen, wenn sie es vermeiden konnte. Schließlich überzeugte sie mich davon, dass die Rehabilitation das war, was sie brauchte. Oder eher, dass sie es tun würde. Irgendwann sagte sie bei dem Gespräch: »Ich muss nicht unbedingt die ganzen drei Monate dort bleiben, Mum. Vielleicht nur drei Wochen.«

Ich stoppte sie auf der Stelle. »Nein, Jessie. Wenn du hingehst, dann solltest du es richtig machen. Kein Aufgeben auf halbem Weg. Du hast die Behandlung in der Entziehungsanstalt abgebrochen, bevor das Programm beendet war. Du solltest bis zum Ende durchhalten. Und wenn du wirklich ein anderes Verhalten lernen willst, wird das nicht in drei Wochen gelingen.«

»Ich weiß das, Mum. Es wird nicht über Nacht gelingen. Aber es wird klappen.« Wir beide lachten über ihre Parodie eines populären Werbeslogans. Ich frage mich, ob dem Urheber jemals klar geworden ist, wie viele Leute ihn zitieren, ohne sich genau an das Haarpflege-Produkt zu erinnern, für das er warb.

Zum Schluss ihres Anrufs sagte sie mir, dass sie am nächsten Tag von einem Berater eingeschätzt werden würde, um festzustellen, ob sie die Richtlinien für die Aufnahme in die Reha-Klinik erfüllte, was noch nicht feststand. Wenn man sie aufnehmen würde, dann würde es vermutlich noch eine Woche dauern, bis ein Platz frei sein würde.

Am nächsten Abend rief sie uns an, dass sie am folgenden Monat in die Klinik gehen würde. Bis dahin musste sie dort täglich anrufen, um ihre gute Absicht zu zeigen.

Später in dieser Woche schickte Sams Freundin mir Einzelheiten über das Rehabilitationszentrum. Ich wusste ihre Aufmerksamkeit sehr zu schätzen.

Die Klinik hieß The Woolshed und befand sich bei Strathalbyn im südlichen Hügelland, ungefähr 60 Kilometer von Adelaide entfernt. Es war eine 28 Hektar große Farm mit einer kleinen Herde Aberdeen Angus Rindern, Obst- und Gemüsegärten, Geflügel und anderen Nutztieren. Die Patienten wohnten in einer der drei Holzhütten. In anderen Gebäuden gab es das Verwaltungsbüro, Erholungs- und Versammlungsbereiche, eine Werkstatt und Freizeitanlagen. Die Atmosphäre war ruhig und entspannt und diente dem Zweck, inneren Frieden und Stabilität zu erlangen.

The Woolshed war eine staatliche Therapie-Einrichtung für Leute, die drogen- und/oder alkoholsüchtig waren. Eine therapeutische Gemeinschaft ist eine streng gegliederte Umgebung mit Regeln und Richtlinien, die die Grundlagen für eine persönliche Entwicklung und Verhaltensänderung legen sollen. Betroffene Personen arbeiten zusammen, um sich und anderen Patienten zu helfen.

Es gab keine einzige Aktivität oder Therapie im The Woolshed, die als »Heilbehandlung« bezeichnet wurde. Stattdessen funktionierte das Programm durch die Bewohner, die Erfahrungen austauschten und sich an gemeinsamen Aktionen beteiligten.

Es gab vier Hauptregeln der Gemeinschaft:

- Keine Drogen
- Keine Gewalt
- Kein Diebstahl
- Keine sexuellen Beziehungen

All die Aktivitäten dienten dazu, den Bewohnern zu helfen, die Veränderung von einem oftmals chaotischen und verantwortungslosen Lebensstil zu einem normaleren zu schaffen. Wo auch immer es möglich war, schloss das Programm Aktivitäten und Erfahrungen ein, die im Einklang mit einer gesunden Lebensweise waren. Eine normale Arbeitswoche war die Grundlage für Aktivitäten des Programms. Die Abende und Wochenenden waren weniger streng gegliedert. Die Bewohner wurden statt in Schlafsälen in Holzhütten im Familienstil untergebracht.

Es gab keine vorgeschriebene Aufenthaltsdauer. Stattdessen wurden die Bedürfnisse jeder einzelnen Person eingeschätzt und entsprechende Entscheidungen getroffen, aber die meisten wurden ermuntert, drei bis sechs Monate zu bleiben.

Das Programm funktionierte unter der Voraussetzung, dass sich die Rückkehr für die Bewohner in das Leben der Gesellschaft so schnell wie möglich vollzog. Es gab eine Reihe von Übergangsheimen nahe bei der Stadt, die für diejenigen zur Verfügung standen, die eine Aufenthaltszeit im The Woolshed erfolgreich beendet hatten.

All dies klang gut.

Doch dann gelangte ich an den Absatz, in dem es hieß:

Da die Gemeinschaft auf diejenigen Personen abgestimmt ist, die lange bestehende und schwer wiegende Drogenprobleme haben, und nicht auf auf Personen mit kurzzeitigem oder experimentellem Drogenkonsum, ist eine völlige Abstinenz Grundlage für die Aufnahme.

Ich las all die Aufnahmebedingen, um zu sehen, ob sie Ausnahmen machten. Ganz im Gegenteil.

... bei den Aufnahmekriterien wird große Sorgfalt aufgewandt, um sicherzustellen, dass diejenigen akzeptiert werden, die einen Aufenthalt nötig haben.

Im Großen und Ganzen sind die Anforderungen folgende:

- *Alter von 16 bis ungefähr 40*
- *Höchstens zweijähriger Drogenmissbrauch*
- *Probleme mit einzelnen oder mehreren Drogen wie zum Beispiel Alkohol, Rauschgift, Amphetamine oder verschreibungspflichtige Medikamente*
- *Ein gewisses Maß an persönlicher Motivation in Hinblick auf die Bereitschaft zur Veränderung*

Jess war geprüft und aufgenommen worden. Das musste bedeuten, dass sie »lange bestehende und schwer wiegende Drogenprobleme« haben musste und sie keine »kurzzeitige und experimentelle« Drogenkonsumentin sein konnte – es war viel beruhigender gewesen, Letzteres von ihr anzunehmen.

Diese Erkenntnis, zusammen mit der Erfahrung beim NA-Treffen und Jessies starke Identifizierung mit den Leidensgenossen, machten mir bewusst – richtig bewusst, nicht nur irgendwo im Unterbewusstsein –, dass wir das Problem nicht überstanden hatten. Es war viel größer, als ich angenommen hatte.

Wir begannen die zwei Wochen, in denen sie keinen Kontakt mit uns haben durfte, mit gemischten Gefühlen. Es konnte keine Post geschickt oder erhalten werden, keine persönlichen Telefongespräche geführt oder angenommen werden (mit Ausnahme zwischen Patienten und ihren Kindern). Der Kontakt von außen war auf Notfälle beschränkt. Nach diesen zwei Wochen konnte sie einmal pro Woche telefonieren, was sich allmählich bis zu einem zehnminütigen Anruf jeden Abend steigern würde.

Ich begann ihr zu schreiben. Ich gab die Briefe wie üblich bei der Post auf und wusste, dass man sie ihr erst nach Ablauf der zwei Wochen aushändigen würde, aber ich dachte, wie gut es ihr tun würde, wenn sie sofort etwas von daheim erhalten würde. Ich war besorgt, unruhig, aber ich wusste auch, dass sie im Grunde so sicher war, wie sie nur sein konnte. Ihren ersten Brief lasen wir mit Erleichterung.

17. Mai

Liebe Eltern,

es ist Freitagmorgen, und die Sonne scheint. Die Luft ist ein bisschen frisch, so wie an einem Morgen in Canberra.

Ich hatte nicht erwartet, mich leicht in die Gemeinschaft einzugewöhnen, und ich hatte Recht behalten. An meinem ers-

ten Nachmittag hätte ich mich am liebsten in einer Ecke verkrochen und wäre verschwunden. Aber alle waren besonders freundlich und hießen mich willkommen.

Es gibt drei Gruppenhäuser, alle äußerst schön. Holzhütten zwischen sanften Hügeln. Alle arbeiten hier und jeder leistet seinen Anteil.

Um 7 Uhr 30 werden wir geweckt, was grausam ist, wie ihr euch vorstellen könnt. Wir essen um 7 Uhr 45 und lesen aus Büchern mit Genesungs-Berichten. Das Begrüßen am Morgen ist eine der härtesten Aufgaben des Tages, aber wenn das alles ist, was im Moment schwierig ist, dann ist es bei mir okay.

Heute habe ich ein persönliches Programm gestartet. Ich muss jeden Tag eine Entspannungs-Aktivität machen (Es heißt, wenn man sie erst meistert, sind sie gleichbedeutend mit vier Stunden Schlaf!) Ich muss ebenfalls zweimal pro Tag meine Überzeugungen mit lauter Stimme sagen.

Meine lauten: ICH HABE WILLENSKRAFT und ICH HABE ZUVERSICHT.

Die Patienten hier müssen sich dreimal pro Woche anderen Patienten mitteilen. Ich hatte heute mein erstes Gespräch, mit einem Jungen, der seit drei Monaten hier ist. Und ich denke, wenn ich mich nur an eine Sache von jedem Gespräch erinnern kann, dann habe ich zusätzlich etwas, über das ich nachdenken und an dem ich arbeiten kann …

Es ist schwer, sich wirklich auf den Aufenthalt hier zu konzentrieren und nicht an draußen zu denken. So werde ich mich nur auf den jeweiligen Tag konzentrieren, anstatt es als dreimonatigen Aufenthalt zu betrachten.

Es ist ziemlich ätzend, zu erkennen, dass Probleme, die schlafend unter der Oberfläche gelegen haben, jetzt wieder auftauchen, Probleme, von denen ich wenig gewusst hatte …

18. Mai

Mein erstes Wochenende. Ich sah Sam gestern Abend bei der Versammlung. [Er war eigens zum NA-Treffen gegangen, das von Woolshed-Patienten besucht wurde, um Jess zu sehen.] *Mir war nicht klar, wie sehr er mir fehlt, bis ich ihn sah. Man will hier jedoch, dass er nur alle 14 Tage kommt, damit ich mich auf NA konzentrieren kann, nicht auf ihn.*

Ich habe meine Plakette »für 30 Tage clean« bekommen [sie hatten das Bier berechnet], obwohl ich das Gefühl habe, es müssten fast drei Monate sein …

Bei einem ihrer ersten Anrufe erzählte sie uns, sie habe dort gesagt, dass sie nicht daran gewöhnt sei, so früh aufzustehen und es ihr deshalb schwer fiele, gleich nach dem Aufwachen interaktiv zu sein. Sie dachte, dass man vielleicht mehr Verständnis für ihre Schroffheit haben würde. Man hatte mit der perfekten Lösung aufgewartet, über die selbst sie herzhaft lachen musste. Es war keine Lösung, nach der sie sich sehnte, aber sie funktionierte sehr gut.

30. Mai

Lucy kommt morgen zu Besuch. Ich kann es kaum erwarten, sie zu sehen.

… ich bin für den Hühnerstall eingeteilt worden. Das heißt, dass ich mich um die Hühner kümmern muss, sie füttern und ihren stinkenden Stall sauber halten muss. Ich muss jetzt um 6 Uhr 45 aufstehen!!! In der ersten Woche war das fast lustig. Das Bild des Farmermädchens war neu für mich, und so eine Verantwortung zu haben, gab mir das Gefühl, einen Platz in der Gemeinschaft gefunden zu haben. Jetzt jedoch wäre es mir scheißegal, wenn die Viecher alle krepieren würden. Ich hasse den stinkenden Stall, ich hasse es, zu so einer unchristlichen

Zeit aufzustehen, und der alte Dreck unter den Fingernägeln ist widerlich. Es ist erstaunlich, dass ich um 8 Uhr eingeschlafen bin.

Heute hatte ich meinen ersten Kriegsrat. Das ist, wenn man eine zusammengefasste Erklärung abgibt, wie man meint, die vergangenen vierzehn Tage verbracht zu haben, und wenn die anderen ihren Senf dazugeben, den sie als Feedback bezeichnen. Ich war ziemlich besorgt. Diese Gespräche führen oft zu Konfrontationen und manchmal kommt es vor, dass man von allen zur Sau gemacht wird. Zum Glück ersparte man mir blöde Laberei, und ich hörte nur angenehme Dinge (wartet nur, bis sie mich richtig kennen lernen). Die Leute kommen und gehen hier ziemlich oft. In zwei Wochen haben uns vier verlassen und vier sind eingetroffen. Ich habe eine neue Zimmergenossin, was bedeutet, dass ich ihr erklären musste, wie es funktioniert, und mich um sie kümmere. Riesige Aufgabe, da ich selbst erst eine Woche hier bin, aber man hat mir gesagt, ich hätte das prima hingekriegt.

Die Leute in meinem Haus sind alle ziemlich cool. Zwei Jungs und jetzt vier Mädchen. Eine der Frauen ist 18 Monate clean und fühlte sich ziemlich zitterig, so kam sie hierher, bevor sie rückfällig wurde. Das ist recht ungewöhnlich, und es nervt andauernd, ihr Ich-weiß-alles-Getue zu ertragen. Die Jungs sind Spitze, und es ist ein großer Vertrauensbeweis für sie, dass sie im Haus mit den Mädchen wohnen dürfen. Ich habe viel mit ihnen gelacht und mit beiden tiefe und bedeutungsvolle Unterhaltungen geführt.

Eine der größten Erwartungen, die man in uns setzt, ist, dass wir unsere Meinung aussprechen. Wenn uns das Verhalten von jemandem stört, müssen wir es sagen. Das ist hart, und ich fange erst an, das zu tun.

Im Grunde ist alles ziemlich herausfordernd. Ich nehme an, dass jeder (süchtig oder nicht) herkommen und »Persönlichkeitsentwicklung« erfahren kann. Es ist ein wirklich gutes (blö-

de Bezeichnung) Programm. All die Regeln und Richtlinien sind endlos, und ich bin es bereits leid, den Jargon zu hören: »Eines Tages, irgendwann«, »immer mit der Ruhe«, »Bewusstsein«, »Feedback«, »sag es, wie du es siehst« und so weiter (die Liste ist endlos). Eines der härtesten Dinge ist das Durchhalten. Ich hoffe so sehr, dass ich es nicht leid werde, bevor meine Zeit um ist.

Ich bin überzeugt, die richtige Entscheidung getroffen zu haben, und ich glaube, dass mein Schreibstil beschissen ist. Das ist mir so bewusst, wenn ich euch Koripfäden schreibe – schließlich seid ihr Leerer, äh, Lehhhrer und so. [Hier hatte sie absichtlich Fehler eingebaut.] *Ihr werdet es entschuldigen müssen.*

Es gibt noch so vieles zu erzählen. Bestimmt wird Lucy euch die Einzelheiten berichten. Danke für die Briefe, ich habe mich darüber gefreut.

Ich liebe euch beide sehr und kann es kaum erwarten, euch etwas von dem wiederzugeben, was ich von euch genommen habe. Es ist so gut, zu wissen, dass ihr immer für mich da seid. Ich bin glücklich.

Ihr fehlt mir!
Ich umarme und küsse euch.
Jess.

Sie hatte Recht. Ihr Schreibstil und auch die Orthografie waren ziemlich mäßig, und ich habe die Fehler korrigiert, bevor ich die Briefe kopierte. Aber es war ein Trost, dass sie ihren Sinn für Humor behalten hatte.

Kurz nach diesem Brief reisten wir für das Wochenende zum 70. Geburtstag von Joes Mutter nach Tasmanien. Wir nahmen Lucy mit, die Dots erstgeborenes Enkelkind und das Einzige unserer Kinder war, das freihatte. Jess war enttäuscht, weil sie nicht mitkommen konnte, besonders weil ihr die Gelegenheit entging, die Bekanntschaft mit ihrer Kusine Emily zu erneuern, die oft bei uns gewohnt hatte, als sie und Jess beide Teenager gewesen waren.

Diesmal schrieb Jess getrennt an Joe und mich.

5. Juni

Liebe Mama,

ich freue mich, von dir Briefe zu erhalten, und ich habe das Gefühl, mehr durch deine Briefe zu erfahren, als jemals durch das Leben bei dir …

Ich bin ein bisschen enttäuscht, weil ich den Trip nach Tassie versäumen werde, nein, ich bin verdammt enttäuscht. Besonders wenn ich daran denke, dass Emily dort sein wird. Ich hätte gern erlebt, wie unterschiedlich der Umgang mit Emily im Vergleich zu damals wäre. Es muss interessant sein, zu sehen, wie sie als Erwachsene ist.

… Dein Artikel hat mir echt gefallen. [Ich hatte ihr ein Essay geschickt, das ich für ein Magazin geschrieben hatte.] *Und ich habe mich auch darüber gefreut, dass du ihn mir zum Lesen geschickt hast. Es war interessant, dich reden zu hören (eigentlich, zu schreiben) … Ich nehme an, das liegt daran, dass ich dich nie um deinen Rat gebeten habe, weil ich so wenig darüber gehört habe, wie du diese ätzende Situation findest. Ich habe dich bei vielem nicht um Rat gefragt, nicht wahr? …*

Du hast Recht, wenn du schreibst, dass ich die Scheißhühner hasse … Es würde mich nicht jucken, wenn sie verhungern würden, weil ich sie nicht gefüttert habe. Aber ich bin besorgt, dass die Gemeinschaft es gar nicht schätzen würde, wenn ich sie krepieren lassen würde. (Nichts geht über das Wohl der armen Tiere.)

Das neue Gefühl, auf dem Land und in ziemlich bäuerlicher Umgebung zu sein, ist verschwunden, und jetzt ist es HARTE ARBEIT. Man kann nirgendwohin rennen und sich vor den Ge-

fühlen verstecken, und es gibt eine feine Trennungslinie zwischen Arbeitsunterbrechung und Isolierung.

Ich nehme an, dass ich im Großen und Ganzen glücklich bin. Ich bin mir so sicher, dass ich die richtige Entscheidung getroffen habe, hierhin zu gehen und die Drogen aufzugeben.

Hier kann man eine Menge Spaß haben, und ich habe mich ziemlich gut mit einigen Leuten angefreundet und beginne, ich selbst zu sein. Dennoch gibt es viele negative Gefühle, oder eher Gefühle, mit denen schwer zurechtzukommen ist. (Negativ ist nicht das richtige Wort, denn jedes Gefühl ist positiv, weil ich es fühle.)

Es war echt geil, Lucy und Sam zu sehen, bis sie wieder abreisen mussten. Schön zu wissen, dass sie eine klare Vorstellung haben, wie es mir geht und was ich tue. Ich schaue mir eigentlich überhaupt nichts im Fernsehen an. Einige Leute sitzen vor der Glotze, sobald um 17 Uhr Feierabend ist, aber ich finde, es gibt so viele andere Dinge, die ich tun muss.

Am nächsten Donnerstag stelle ich ein Gesuch für FOCUS, das heißt, ich kann fünf Telefonate pro Woche führen und ebenso viele erhalten. Aber gesundheitlich betrachtet bedeutet es, dass ich mich etwas tiefer mit Themen befassen kann. Die Leute in der Einschätzungszeit müssen sich nur anpassen. Ich finde die Gruppen in der Einschätzung langweilig. Regeln und Richtlinien. Was ist Drogensucht? Wie wirkte die therapeutische Gemeinschaft usw. Ich will einfach weiterkommen.

Morgen mache ich Lammbraten. Ich bin ein bisschen besorgt, ob er mir gelingen wird, aber ich bin bereit zum Experimentieren.

Ich freue mich auf deine Briefe. Amüsier dich in Tassie, und ich freue mich schon auf unsere nächste Form des Kontaktes.

Ich liebe dich und du fehlst mir.
Jess.

Am selben Tag schrieb sie separat an Joe. Wir hatten in dieser Woche nicht mit ihr telefonieren können, weil ihr nicht klar gewesen war, dass sie bei den Treffen am Montag Telefonate anmelden und Einzelheiten angeben musste, mit wem sie sprechen wollte. Sie adressierte den Brief an Dab, eine Bezeichnung, die sie benutzt hatte, als sie Joe als kleines Kind eine Postkarte geschrieben und das D von Dad mit einem B verwechselt hatte. Seither hatte Joe jede Notiz oder Nachricht für sie mit Dab unterzeichnet.

Lieber Dab,

ich wünschte, ich hätte am Dienstag länger am Telefon reden können, und ich war so enttäuscht, dass wir diese Woche nicht telefonieren konnten.

Ich bin ein bisschen frustriert über den Mangel an Information, die mir in Bezug auf die Telefonate gegeben wurde. Wenn mir jemand gesagt hätte, dass ich zum Treffen am Montag eine Liste mit den gewünschten Telefonaten mitbringen muss, hätte ich das getan. Von »vergessen« kann keine Rede sein.

Jedenfalls können wir bald (Donnerstag, 13.) fast jeden Abend zehn Minuten lang miteinander telefonieren. Ich kann es kaum erwarten.

Wie läuft es mit deinen Examen? Ich kann mir kaum vorstellen, welcher Stress es ist, zu studieren und gleichzeitig zu unterrichten, womit ich nicht sagen will, dass es in deinem Fall irgendwelchen Stress geben wird!!! Wann promovierst du? Ich hoffe, die Fete steigt erst später, sodass ich daran teilnehmen kann.

Ich ärgere mich so oft über mich selbst, weil ich mich nie besonders für deine und Mums Arbeit interessiert habe. Habe ich dir jemals Fragen über die Uni gestellt? Warum nur war ich so verschlossen gegenüber den beiden Menschen, die ich mehr als jeden sonst liebe.

Ich wäre soooo gern mit dir nach Tassie gekommen. Vielleicht wäre es die letzte Möglichkeit gewesen, den Stammbaum noch einmal zu sehen. Ich habe nichts dagegen, die Wahrheit über meine Situation zu sagen. Natürlich braucht sie nicht jeder zu erfahren, und es ist auch okay, wenn du es vorziehst, es keinem zu sagen …

[Der nächste Absatz bezieht sich auf Lisa, Joes Schwester, die sie besonders mag, und auf den örtlichen Metzger, der in der Familie zu einem Sinnbild für Klatsch in einer Kleinstadt geworden war.]

Aber ich bin überzeugt, dass Lisa es wissen sollte, sodass sie es Rob, dem Metzger, weitererzählen kann – er ist ja sooo mitfühlend. Grüß Nana von mir und sag allen, wie sehr es mir Leid tut, dass ich nicht dort sein kann.

Ich finde die Redensart »eines Tages, irgendwann« wirklich wichtig für mich. Das alltägliche Leben und normale Funktionieren ist so wesentlich. Die Probleme eines Tages müssen bewältigt werden, nicht die von gestern, nicht die von morgen, und ich bin sicher, dass es zwar manchmal stressig war (sogar um 6 Uhr 30 morgens), aber trotzdem ein gewaltiger Nutzen. Ich hätte dir noch so viel zu schreiben, Dad, und habe das Gefühl, so viel aufholen zu müssen – Jahre –, aber für heute Abend muss ich aufhören, denn die Schlafenszeit nähert sich rapide, und ich will diesen Brief morgen aufgeben.

Kannst du mir deine Adresse auf der Arbeit schicken? Ich möchte dir gelegentlich dorthin schreiben. Und an Mums Adresse in der Schule ebenfalls.

Viel Glück für das Examen und viel Spaß in Tassie.

Du fehlst mir, und ich liebe dich.
Jess.

Sie schloss mit einem P.S. Ich hatte ihr erklärt, dass unsere langjährigen Freunde, die in einem anderen Staat wohnten, zu

Besuch gekommen waren und wir ihnen gesagt hatten, sie arbeite in Adelaide für Greening Australia, eine große Gärtnereikette. Ich hatte das ungute Gefühl gehabt, dass sie trotz unserer zwanzigjährigen Freundschaft befremdet sein würden, wenn sie von Jessies Drogensucht erfahren würden. Sie pflanzte Bäume im The Woolshed. Das kam mir leicht über die Lippen. Joe hatte mich ein wenig verwundert angeblickt, doch dann hastig bekräftigende Fakten hinzugefügt.

PS: Greening Australia??? Das klingt prima für mich, aber ich schäme mich wirklich keineswegs wegen der Wahrheit. Wenn ich dort gewesen wäre, hätte ich es ihnen selbst gesagt. Aber so ist es anscheinend das Angenehmste für dich. Ich nehme an, Greening Australia passt ins Bild!

Es ist lustig, wie Gefühle aus dem Bauch heraus oftmals stimmen. Joe erzählte schließlich ein paar Monate später Paul bei einer Flasche Rotwein davon, als er bei uns übernachtete. Er stellte keine Fragen, gab keine Kommentare ab. Und weder er noch seine Frau schnitten das Thema bei folgenden Besuchen und dem zwangsläufigen Erzählen, was unsere Kinder so treiben, jemals an. Und wir ebenfalls nicht; wir warteten darauf, dass sie den Anfang machten. Sie hatten Jessie gekannt, seit sie ein Baby gewesen war. Ihre Heroinsucht, eine der verheerendsten Nachrichten, die wir je unseren Freunden mitgeteilt hatten, wäre wenigstens eine Bemerkung wert gewesen.

Einige Freundschaften sind sehr schwierig aufrechtzuerhalten.

15. KAPITEL

Gegen Ostern in diesem Jahr wurde mir klar, dass ich mich daran gewöhnt hatte, mich nicht so zu fühlen, wie es früher immer gewesen war. Ich war nicht gesund, ich fühlte mich nicht »richtig«. Ich fühlte mich »schlecht«. Die Erkenntnis traf mich an einem von Canberras eindrucksvollsten Tagen – klar, wolkenlos, warmer Sonnenschein und frische Luft. Ein Wetter, wie ich mir kein schöneres vorstellen kann. Die Osterferien hatten soeben begonnen, ich freute mich auf den Besuch der Kinder in Adelaide, und ich tat, was ich am liebsten tue – ich saß in der Sonne und las. Ich entspannte mich, schaltete ab, und ein wohliges Gefühl der Zufriedenheit stieg in mir auf. Es war nur vorübergehend, aber es war lange her, dass ich mich so gefühlt hatte.

Ich hatte mich daran gewöhnt, nachts zu weinen. Es kam mir fast normal vor. Obwohl es allmählich nachließ, kehrte es besonders heftig eine Woche vor meiner Periode zurück. Das war stets meine schlimme Zeit. Ich hatte es zuvor als private Angelegenheit betrachtet und ziemlich geringschätzig auf Frauen herabgeblickt, die über Menstruationsbeschwerden geklagt hatten – die typische Arroganz und Egozentrik.

Ich glaube, ich war in dieser Zeit für Joe wie eine Art Minenfeld, durch das er sich hindurchtasten musste. Er bemerkte natürlich, dass ich nachts weinte, doch wie alle einfühlsamen Männer in Beziehungen mit Frauen, die Menstruationsprobleme haben, wies er nicht darauf hin, dass es hormonbedingt war und ich mich in ein paar Tagen besser fühlen würde.

Aber es war mehr als das. Ich wusste, dass ich in jedem Stadium meines Zyklus' nicht mein normales Ich war. Ich war nicht in der Lage, länger als drei oder vier Stunden zu schlafen. Das Gefühl, unfähig zu sein, das mir einst so fremd gewesen war, hatte mich nie wirklich verlassen seit dem Abend, an dem ich erfahren hatte, dass Jessie heroinsüchtig war. Ich hatte Angst vor jedem Schultag, zählte in der letzten halben Stunde jede Minute und hatte Probleme, die Energie oder das Engagement aufzubringen, den Erfordernissen der Schüler meiner Klasse gerecht zu werden. Die Geduld, für die ich bekannt gewesen war, war verschwunden. Meistens war ich ungeduldig und gereizt – ich hoffe, es hat sich nicht zu sehr gezeigt. Ich habe die Klasse nicht abgestraft, aber es gab auch kein Lob. Und es war so ein Kampf. Die Wochenenden waren nicht viel besser. Ich bemühte mich, die Routine aufrechtzuerhalten. Aber ich wachte nie mit Begeisterung für den neuen Tag auf oder erwartete etwas Besonderes davon, und selten wurde mein Pessimismus Lügen gestraft.

Ich verabredete einen Termin mit Rick, unserem langjährigen Hausarzt, dem wir vertrauten und den wir bewunderten. Er war jünger als wir, aber der Typ des altmodischen Doktors, der jeden in der Familie kennt. Er hatte uns alle seit über 20 Jahren behandelt und die Kinder aufwachsen sehen, alle Arten von Krankheiten diagnostiziert, einige davon schwierig und heikel. Ich hatte großes Vertrauen in sein Urteilsvermögen. Während mich seine konservative Art auf gesellschaftlicher Ebene nicht ansprach, war sie jedoch das, was ich von einem Hausarzt wünschte. Wir alle hatten das Gefühl, dass Rick jedes möglicherweise auftretende gesundheitliche Problem erkennen würde. Und – noch wichtiger – er erweckte bei mir stets den Eindruck, dass es ihn wirklich freute, mich zu sehen, und dass er sich bei der Behandlung alle Zeit der Welt nahm.

Ich erinnere mich an einen Besuch bei ihm, über den ich immer noch lachen muss. Gegen Ende der Konsultation lehnte er sich in seinem Schreibtischsessel zurück, hielt die pyramidenförmig gestreckten Finger gegen die Lippen, blickte mich gelehrtenhaft an und fragte: »Sagen Sie mir, Imogen, wie viele Gläser sind es derzeit?«

»Oh Mist«, dachte ich. »Er meint, ich trinke zu viel«. Ich hatte ihn wegen eines Verdauungsproblems aufgesucht. Sofort ging ich in die Defensive. »Nicht so viel, Rick, ehrlich. Nur ein Glas, manchmal zwei, am Abend.«

Er brach in Gelächter aus. »Ich meinte nicht diese Art Gläser, sondern *Brillen*gläser.«

So kann man sich irren. Es war während der Zeit, als getönte Brillengläser und wechselnde Gestelle modisch waren, und ich hatte drei verschiedene. Es erscheint mir jetzt als eine verschwenderische Ausgabe, doch damals liebte ich diese Abwechslung.

Dieses Mal brauchte ich Rat, wie ich mein altes Ich zurückbekommen konnte. Vielleicht ein bisschen Nachtkerzenöl. Joe war in das Stadium gelangt, wo er mir zwei Kapseln neben den Morgenkaffee legte, bis er erkannte, dass sie die gleiche Wirkung hatten, als ob er mir gesagt hätte, dass mein Verhalten auf meinen Hormonhaushalt zurückzuführen war. Für mich war es okay, das zu sagen. Für ihn zweifellos nicht.

Rick hörte ruhig zu, während ich die letzten beiden Monate schilderte. Er kannte Jessies Geschichte, vielleicht sogar besser als wir. Ich erzählte ihm, dass ich ständig niedergeschlagen war und dass es vor meiner Periode viel schlimmer war. Was konnte er für meine Menstruationsbeschwerden tun?

Ärzte müssen ständig mit Patienten wie mir konfrontiert scin, die praktisch die Diagnose für sie stellen und dann auf ihre Diagnose warten, Zustimmung, Rat und vielleicht das Ausschreiben eines Rezepts erwarten.

Rick sah mein Krankheitsbild jedoch als Teil eines viel größeren Problems als nur Menstruationsbeschwerden. Ich litt unter echten Depressionen, sagte er. Ich hatte klassische Symptome beschrieben, und nur eine Behandlung der Menstruationsbeschwerden würde nicht ausreichen. Sofort war ich nervös. Was würde er vorschlagen?

»Imogen, ich würde dies nicht raten, wenn ich es nicht für unbedingt nötig hielte, aber wenn ich mir Ihre Krankenakte ansehe und da ich einiges von dem weiß, das Sie in den vergangenen paar Jahren durchgemacht haben, überrascht es mich nicht, dass Ihr Körper streikt. Er hat lange Zeit unter Stress gestanden und ist nicht mehr in der Lage, Hormone dagegen zu produzieren. Sie brauchen einen Kickstarter für Ihren Körper, damit er wieder Antistresshormone produzieren kann.«

»Und wie erreiche ich das?«

»Sie nehmen diese Tabletten täglich oral, damit sich Ihr Körper an sie gewöhnen kann, und dann sollte Ihr Körper allmählich wieder beginnen, Antistresshormone zu produzieren.

»Sie sprechen von Antidepressiva, nicht wahr, Rick?«

»Die haben Sie meiner Meinung nach nötig. Sie könnten sie nur die beiden Wochen vor Ihrer Periode nehmen, aber dann würden Sie kein sehr gutes Resultat erzielen. Es wäre viel besser, wenn Sie sie ständig nehmen würden.«

»Sind Antidepressiva nicht ein wenig übertrieben? Haben sie nicht ziemlich starke Nebenwirkungen? Ich habe doch gelesen, dass Fergie mit der Einnahme von Prozac aufhören musste, damit sie wieder Freude am Sex haben kann.«

Selbst zu der Zeit, als ich diesen Artikel gelesen hatte, war mein Mitgefühl über das Eindringen in ihre Privatsphäre in dieser Story sehr groß gewesen. Diese Sache gehörte nicht dazu. Als sie erst in der Presse stand, wurde sie königliche Mythologie, um von Leuten wie mir wiederholt zu werden, die annahmen, ihnen würde Prozac verschrieben werden.

Rick ließ sich nicht aus dem Konzept bringen. »Das mag bei ihr so sein, aber es gibt heutzutage viele verschiedene

Antidepressiva, Imogen. Einige bewirken eine Zunahme der Libido, keine Abnahme. Bei einigen können Sie dazu Alkoholisches trinken, bei anderen nicht. Einige wirken schnell, andere müssen ein paar Wochen lang genommen werden, um eine Wirkung zu erzielen. Wir können herausfinden, welches Mittel das beste für Sie ist. Aber wenn Sie nichts unternehmen, werden Sie sich kein bisschen besser fühlen. Wie wäre es, wenn Sie es eine Zeit lang versuchen und sehen, wie Sie sich dann fühlen?«

»An wie lange denken Sie denn?«

»An vielleicht sechs Monate.«

»Das ist sehr lange.«

»Es wirkt nicht auf die Schnelle. Wir müssen Ihren Körper umschulen. Das braucht seine Zeit.«

Er ließ mich die Beschreibung der Droge in seinem Fachbuch lesen und nahm sich viel Zeit, um mich einigermaßen mit dem Gedanken vertraut zu machen. Er sprach mit mir über mögliche Nebenwirkungen und schlug vor, dass ich in drei Wochen wiederkommen sollte, um zu beurteilen, wie es mir nach der Einnahme des Mittels ging.

Als ich heimfuhr, fühlte ich mich, als wäre mir eine Last von den Schultern genommen worden. Ich würde mich endlich wieder besser fühlen. Ich brauchte mich nicht ewig so schlecht zu fühlen. Ich dachte an meine Freundin Sue. Sie hatte nach der Geburt ihres jüngsten Kindes unter Depressionen gelitten, und Antidepressiva hatten ihre Gesundheit und ihre Funktionstüchtigkeit wiederhergestellt. Ich hatte die Wirkung bei ihr beobachtet, und ich wusste, dass diese Mittel eine gute Behandlungsmethode für einige Krankheitszustände waren. Aber ich war froh darüber, dass mir einige der Nebenwirkungen erspart bleiben würden. Wenn stimmte, was Rick mir über meine Tabletten sagte, würde ich mich nur besser fühlen.

Als ich auf den Zufahrtsweg bog, wurde mir der Unterschied von Jessies Lage und meiner klar. Sie hatte eine illegale stimmungsverändernde Droge genommen. Ich war im Begriff, eine legale zu nehmen.

Nach sieben Wochen Aufenthalt im The Woolshed rief mich Jessie eines Abends an und erklärte, sie spiele mit dem Gedanken, dort wegzugehen. Ich war bestürzt. Ihre Briefe waren positiv gewesen, und sie hatte auch bei Telefonaten nichts von einer Beendigung der Therapie erwähnt. Was hatte zu dieser dramatischen Wende geführt? Der als Minimum empfohlene Aufenthalt währte drei Monate, und sie hatte motiviert genug gewirkt, um sie durchzustehen.

»Warum, Jess? Alles schien so gut zu laufen. Was hat dich veranlasst, dich anders zu besinnen? Ist es nicht wichtig, die Behandlung zu einem Abschluss zu bringen?«

»Ich habe bereits viel gelernt, Mum. Ich bin bereit, um von hier fortzugehen.«

»Welch ein Unsinn, Jess. Wie kommt es, dass du alles in sieben Wochen gelernt hast, wenn jeder zwölf Wochen dafür braucht? Ich weiß, dass du klug bist, aber das klingt ein bisschen überheblich.«

Es folgte eine verlegene Pause. Dann: »Das ist nicht der einzige Grund. Ich habe mich mit einem der anderen Patienten eingelassen.«

Ich seufzte. Jess hatte gegen die Regeln verstoßen und musste deshalb ausziehen. »Was genau meinst du mit ›eingelassen‹, Jess?«

»Nun, wirklich eingelassen, Mum. Ich glaube, ich bin verliebt in ihn.«

»Ist das ein großes Problem, Liebling? Genug, um das ganze Programm aufzugeben? Könntest du dich nicht einfach von ihm fernhalten? Abwarten, bis deine Zeit dort beendet ist?«

»So einfach ist es nicht, Mum. Das Programm basiert auf Ehrlichkeit, auf Verantwortungsbewusstein für sein eigenes Handeln. Ich kann nicht einfach jeden anlügen.«

»Musst du denn lügen? Kannst du es nicht einfach eine Weile auf sich beruhen lassen? Das ist nicht unbedingt lügen.«

»Dafür ist es zu spät. Es ist zu weit gegangen. Ich werde morgen mit einem der Betreuer über meine Möglichkeiten sprechen.«

In mir stieg Ärger auf. Ich wusste, dass sie sich bereits entschieden hatte. Sie war diejenige gewesen, die behauptet hatte, dies sei das richtige Programm für sie, und jetzt warf sie es einfach weg.

»Jess, warum, zum Teufel, ist es ›zu weit gegangen‹? War dir nicht klar, welche ernsten Konsequenzen es haben würde?«

»Ich weiß, Mum. Aber meine Gefühle für ihn waren wirklich stark. Stärker als sie jemals bei einem anderen waren.«

Ich bezweifle, dass Jess jemals verliebt gewesen war. Ein paar Schwärmereien, einige Freundschaften, manchmal über mehrere Monate, aber nichts Ernstes. Wir sprachen noch ein wenig länger. Warum musste sie dort fort? Warum nicht er? Sie erklärte, seine Zeit sei fast beendet und er wolle in ein Übergangshaus und sei dazu nicht berechtigt, wenn er seine Zeit nicht vollende. Er könne nirgendwo sonst hin. Jess hatte die Möglichkeit, zu Sam zurückzukehren, um bei ihm zu wohnen. Ich konnte am Klang ihrer Stimme hören, als sie mir über ihren »Geliebten« erzählte, dass er etwas Besonderes für sie sein musste. Sein Name war Simon. 26 und die interessanteste Person, die sie jemals kennen gelernt hatte. Er empfand das Gleiche für sie.

Wir beendeten das Telefonat, indem sie einen Anruf für den nächsten Abend zu arrangieren versprach, um uns ihre Entscheidung und den Rat der Betreuer mitzuteilen. Aber ich wusste, dass die Entscheidung bereits getroffen war.

Ich machte mich auf die Suche nach Joe, der einem Aufsatz, den er bald abgeben musste, den letzten Schliff gab. Normalerweise hätte ich Joe nicht gestört, denn er nahm eine Unterbrechung nicht leicht hin. Während Frauen, im Großen und

Ganzen immer noch die Haupterzieher von kleinen Kindern, sich daran gewöhnen, häufig unterbrochen, abgelenkt und gestört zu werden, entwickeln nach meiner Erfahrung nur wenige Männer die Fähigkeit, dies zu ertragen.

In unserer Familie ist allgemein bekannt, dass Jessie die Einzige war, die Joe ungestraft stören konnte. Vielleicht jetzt nicht mehr, aber ganz bestimmt als kleines Mädchen. Als sie erst wenige Monate alt war und krabbelte, vollendete Joe seine Doktorarbeit. Das brachte zwangsläufig lange Stunden an seinem Schreibtisch mit sich, der in unserem Schlafzimmer stand. Es war schwierig, in einem kleinen Haus mit drei jungen Kindern Ruhe zu finden. Jess erspähte ihn dann von der Türschwelle aus, ihr pausbäckiges Gesicht erstrahlte vor Freude, sie krabbelte zu ihm hin, zog sich an seinem Bein hoch und stand neben ihm, völlig überzeugt, von ihm erfreut empfangen zu werden. Und sie hatte Recht. Während er von den anderen – einschließlich mir – erwartete, dass sie ihn in Frieden ließen – »Daddy arbeitet, du kannst es ihm beim Mittagessen sagen« –, hielt er bei Jess jedoch in seiner Arbeit inne, nahm sie hoch, brachte sie zum Kichern und trug sie zu mir. »Sieh mal, wer mich gefunden hat.« Er liebte es. Wenn er die Tür schloss, ließ er sie einen Spalt offen, weil er hoffte, »gefunden« zu werden, wie ich vermute.

Jetzt waren Neuigkeiten von Jess nicht gerade das Beste, was ich ihm überbringen konnte. Aber ich brachte ihm dazu eine Tasse Kaffee, um den Schlag zu mildern. Und beendete ihre Geschichte mit: »Sie wird diese Woche die Therapie verlassen. Du weißt, wie es ist, wenn sie ihre Entscheidung getroffen hat – sie erzählt es uns in kleiner Dosis, um es uns schonend beizubringen.«

Er nippte schweigend an dem Kaffee und seufzte dann. Er war es ebenfalls leid. Es gab keinen Zweifel daran, dass wir uns während ihres Aufenthalts in The Woolshed entspannen konnten und uns keine Sorgen zu machen brauchten. Jetzt würde alles von neuem anfangen. Was sollte sie jetzt tun? Zu Sam zurückkehren? Nach Canberra zurückkehren?

Joe stellte seine Kaffeetasse ab. »Nun, eines ist sicher. Sie wird tun, was sie will. Wenn sie es satt hat, wird sie abhauen. Es ist das Verhaltsmuster, das sie entwickelt hat.

Ich nehme an, wir sollten nicht zu überrascht sein.«

Er hatte Recht, es war das Verhaltensmuster, das sie entwickelt hatte. Aber – wie immer – sah ich es auch von ihrer Warte und war mir nicht ganz sicher, ob ich angesichts der gleichen Umstände nicht ebenso gehandelt hätte. Es ist ziemlich beunruhigend, wenn man seine weniger ansprechenden Charakterzüge in seinen Kindern wiedererkennt. Man ist glücklich, wenn man die eigenen lobenswerten Züge erkennt, aber man hofft stets, dass sich die eigenen Mängel nicht wiederholen.

Am meisten beunruhigte mich das Wissen, dass Beziehungen jeder Art während einer Genesung von Drogensucht mit Gefahr behaftet sind, besonders, wenn der andere auch ein Genesender ist. Wie würde es weitergehen?

Bald würde ich mehr wissen.

Am Ende der Woche kam Jess für ein paar Tage zu uns heim, bevor sie nach Adelaide zurückkehren würde. Sie sah gesund aus, war guter Laune, und wir freuten uns, sie zu sehen. Ich meldete mich am Telefon, als eines Abends Simon anrief. Ich habe stets auf Stimmen reagiert, und seine war freundlich und herzlich. Jess glühte nach dem Anruf. Ich wusste, dass es ernst war.

Sie war begierig darauf, nach Adelaide zurückzukehren und das Zusammenleben mit Sam fortzusetzen. Aber diesmal war da Simon. Das komplizierte alles.

Nur ein paar Tage nach Jessies Rückkehr nach Adelaide verließ Simon ebenfalls The Woolshed. Sie waren vernarrt ineinander und blind für alles andere. In der Euphorie, die ersten paar Wochen zusammen und aus der Rehabilitation heraus zu sein, gelang es Jess, sich vom Sozialamt 1000 Dollar zu leihen (angeblich zum Kauf eines Autos). Es entsetzte mich, dass man ihr so viel Geld gab, obwohl sie so wenig in der Lage war, damit umzugehen. Die Rückzahlungen erstreckten sich über 18 Monate. Ich wünschte, sie wäre vor dieser Entscheidung geschützt worden; aber da sie getroffen worden war, musste sie die Konsequenzen tragen.

Es dauerte nicht lange, bis Simons Gesuch um Unterbringung in dem Übergangshaus abgelehnt wurde und er mit Jess das Zimmer bei Sam teilte. Nicht, indem er offiziell einzog, sondern indem er einfach über Nacht blieb und nicht ganz ging. Sam fühlt sich ein wenig unbehaglich deswegen, aber er sagte, er würde ihn lieber dort haben und wissen, dass Jess sicher war und ihn nicht irgendwo sonst besuchte. Wir hätten sehr ähnlich reagiert. Wir zahlten bereits für ihren Anteil an Elektrizität und Telefongebühren, Unterstützung, die Sam stets nur widerwillig annahm. Wir wussten, dass er Jess finanziell oft unter die Arme griff, indem er sie zum Essen oder ins Kino einlud oder indem er ihr fünf Dollar gab, wenn die Zigaretten ausgegangen waren.

Sie hatte nie viel Geld. Sie erhielt wenig Arbeitslosenunterstützung, als schließlich Zahlungen bewilligt wurden, aber es reichte nie lange.

Der Samstagabend war zu unserem beliebten Abend daheim geworden. Wir hatten oftmals gescherzt, dass unser Daheimbleiben in einer Samstagnacht ein Anzeichen dafür war, dass wir mittleren Alters waren. Wir hatten sogar gestöhnt, wenn wir von der Routine hatten abweichen müssen. Aber es war nun mal so, dass es der einzige Abend war, an dem wir uns wirklich freuten, fernzusehen. Am 19 Uhr 30 gab es »Heartbeat«. Wir hatten Niamh Cusack vor einem Jahr in London live auf der Bühne gesehen, bevor wir »Heartbeat« entdeckt hatten, und jetzt waren wir Fans der leichten Geschichten, der nostalgischen Musik und der Mischung von Figuren, wobei Claude Greengrass eine absolute Paraderolle hatte. Dann folgte die Serie »The Bill«. Zwei Stunden amüsante Unterhaltung.

Das Telefon klingelte gegen 20 Uhr. Ärgerlich hob ich den Hörer ab. Es überraschte mich, Jessie zu hören. Samstagabend 20 Uhr ist nicht gerade die Zeit, in der Eltern einen Anruf von erwachsenen Kindern erwarten.

»Hallo, Mummy, wie geht es dir? Ich wollte mich nur mal melden.«

Ihre Stimme klang fröhlich, und ich entspannte mich, erfreut, Gelegenheit zu einem Plausch zu haben.

»Hallo, Liebling. Ich hatte nicht erwartet, heute Abend etwas von dir zu hören. Solltest du nicht mit Simon an diesem Wochenende das Haus hüten?«

»Das tun wir, und wir verbringen eine wunderschöne Zeit. Sie haben das Haus rappelvoll mit Essen für uns verlassen, und wir werden uns einen Videofilm ansehen.«

Wir plauderten eine Weile freundlich miteinander. Ich erzählte ihr von dem Film, den wir Anfang der Woche gesehen hatten, *The Last Supper,* und es freute mich, als sie sagte, dass sie ihn ebenfalls gesehen und genauso gut gefunden hatte wie wir. Eines der Privilegien, die Eltern bei der Erziehung ihrer Kinder haben, besteht darin, das Verhalten der Kinder zu beeinflussen. Wir waren nie bewusst darauf aus gewesen, aber natürlich hatten auch wir sie beeinflusst. Dass dieser Film uns beiden gefiel, lag nicht nur an unserem ähnlichen Sinn für Humor, sondern auch daran, dass wir die Welt aus derselben Perspektive sahen.

»Wenn ihr also eine so wunderschöne Zeit verbringt, warum rufst du mich an einem Samstagabend um acht Uhr an?«, fragte ich.

»Du fehlst mir einfach, Mum.« Sie klang weinerlich. »Ich hatte wieder Albträume. In den vergangenen drei Nächten.«

»Doch nicht die gleichen?«

»Genau die gleichen, die ich früher hatte.«

»Oh, Liebling. Was, um alles in der Welt, kann sie zurückgebracht haben?«

Es ergab überhaupt keinen Sinn. Sie war so glücklich wie nie, es ging ihr gut und sie war noch clean, soweit ich wusste. Sie war ziemlich aufgeregt, als wir darüber sprachen, und ich hatte Mühe, meiner Stimme einen festen Klang zu geben. Mir fiel nichts ein, was ich ihr Tröstendes hätte sagen können, und so schloss ich mit einem ziemlich lahmen »Hab' nur Geduld und warte ab, was in den nächsten paar Tagen geschieht. Wenn die Albträume bleiben, werden wir sehen, was wir dagegen tun können.«

Die Albträume verhießen nichts Gutes.

Zwei Wochen später, am Freitagabend, hatten wir uns – gegen die Gewohnheit – dazu entschieden, uns von einem Service indisches Essen bringen zu lassen und zu Hause zu bleiben. Das indische Essen war nicht untypisch, doch das Daheimbleiben. Das Essen sollte gleich kommen, als das Telefon klingelte. Der Anrufer war Sam, der überrascht war, uns anzutreffen, denn er hatte eine Nachricht auf den Anrufbeantworter sprechen wollen. Wir redeten ziemlich lange miteinander. Bei vielen seiner Anrufe dis-kutierte Sam mit Joe über Football, woraufhin Joe das angeregte Gespräch zusammenfasste: »Es geht ihm prima, Im. Nichts Neues zu berichten.« Das frustrierte mich, denn ich wollte wissen, was genau gesagt worden war, und dann versuchte er zu berichten, was er so offenkundig für unnötige Einzelheiten der Unterhaltung hielt. So war es gut, mal ausführlich mit Sam sprechen zu können. Er war ein guter Gesprächspartner, im Gegensatz zu so vielen jungen Männern in seinem Alter, und er war stets begierig darauf, die belanglosen Einzelheiten unseres Lebens anzuhören, um uns dann von seinen zu erzählen.

Es war mir bewusst gewesen, dass ich oftmals mit Jess telefonierte, um mich selbst zu beruhigen, dass mit ihr alles in

Ordnung war, und manchmal befürchtete ich, Sam würde denken, ich mache mir viel weniger aus ihm, weil ich nicht das gleiche Bedürfnis hatte, mit ihm zu reden. Wir hatten kürzlich ein Paar getroffen, dessen Sohn das Elternhaus zum ersten Mal verlassen hatte, um die Universität zu besuchen. Ich hatte sie gefragt, ob sie ihn vermissen, und ihre Antwort hatte gelautet, »Ja« und »Nein«, – »seine Gesellschaft fehlt uns«, aber »wir genießen unsere Freiheit«. Das hatte ich nur zu gut verstehen können. Dann hatten sie erzählt, es sei nicht so schlimm, sie hätten ihm eine Telefonkarte gekauft und er rufe oft an. Ich hattc über die hohen Telefonkosten geklagt, die bei auswärtigen Kindern anfallen, und mich erkundigt, wie oft er anrief. Alle paar Wochen, hatten sie mir fröhlich erklärt. Ich hätte fast in meinen Wein geprustet. Waren wir exzessiv oder sie genügsam? Seitdem Sam uns verlassen hatte, telefonierten wir alle paar Tage miteinander.

Ich fragte Sam, wie es Jessie ging. Ich nahm an, sie sei mit Simon ausgegangen.

»Sie ist bei einem Treffen.« Er klang unglücklich.

»Ist alles okay mit ihr?«

Diesmal zögerte er merklich. »Ich weiß es nicht, Mum. Du weißt, dass sie wieder Albträume hat? Und sie ist einfach so unmotiviert. Wir sind am Mittwochabend zum Essen ausgegangen, und sie hatte tausend Pläne, was sie am nächsten Tag tun wollte, doch nichts davon hat sie erledigt.«

»Was für Pläne?« Ich verspürte bereits ein unangenehmes Gefühl.

»Nun, sie wollte das Unley Youth Theatre anrufen, um einen Termin abzumachen und festzustellen, ob sie eine beratende Tätigkeit bekommen könnte. Das hat sie nicht getan. Wenn sie hier ist, tut sie nichts. Überhaupt nichts. Vor drei Tagen bat ich sie, die Telefonrechnung durchzugehen und ihren Anteil auszurechnen. Für gewöhnlich ist sie schncll darin, denn sie will mir nicht zu sehr auf der Tasche liegen. Ich erinnerte sie gestern und heute Nachmittag daran, und sie hat es immer noch nicht geschafft. Und als ich heute heimkam, bat ich sie, Staub zu saugen, während ich zum Supermarkt fuhr. Als ich zurückkam, hockte sie nur in ihrem Zimmer und tat nichts. Selbst als ich den Staubsauger aus dem Schrank holte, kam sie nicht, um die Arbeit zu erledigen, sondern blieb einfach in ihrem Zimmer. Wegen der Albträume schläft sie nicht, und so ist sie dauernd müde.«

»Hast du mit ihr darüber gesprochen?«

»Ich habe es versucht, aber meistens ist sie nicht interessiert an einem Gespräch oder Simon ist bei ihr, und so führt das zu nichts.«

»Du bist wirklich besorgt, nicht wahr?«

»Ja, das bin ich, Mum. Deshalb wollte ich mit dir sprechen.«

Wir unterhielten uns noch eine Weile. Konnte sie schwanger sein oder eine Fehlgeburt oder Abtreibung gehabt haben? Beides wäre möglicherweise eine Erklärung für ihr Verhalten.

»Es könnte sein, aber ich bezweifle das. Sie hat absolut überhaupt kein Geld.«

Das sah nicht gut aus, und ich stellte mir vor, wie Sam versuchte, allein damit fertig zu werden.

»Du wirst mit ihr reden müssen, Sam, herausfinden müssen, was du kannst. Es ist genau das, was im Januar passierte. Wir alle spürten, dass etwas nicht in Ordnung war, aber wir wussten nicht, was. Diesmal müssen wir etwas dagegen tun.« Mein alter Drang, etwas zu unternehmen, meldete sich wieder, und ich sah mich im Geiste am Morgen ins Flugzeug steigen, um zu versuchen, herauszufinden, was schief gegangen war, und Sam etwas Unterstützung zu geben.

»Ich werde jetzt mit ihr reden«, sagte Sam.

»Wie kannst du das, wenn sie bei einem Treffen ist?«

»Ich kann dorthin fahren, bevor das Treffen zu Ende ist, und sie dort rausholen.«

Wir machten ab, dass er uns anrufen würde, sobald er mehr herausgefunden hatte, und dass ich am nächsten Tag nach Adelaide kommen würde, wenn es helfen würde.

Ich spürte eine überwältigende Woge von Verzweiflung, als wir auf Sams Rückruf warteten. Eines habe ich bei dieser Sache gelernt: Die unguten Gefühle erweisen sich für gewöhnlich als richtig. Es schien keine andere vernünftige Erklärung für Jessies unberechenbares Verhalten zu geben. Der Anruf kam viel schneller, als wir erwartet hatten.

»Sie fixt wieder.«

Und dann brach Sam in hemmungsloses Schluchzen aus.

16. KAPITEL

Sam hatte Jess ein Ultimatum gestellt – wenn sie bei ihm bleiben wollte, musste sie in eine Entzugsanstalt gehen. Sie stimmte zu.

Am Samstag schien es wenig sinnvoll zu sein, dass ich nach Adelaide flog. Es hätte wenig oder gar nichts für Jessie geändert. Mir ist jetzt klar, dass es sicherlich für Sam gut gewesen wäre, wenn jemand die Last mit ihm geteilt hätte und er darüber hätte sprechen können.

Am Dienstag, nachdem Jess zum Entzug gegangen war, verließ ich die Schule gegen 16 Uhr. Ich hoffte, daheim am Computer etwas Arbeit erledigen zu können, bevor ich zum Abendessen mit einer Gruppe von Freundinnen ausgehen würde. Wir aßen regelmäßig miteinander zu Abend, plauderten und lachten, essen und tranken, tauschten Geschichten über unsere Kinder, unseren Job und unser Leben aus. Zu einigen dieser Freundinnen hielt ich engen telefonischen Kontakt und sah sie oft, andere traf ich nur bei unserem gemeinsamen Abendessen. Es war eine Gruppe von Freundinnen, die ich hoch schätzte, und ich hätte dieses Jahr nicht ohne sie überleben können. Alle wussten von Jessie, und sie unterließen es niemals, sich nach ihr zu erkundigen. Ich liebte sie deswegen, obwohl es selten ein Trost für mich war, Jessies Entwicklung mit ihnen zu teilen. Sie waren freundlich und mitfühlend. Wenn sie Vorurteile hatten, zeigten sie es niemals. Sie hatten keine Erfahrung mit diesem Problem. Sie wussten nicht, wie es ist, ein rauschgiftsüchtiges Kind zu haben und mit dem Wissen zu leben, dass sie trotz gegenteiliger Beteuerungen wieder Heroin spritzen und es jederzeit eine Überdosis sein konnte. Nur die Eltern eines anderen Süchtigen können wissen, wie das wirklich ist.

Ich freute mich darauf, den Abend mit den Freundinnen zu verbringen. Es würde mich von einem Wochenende ablenken, das ziemlich schrecklich gewesen war.

Joe hielt an Dienstagabenden Vorlesungen, und so hatte ich das Haus für mich. Ich spielte eine Gilbert-O'Sullivan-CD ab, die er hasste, die mich jedoch an meine Kindheit erinnerte, und ich gab einer Arbeit, die ich für meine Klasse vorbereitete, den letzten Schliff, als das Telefon klingelte. Ich nahm geistesabwesend den Hörer ab und erwartete, dass mich Sue anrief, um zu bestätigen, dass sie mich um 19 Uhr abholen würde.

Es war Sam. Er war offenkundig aufgeregt. »Hallo, Mum. Gut, dass ich dich erreiche. Wie geht es dir?«

»Prima, Liebling. Wie sind die Dinge bei dir? Ist Jess noch in der Entzugsanstalt?«

»Soweit ich weiß. Ich habe heute nicht angerufen, um es zu überprüfen. Aber ich nehme an, sie wird dort bleiben, bis sie sich gut genug fühlt, um hierhin zurückzukommen. Sie sollte noch ein paar Tage dort sein, bis sie das Schlimmste hinter sich hat.«

Wir wussten noch nicht, was wir unternehmen würden, wenn das Heroin aus ihrem Körper heraus sein würde. Es war an dem Wochenende alles zu hart gewesen. »Da ist noch etwas anderes, Mum.«

»Was, Sam?« Ich wusste, dass nichts Gutes auf mich zukommen würde.

»Es fehlt viel von meinem Geld aus dem Haus. Ich habe es soeben festgestellt. Mir kam heute auf der Arbeit der Gedanke, und ich überprüfte es, als ich vor ein paar Minuten heimkam. Es sind Hunderte von Dollars.«

Ich war sprachlos.

Es war naiv von mir gewesen, nicht damit zu rechnen, dass dies früher oder später passieren würde. Jess musste ihren Heroinkonsum irgendwie finanzieren. Ich hatte mir zuvor nicht viele Gedanken darüber gemacht. Es war zu schmerzhaft. Sie hatte mir versichert, niemals eine Prostituierte gewesen zu sein, und ich hatte ihr das nur zu bereitwillig geglaubt. Mir wäre nie in den Sinn gekommen, dass sie ihren Bruder bestehlen würde.

Sam erklärte, dass er jeden Tag sein Mittagessen mit einem 10-Dollar-Schein bezahlte und das Wechselgeld, ein paar Dollars, in einen Karton oben auf dem Kleiderschrank legte. Er hatte vorgehabt, von diesem Geld seinen Urlaub zu bezahlen. Er hatte kein Geheimnis daraus gemacht und mit Jess darüber gesprochen, wohin er reisen könnte. Dies war es, was ihn so aufregte.

»Sie wusste, wofür dieses Geld bestimmt war, dass ich damit meinen Urlaub bezahlen wollte. Ich habe fast zwei Jahre lang gespart, und sie wusste das. Ich bezahle so viel für sie. Wie konnte sie mir dieses Geld stehlen?«

Ich konnte ihr Verhalten nicht entschuldigen, aber ich versuchte, ihm zu sagen, dass sie ihn nicht absichtlich verletzen wollte, sondern es aus Verzweiflung getan hatte. Er war trotzdem zu verärgert, um es so zu sehen, und ich konnte verstehen, warum.

Wir sprachen miteinander, bis er ruhiger war. Es war offenbar nicht mehr möglich, dass Jess weiterhin bei Sam wohnte. Er hatte so vieles ertragen müssen, dass es unfair war, ihn weiterhin damit zu belasten.

Ich fühlte mich niedergeschmettert. Dies mussten andere Familien von Langzeit-Süchtigen immer wieder durchgemacht haben. Und Schlimmeres. Aber es war kein Trost, sich klarzumachen, dass es für andere Familien noch härter sein musste. Wie wurden andere damit fertig?

Ich blickte auf meine Armbanduhr. Es war 18 Uhr. Zu spät, um Joe anzurufen. Er würde auf dem Weg zum Vorlesungssaal sein. Ich wählte die Nummer meiner Freundin Janet. 18 Uhr war stets eine gute Zeit, um sie zu erreichen. Tom würde noch nicht zu Hause sein, aber sie hatte sicherlich ihren Arbeitstag beendet und bereitete das Abendessen zu. Heute Abend brauchte ich ihre Klugheit und ihren gesunden Menschenverstand.

»Imogen! Schön, von dir zu hören. Wie geht es dir?«

»Eigentlich nicht sehr gut, Janet.«

»Was ist passiert?«

Und ich brach in Tränen aus. Ich schluchzte und schluchzte und konnte lange nicht sprechen.

»Es ist okay. Ich bin noch dran. Ich werde warten«, sagte Janet.

Zwischen Schluchzern sagte ich albern: »Häng nicht auf.« Als ob sie das jemals getan hätte.

»Natürlich tue ich das nicht.«

Dann und wann sagte sie: »Ich bin noch dran. Es ist okay.«

Und ganz allmählich gewann ich wieder genug Kontrolle über mich, um eine Unterhaltung zu beginnen.

»Jessie nimmt wieder Heroin.«

Ich erzählte ihr von meinem Kummer. Sie war nicht die Mutter einer Rauschgiftsüchtigen, aber sie war die Person, die ich brauchte, um mein Herz auszuschütten. Die Einzige außer Joe, der ich es sagen wollte. Ich erzählte alles: von Simon, vom Diebstahl des Geldes, wie mich die Nachricht so niedergeschmettert hatte, dass ich noch immer nicht damit fertig werden konnte.

Janet sagte sehr wenig, stellte nur gelegentlich Fragen. Als ich von meinem Gedanken erzählte, nach Adelaide zu fliegen und Sam zu unterstützen, hielt sie das für eine vernünftige Idee.

»Ich glaube, das würde ich ebenfalls tun«, sagte sie. »Ich würde aus erster Hand herausfinden wollen, was los ist. Und Sam muss genug ertragen haben.«

Nach einer halben Stunde legte ich auf. Ich fühlte mich ruhiger, doch ich wollte Sue anrufen und mich entschuldigen. Ich trat unter die Dusche. Mein Lidschatten war bis auf die Wangen verlaufen, und meine Augen waren geschwollen. Ich sah erschöpft aus, müde und alt. Die Stunden allein, bevor Joe nach Hause kam, hatten ihren Reiz verloren. Konnte ich einen Abend außer Haus schaffen? Es erschien mir eine bessere Alternative, als stundenlang allein zu sein.

Ich zog Jeans und ein Jackett an, hoffte, dass man mir bei der schwachen Beleuchtung im Restaurant nichts ansehen würde, und traf mich scheinbar heiter mit Sue, als sie vorfuhr. Der Abend war angenehm, wie üblich, und ich behandelte mich selbst medizinisch vermutlich mit mehr Alkohol, als ich hätte trinken sollen. Aber ich täuschte niemanden. Am nächsten Tag lief das Telefon heiß. Was war los mit Imogen?

»Ich war nicht so schlimm, oder?«, fragte ich Sue, als sie mich ein paar Tage später darauf ansprach.

»Du weißt, wie du dich manchmal wegen Politik aufregst? Nun, so warst du, nur bei einer Menge anderer Dinge. Wir spürten alle, dass du eine schwere Zeit durchlebst.«

Gott sei Dank für verzeihende Freundinnen.

Joe und ich hielten es für vernünftig, dass ich nach Adelaide flog, um ein paar Tage mit Sam zu verbringen. Ich erzählte meiner Direktorin, dass wir eine Krise in der Familie hatten und meine Kinder mich in Adelaide brauchten. Ich bat um eine Woche Urlaub. Sie war phantastisch. Sie fragte nicht nach Einzelheiten und erinnerte mich daran, dass die Familie letztendlich viel wichtiger ist als der Beruf. Ich war dankbar dafür, dass sie es mir so leicht machte. Einige wären nicht so verständnisvoll gewesen.

Ich flog am Freitag gleich nach der Schule. Sam holte mich am Flughafen ab, und wir gingen in eine seiner Lieblingsbars, um miteinander zu sprechen. Wir beide bestellten etwas zu trinken – er wie üblich ein Mineralwasser, ich einen Chardonnay – und lehnten uns in den behaglichen Sesseln zurück. Zwei Stunden vergingen im Nu. Hauptsächlich Sam sprach, berichtete davon, wie es war, mit einer genesenden Süchtigen zusammenzuleben, ihre Reaktionen zu erraten und – schlimmer noch – natürlich reagieren zu müssen, falls sie sich aufregte. Da bestand stets die Sorge, sagte er, dass sie trotzig oder wütend reagierte und wieder Rauschgift konsumierte, wenn er mit ihr stritt oder sich verärgert zeigte. Da war das ständige Gefühl seinerseits, dass er bei ihr leisetreten musste. Und er war immer noch wütend auf sie. Ich konnte es ihm nicht verdenken. Ich hatte vor Wut getobt, als ich von ihrer Sucht erfahren hatte, und all mein Zorn war jetzt verbraucht. Ich empfand jetzt nur Sorge. Er hatte das Verschwinden des Geldes Jess gegenüber noch nicht erwähnt.

»Wie kann ich das, Mum? Sie ist erst ein paar Tage clean. Sie ist immer noch krank. Erst gestern hat sie die Entzugsanstalt verlassen. Wie kann ich sie jetzt damit konfrontieren? Dann wäre ich vielleicht verantwortlich, wenn sie wieder Stoff nimmt.«

»Das wärst du nicht, Sam. Es wäre ihre Entscheidung. Aber ich kann verstehen, wie du dich fühlst. Du bist länger als wir tagtäglich mit diesem Problem konfrontiert worden.«

Wir beschlossen, dass ich mit ihr über das Geld reden würde. Ich war nicht nach Adelaide gereist, um mir über Jessie Klarheit zu verschaffen, sondern um Sam zu helfen.

Später am Abend fuhren wir zu seinem Haus, nachdem wir in einem libanesischen Restaurant gegessen hatten. Joe mochte libanesisches Essen nicht sonderlich, und so nutzte ich die Gelegenheit, es zu genießen, wenn ich nicht mit ihm zusammen essen ging. Es war köstlich, und wir fühlten uns beide besser, als wir heimfuhren und ausgiebig miteinander gesprochen hatten.

Ich war beeindruckt, wie Sam mit dem Problem zurechtgekommen war. Als er entdeckt hatte, dass Jess wieder fixte, hatte er eine Nar-Anon-Gruppe aufgesucht, eine Vereinigung, die Familien und Freunde von Leuten mit Drogenproblemen unterstützte. Das Programm lief nach den gleichen Prinzipien ab wie bei den Treffen der Narcotics Anonymous, bei denen die Teilnehmer ihre Geschichten mit den anderen teilten, doch die Gruppe bot zusätzlich Unterstützung und Rat für Familien und Freunde der Betroffenen an. Sam erzählte mir, dass die Geschichte der ersten Person, die ihr Schicksal erzählte, so ähnlich mit der Jessies gewesen war, dass er sein Gesicht mit der Hand hatte verdecken müssen, damit niemand seine Tränen sehen konnte.

»Ich bin überzeugt, sie haben es nicht bemerkt, Mum. Ich wollte nichts sagen, als sie mich fragten, aber sie waren hinterher so freundlich zu mir. Fünf oder sechs blieben zurück, um mit mir zu reden und mir zu sagen, dass ich nächste Woche unbedingt wiederkommen soll. Sie hätten nicht netter sein können.«

Natürlich hatten sie einen Blick für Leidensgenossen.

Jess traf kurz nach uns zu Hause ein. Es war schön, sie wieder zu sehen. Sie hatte mit Simon, der in dieser Nacht woanders übernachtete, ein NA-Treffen besucht. Wir plauderten ein wenig über Belanglosigkeiten. Sie sah müde aus. Ich fühlte mich erschöpft. Und Sam, der mir sein Schlafzimmer gegeben hatte, wartete geduldig darauf, dass wir zu Bett gingen, damit er sich im Wohnzimmer schlafen legen konnte.

Am nächsten Morgen, als Sam zum Footballtraining gefahren war und Jess und ich am Frühstückstisch saßen, begann sie zu erzählen.

»Ich werde wieder in Ordnung kommen, Mum. Ich hatte nur einen Rückfall. Rückfälle treten im Laufe der Genesung fast bei jedem ein. Niemand schafft es, ohne ein paar Mal Schluckauf zu kriegen.«

»Drogenkonsum erscheint mir nicht wie ein Schluckauf, Jess.« Ich wusste, wie immer, dass sie mich nicht beunruhigen wollte. Aber wie konnte ich ohne Sorge sein?

»Ich versuche es wirklich, Mum. Es dauert einfach seine Zeit.«

»Wie lange noch?«, fragte ich mich.

Am Samstagabend lernte ich Simon kennen. Sie besuchten ein NA-Treffen, und Jess fragte mich, ob ich mitkommen wollte. Sie sagte, er habe Angst davor, mich kennen zu lernen, weil er annehme, ich würde ihm die Schuld für ihren Rückfall geben.

»Nein, Jessie. Die Schuld gebe ich dir.«

Wir beide lachten, jedoch nur ein bisschen. Schwarzer Humor ist besser als keiner.

Ich musste an das Prinzip meiner Schwiegermutter denken, dass man alle Freunde seiner Kinder mögen sollte. Simon war ein wichtiger Freund für Jess, und ich hatte das Gefühl, dass sie lange zusammenbleiben würden.

Ich würde mich sehr bemühen, ihn zu mögen. Aber ich rechnete damit, dass es mir sehr schwer fallen würde.

Meine Sorgen waren unbegründet. Ich erwärmte mich sofort für ihn. Ich konnte sehen, was Jess so sehr an ihm gefiel. Er war groß, sehr schlank und sehr schüchtern, und er sah atemberaubend gut aus. Fein geschnittene Gesichtszüge und schöne Augen. Er rannte fast neben uns her, anstatt zu spazieren, und erst allmählich entspannte er sich, als ich mein Bestes tat, um ihm die Befangenheit zu nehmen. Es war offenkundig, dass sie sich sehr liebten.

Das NA-Treffen fand in einem Gebäude in einer dunklen Seitenstraße statt, die man meiden würde, wenn man allein ist. Wie ich jetzt weiß, ist es normal für eine NA-Versammlung und besser als jedes Hinweisschild, dass eine Gruppe von Leuten draußen steht und raucht. Einige begrüßten Jess und Simon bei unserem Eintreffen, und dann betraten wir den schäbigen Saal.

Das Treffen begann wie das andere, das ich in Canberra besucht hatte. Vorlesungen aus dem NA-Buch, danach stellte sich jeder selbst vor. Ich achtete besonders auf Jessies Vorstellung. »Ich bin Jess. Ich bin süchtig. Ich bin heute clean.« Simon sprach bis auf den Namen dieselben Worte. Ich sagte diesmal nichts – Jess ergriff das Wort, als ich an die Reihe kam –, aber ich verspürte keine Besorgnis wie beim ersten Mal. Es hätte mir nichts ausgemacht, zu erklären, weshalb ich an dem Treffen teilnahm.

Ich hörte zu, als mehrere Leute ihre Geschichten erzählten. Es überraschte mich, dass einige von ihnen Schüler der Tertia oder sogar Graduierte waren. Warum mich das überraschte, weiß ich nicht. Ich wusste inzwischen genug, um mir darüber ihm Klaren zu sein, dass Drogensucht keine sozialen oder intellektuellen Grenzen kennt.

Eine sehr attraktive, konservativ aussehende Frau wurde zum Sprechen aufgefordert. Sie war Mitte 30, gut gepflegt und sehr wortgewandt. Sie stellte sich vor, sagte, sie sei eine Süchtige und fügte hinzu: »Ich wollte heute wirklich nicht kommen. Aber weil ich vorige Woche nicht hier war, wusste ich, dass ich kommen musste. Ich wollte einfach beim Arbeiten bleiben. Ich habe nur noch sechs Wochen, bis ich meine Doktorarbeit abliefern muss, und so arbeite ich dauernd. Meine Freunde finden es schwer, zu verstehen, dass die ersten anderthalb Stunden meines Samstagabends für ein NA-Treffen draufgehen müssen, aber so ist es nun einmal. Nächste Woche bin ich elf Jahre clean.«

Ich schnappte fast hörbar nach Luft.

Sie war nicht die Einzige, die lange Zeit clean war. Die Frau vor mir hatte ein kleines Kind, das vertraut mit dem Ablauf der Treffen war, geradewegs zu der Kiste mit Spielzeug in der Ecke lief und gelegentlich zur Mutter ging, um ihr sehr leise etwas zu zeigen. Dann hörte die Mutter auf, dem Treffen zuzuhören und antwortete ihm liebevoll. Als wir alle gingen, sprach sie mit mir, weil sie erkannt hatte, dass ich Jessies Mutter war. Ich fragte sie nach dem Alter ihres Sohnes und wie lange sie clean war.

»Er ist vier, und ich bin im nächsten Monat neun clean.«

»Monate oder Jahre?«

Sie lächelte. »Jahre.«

Ich konnte es nicht ändern, ich musste die nächste Frage einfach stellen. »Und Sie haben immer noch das Bedürfnis, zu den NA-Treffen zu gehen?«

»O ja«, erwiderte sie entschieden.

Ich beobachtete, wie sie ihren kleinen Jungen auf die Arme nahm, um ihm vor dem Fortgehen ein Kuscheltier zurückzugeben. Sie verschwanden in der kalten Dunkelheit. Würde es bei Jess wie bei diesen beiden Frauen sein? Würde es ihr jemals besser gehen? Oder würde sie ebenso lange kämpfen müssen?

Nachdem Simon mich jetzt kennen gelernt hatte, teilte er mit Jess wieder das Zimmer. Es war leicht zu verstehen, weshalb sich Jess zu ihm hingezogen fühlte. Im Laufe der Woche begann ich seinen freundlich reservierten Charme und seinen herzlichen Sinn für Humor zu mögen. Er stammte aus einer erfolgreichen Musikerfamilie; seine Eltern waren beide Berufsmusiker. Er war ebenfalls musikalisch begabt. Er hatte viel Erfolg in der Schule gehabt, sowohl im Sport als auch in akademischen Fächern, und mit 16 hatte er ein Stipendium in Übersee bekommen. Nach seiner Rückkehr, nach einem Jahr Auslandsaufenthalt, hatte er die Orientierung verloren und war binnen kurzer Zeit drogensüchtig geworden.

Am Mittwochmorgen hatte ich gegen halb elf den ersten Waschgang und das Aufräumen im Haus erledigt. Jess und Simon waren nicht aufgetaucht. »Sie schlafen noch«, dachte ich zunächst. Daran war nichts so Ungewöhnliches, obwohl sie am vergangenen Abend schon gegen 21 Uhr zu Bett gegangen waren. Vielleicht hatten sie lange wach gelegen und nicht richtig geschlafen. Es ist ein unangenehmer Gedanke, sich vorzustellen, dass sein Kind eine zügellose Sexualität hat, aber bei den Dingen, die ich Jessie zugetraut hatte, kam dieser Aspekt kaum vor. Dennoch wurde ich immer unruhiger und besorgter.

Meine Besorgnis steigerte sich, als mir einfiel, dass sie gestern ihre Arbeitslosenunterstützung erhalten hatten. Der Gedanke war wie ein Schlag in den Magen. Ich kann mir vorstellen, dass es allen Eltern so geht, die mit einer genesenden Rauschgiftsüchtigen leben. Ich stellte den Laptop auf und bereitete mich aufs Schreiben vor. Ich hatte ihn erst einmal benutzt und war mir nicht sicher, ob die Einstellungen stimmten, und so rief ich Joe an, um ihn um Rat zu fragen. Er gab mir Anweisungen und erwähnte dann nebenbei, dass Jessie am gestrigen Abend angerufen hatte.

»Wie war sie?«

»Was meinst du mit ›wie war sie?‹ Du wohnst mit ihr zusammen. Warum fragst du mich?«

»Ja, aber ich habe sie gestern Abend nicht gesehen. Sie war schon im Bett, als Sam und ich heimkehrten.«

»Nun, sie war anscheinend okay. Sie wollte mir von Sydney erzählen, glaube ich.«

Jess und Simon planten, mit dem Bus nach Canberra zurückzufahren und dann nach Sydney zu reisen, wo die NA eine viel größere Organisation war. Sydney war für Simon vertraut, denn er hatte dort mit seiner Mutter gelebt. Wie Jess und Simon sich das Leben in Sydney leisten konnten, war noch nicht klar, vielleicht in einem NA-Haus, wo Mitglieder wussten, dass es keine Drogen oder Alkohol geben würde. Ihre Pläne waren vage, aber vielleicht das Beste, was sie zu diesem Zeitpunkt tun konnten. Sicherlich war Adelaide keine Alternative mehr.

Wir beendeten das Telefonat schnell, weil wir wussten, wie hoch die Telefongebühren zu Spitzenzeiten sind. War es ein gutes Anzeichen oder ein schlechtes, dass Jess Joe angerufen hatte? Natürlich konnte es ein gutes sein, aber vielleicht hatte sie auch Schuldgefühle gehabt und angerufen, um sich zu erleichtern.

Wenn sie aus Jessies Zimmer kommen würden, wie konnte ich dann wirklich wissen, ob sie Rauschgift genommen hatten? Konnte ich mich einfach auf mein Gefühl verlassen? Konnte ich verlangen, ihren Arm nach Einstichen zu überprüfen? Abgesehen von der Tatsache, dass sie mein Kind war, hatte ich tatsächlich ein Recht, es zu wissen? Ich hatte das Verlangen, Gewissheit zu bekommen, damit ich mir keine weiteren Sorgen zu machen brauchte, aber mein Recht war es eigentlich nicht.

Gegen halb zwölf, als ich die Wäsche der zweiten Ladung auf die Leine hängte, kam mir in den Sinn, dass sie eine Überdosis genommen haben konnten. Es war möglich. Es passierte. Sie konnte jetzt dort drinnen liegen, während ich die Hausarbeit machte. Doch ich wollte nicht in ihre Privatsphäre eindringen, indem ich an die Schlafzimmertür klopfte. Was war wichtiger?

Ich schlich auf Zehenspitzen um die Seite des Hauses und versuchte, durchs Fenster zu spähen. Nichts. Die Jalousien waren herabgelassen. Ich entschied mich, bis zwölf Uhr zu warten und dann zu versuchen, sie zu wecken. Eine weitere halbe Stunde würde nichts ändern. Wie bizarr, dass ich spekulierte, wann ich mich vergewissern wollte, ob meine Tochter tot war oder lebte! Ich spielte mit dem Gedanken, Joe anzurufen, doch mir war klar, dass ich ihm damit nur die Verantwortung zuschieben würde. »Ziehen Sie sich davon zurück«, hatte man uns beim Nar-Anon-Treffen gesagt. Aber was war, wenn ich mich kalt heraushielt und sie beide in Schwierigkeiten steckten?

Es war mir unmöglich, zu schreiben. Meine Sorge war einfach zu groß. Ich schaltete den Computer aus, sah mir schnell die Vorräte im Kühlschrank an und notierte mir, was ich einkaufen musste. Es hatte mir Spaß gemacht, während meines Aufenthalts zu kochen, und die Freude über die einfachsten Mahlzeiten, die ich für die Kinder zubereitete, waren Ansporn genug gewesen. Ich bereitete absichtlich Gerichte zu, die einige Planung und Vorbereitung brauchten, nicht die Schnellgerichte und Pasta, die Sams Hauptnahrung waren (und unsere ebenfalls, was das anbetrifft).

Ich blickte wieder auf die Uhr und nahm mir vor, als ich mich auf den 15-minütigen Weg zum Lebensmittelgeschäft machte, sie bei meiner Rückkehr zu wecken. Ich zwang mich, mir zu merken, an welchen Häusern ich vorbeiging. Als ich zu Sams Haus zurückkehrte und mit zwei Einkaufstüten voller Lebensmittel die Tür öffnete, nahm ich Bewegung wahr. Aber ich war nicht so erleichtert, wie ich gedacht hatte. Stattdessen war ich ärgerlich, weil sie mir so viel Sorgen bereitet hatten. Erst später wurde mir klar, dass sie nichts getan hatten, um mir Grund zu Befürchtungen zu geben. Sie hatten nur geschlafen. Es ist das Los all derjenigen, die ein enges Verhältnis mit Süchtigen haben – genesenden oder noch konsumierenden –, sich bei vielen alltäglichen Ereignissen Sorgen zu machen.

»Hi, Mum. Hast du eingekauft?« Jessies Haar war noch zerzaust vom Schlafen, und sie gähnte, als sie sich Kaffee machte.

Meine Antwort war ein sehr kühles »Guten Morgen«. Sollte ich mir jetzt ihren Arm zeigen lassen oder einfach herauszufinden versuchen, wie es ihr ging?

»Gott, ich brauchte diesen Schlaf. Ich habe nicht mehr geschlafen, seit ich clean bin.«

»Bist du es noch?«

Sie sah mich mit echtem Erstaunen an. »Natürlich bin ich das, Mum. Warum fragst du?«

Ich fühlte mich ein bisschen reuevoll, sogar albern. Sie sah prima aus. Ihre Antworten waren wie die einer normalen Person. Ihre Augen blickten klar. Warum genau war ich noch Minuten zuvor innerlich so in Aufruhr gewesen?

»Nun, ich hatte mir nur Sorgen gemacht, weil du so lange geschlafen hast. Du hast den ganzen Vormittag verschlafen.«

»Mum, ich fühle mich stets erschöpft. Das ist Teil der Genesung, aber für gewöhnlich kann ich nicht so lange schlafen.«

Es schien so simpel zu sein, als sie es sagte. Sie war gerade erst eine Woche clean. Warum erwartete ich, dass es ihr so schnell gut ging? Gestern waren wir zu Fuß in die Stadt spaziert, und das Gehen war ihr offensichtlich schwer gefallen. Weil sie gesund aussah und nicht konventionell krank war, hatte ich gedacht, es sei alles in Ordnung mit ihr. Die ersten Tage nach dem Entzug waren nur der Beginn. Das hatte ich erfahren, als ich mich zuvor um sie gekümmert hatte. Es hatte wochenlang gedauert, bis sie wieder wohlauf gewesen war. Wie hatte ich das so leicht vergessen können?

»Es tut mir Leid, Liebling. Ich hatte es einfach vergessen. Ich war besorgt um dich. Ich habe mir alles Mögliche eingebildet.«

Sie kam zu mir und umarmte mich. »Ich werde wieder okay, Mum. Wirklich.«

Ich drückte sie an mich. »Ich weiß, Liebling. Ich weiß.« Und in diesem Moment erlaubte ich mir, mich zuversichtlich zu fühlen.

An diesem Abend wollten Sam und ich ein weiteres Nar-Anon-Treffen besuchen. Wir aßen früh und brachen zeitig genug auf, sodass uns jede Menge Zeit für die Fahrt zur anderen Seite von Adelaide blieb.

Das Treffen fand in einem großen, kahlen und unpersönlichen Saal statt, und in einer Ecke waren Stühle in einem Kreis aufgestellt worden. Wir nahmen uns jeder einen Stuhl von dem Stapel und schlossen uns dem Kreis an. Sam wurde von einer der Frauen herzlich begrüßt, und er plauderte zwanglos mit ihr, während wir auf die Eröffnung der Versammlung warteten. Ich war häufig über Sams Charme überrascht. Sein Job als Vertreter erforderte Redegewandtheit und den guten Umgang mit Leuten, und er verfeinerte diese Fähigkeiten an jedem Tag. Es gab keinen Zweifel daran, dass er viel entspannter aussah und klang als ich. Am Abend zuvor hatten wir darüber gelacht, wie leicht er es fand, bei seinen Kunden den Eindruck zu erwecken, ein guter Kerl zu sein, und wenn sie ihn für einen sympathischen Typ hielten, konnte er wahrscheinlich Geschäfte mit ihnen abschließen.

»Ich schätze sie einfach ein und stelle mir vor, woran sie interessiert sind. Es ist ziemlich leicht, diejenigen herauszufinden, die zum Beispiel scharf auf Autos sind. Dann gibt es andere, die lieber zu Fuß gehen. Wenn ich sie erst dazu gebracht habe, sich auszusprechen, dann halten sie mich für phantastisch.«

Und jetzt tat er hier das Gleiche. Binnen Minuten erzählte uns die Frau, die ihn begrüßt hatte, dass sie in dieser Woche Großmutter geworden sei, und Sam stellte wie ein erfahrener Vater Fragen bezüglich des Babys. Allmählich füllte sich der Kreis, bis 12 Stühle besetzt waren. Alle waren bei ihrem Eintreffen herzlich begrüßt worden.

Das Treffen begann. Eine Frau in mittlerem Alter hatte die Leitung und las einen Abschnitt über Genesung aus dem NA-Buch vor. Es kam mir sehr passend vor, aber vermutlich hätte ich andere Passagen für ebenso geeignet gehalten. Sie reichte das Buch herum, bis drei, vier andere den Text ebenfalls gelesen hatten. Dann stellte sie sich vor, und wir nannten der Reihe nach unsere Namen. Ich erklärte kurz, dass ich nur für diese Woche in Adelaide war und Sam begleitete. Die 12 Schritte des NA-Programms hingen an der Wand neben uns. Feierlich lasen wir abwechselnd eine Regel vor. Ich hatte Mitgefühl mit Sam, weil er die längste Regel ablesen musste. Er mochte zwar in Volkswirtschaftslehre promoviert haben, aber er konnte nicht so leicht laut lesen. Er hatte das Studium bestanden, indem er sich das Gelesene ausgezeichnet gemerkt hatte, aber er war nicht in der Lage, es gut vorzulesen. Seine Verlegenheit darüber war jetzt vorüber. Erfolg führt zu Selbstbewusstsein, und Sam hatte ein gesundes, aber ich wusste, dass er es immer noch hasste, etwas laut vorlesen zu müssen. Dann begann die mitteilsame Zeit des Treffens. Wir alle lauschten schweigend, als einer nach dem anderen aufgefordert wurde, seine Erfahrungen mitzuteilen. Die meisten begannen ziemlich zögernd, erzählten dann jedoch, ermuntert durch die mitfühlende Aufmerksamkeit der anderen, ihre ganze Geschichte.

Die Leiterin begann. Ihr Sohn hatte zehn Jahre lang Drogen konsumiert. Sie liebte ihn und gewann Kraft aus dem Treffen, um ihr Leben von seinem zu trennen und ein Maß an Zufriedenheit in ihrem Leben zu finden, trotz ihres seelischen Schmerzes. Ich musste mich sehr beherrschen, um nicht zu weinen, als sie stolz erzählte, dass sie jetzt die Kraft hatte, ihm nicht mehr zu helfen, und dass er vor dem Treffen zweimal hungrig angerufen und sie sich geweigert hatte, ihm zu helfen oder ihn zu füttern. Sie praktizierte »harte Liebe«. Es setzte allgemeines Gemurmel der Ermunterung und Zustimmung der Gruppe ein, da wir alle wussten oder uns vorstellen konnten, wie schwierig es war. Mir wurde klar, dass sie viel weiter auf dem Weg war als ich, aber Jessie war nicht seit 10 Jahren süchtig und befand sich hoffnungsvoll in der Genesung.

»Harte Liebe« war ein allgemeines Thema, das sich durch Treffen zur Unterstützung von Eltern Süchtiger hindurchzog. Das Prinzip, sein Kind nicht vor irgendeiner der Konsequenzen seiner Entscheidung für den Drogenkonsum zu schützen. Sie nicht zu füttern, wenn sie zu hungrig werden, weil sie das Essensgeld für Drogen ausgegeben haben. Ihnen kein Dach über dem Kopf zu bieten, wenn sie Stoff nehmen. Notfalls die Schlösser auszuwechseln. Ihnen kein Geld zu geben. Und nie ihre Schulden zu bezahlen.

Die Theorie ergibt Sinn. Wenn man irgendeines dieser Dinge tut, ermöglicht man ihnen, Drogen zu konsumieren und schirmt sie vor den Konsequenzen ab. Erst wenn sie den Ernst ihrer Lage erkennen – wenn sie den »trockenen Boden der Flasche« erreichen, wie wir es bei einer Diskussion mit Alkoholikern gehört hatten –, können sie vielleicht motiviert sein, etwas gegen ihre Sucht zu tun und Hilfe zu suchen. Und für jeden Süchtigen ist der »Boden der Flasche« anders.

Durch das Praktizieren von »harter Liebe« brauchen Eltern Unterstützung von anderen Betroffenen. Es ist nicht natürlich für Eltern, ihr Kind in die kalte, regnerische Nacht fortzuschicken, wenn es Hunger hat und nirgendwohin kann. Janets Freundin Joy hatte das oftmals tun müssen. Sie sagt, sie hätte niemals die Kraft dazu aufgebracht, wenn es keine Selbsthilfegruppen für Eltern gegeben hätte. Erst als ihr Sohn clean war, bot sie ihm Unterstützung und Hilfe.

Eine ältere Frau erzählte eine Erfolgsgeschichte. Ihr Sohn war clean und seit einigen Jahren in der Genesung. Es wunderte mich, dass es ihr wichtig war, immer noch an den Treffen teilzunehmen. Aber diese Leute, die auch noch hingehen, wenn sie ihre Krisenzeit überstanden haben, sind es, die anderen helfen, stark zu sein und Hilfe aus dem Programm zu gewinnen.

Die Geschichte der Großmutter war traurig. Sie war um die 50, attraktiv, teuer gekleidet, kultiviert. Ihr Sohn war 33, seine Frau war ebenfalls Rauschgiftkonsumentin, und sie hatten soeben ein Baby bekommen. Ich hatte das Gefühl, dass die Großmutter die Hoffnung auf seine Genesung aufgegeben hatte und nur noch hoffte, den Schaden zu begrenzen und ihn am Leben zu erhalten.

Bei einer der Frauen war ich, vielleicht zu Unrecht, ziemlich ungeduldig, und ich fragte mich, ob die anderen ähnlich regierten. Ihr 16-jähriger Sohn erledigte zu Hause nicht die Arbeiten, die ihm aufgetragen wurden, hatte bei seiner Arbeitsstelle angerufen und sich krank gemeldet, obwohl er überhaupt nicht krank gewesen war, und er rauchte ein paar Mal pro Woche Marihuana. Eigentlich gar nicht so ungewöhnlich für das Verhalten eines Sechzehnjährigen, hätte ich gedacht – im Vergleich zu den anderen Fällen natürlich. Eigentlich nicht der Stoff, der die meisten Leute zum regelmäßigen Besuch der Nar-Anon-Treffen schickte.

Da war ein junger, unsympathisch aussehender Mann um die 20, der nach der Frau mit dem 16-jährigen Sohn sprach. Er schilderte schreckliche Geschichten aus dem Leben mit »meinem Süchtigen«, wie er ihn bezeichnete, wie er heimgekommen war, alle Möbel aus dem Haus verschwunden waren und Dealer ihm eine Pistole an den Kopf gehalten hatten. Er erklärte seine Beziehung zu »meinem Süchtigen« nicht näher, und so nahmen wir an, dass es Bruder, Freund oder vielleicht Liebhaber sein musste. Ich gewann das unbehagliche Gefühl, dass er sich an dem Drama ergötzte und dass diese Treffen für ihn eine Möglichkeit waren, sich wichtig zu fühlen und Aufmerksamkeit zu erheischen. Irgendwie überzeugte mich nicht, was er gesagt hatte. Sam zog die gleichen Schlüsse.

Die bei weitem traurigste Geschichte wurde von einer intelligenten, ruhig sprechenden jungen Frau erzählt, die 23 war, also in Sams Alter. Sie war in Übersee gewesen, als ihre jüngere Schwester mit 19 Jahren eine Überdosis genommen hatte und von ihren Freunden im Stich gelassen worden war, die zu high gewesen waren, um sich für ihre Verfassung zu interessieren oder entsprechend zu reagieren. Wie oft dies passiert! Ihre Schwester hatte wochenlang im Koma gelegen, war jetzt wieder bei Bewusstsein und nach Hause zurückgekehrt, war jedoch halbseitig gelähmt. Aber die junge Frau hatte das Gefühl, dass ihre Schwester trotz dieser Tragödie nicht mit Drogen aufgehört hatte. Es schien fast undenkbar, dass jemand nach einem solchen Ereignis weiter Rauschgift konsumieren konnte. Aber viele tun das. Die Gedichte und Briefe ihrer

Schwester konzentrierten sich immer noch auf das Positive vom Drogenkonsum, auf den Rausch und die Fröhlichkeit, und sie befürchtete, dass sie wieder Drogen nehmen würde, sobald sie mehr Mobilität gewinnen würde. Sie besuchte die Nar-Anon-Treffen, um zu lernen, mit dieser Möglichkeit fertig zu werden. Die Parallelen zu Sam und Jess waren offenkundig. Sie sprach mit solcher Liebe von ihrer kleinen Schwester, dass ich tiefes Mitgefühl mit ihr hatte.

Dann erzählte Sam von Jessie, als sie mit ihm zusammen gewohnt hatte, zur Rehabilitation gegangen war, einen Rückfall erlitten hatte und versuchte, wieder clean zu werden. Er sprach nicht lange, aber die anderen nickten mitfühlend und erkannten vermutlich, warum er vor einer Woche so aufgewühlt gewesen war.

Es war eine Gruppe von Leuten, die voneinander Kraft gewannen, während sie versuchten, mit der Drogensucht ihrer geliebten Menschen fertig zu werden und nicht selbst daran zugrunde zu gehen.

Am Sonntag planten wir, etwas Gartenarbeit zu erledigen, bevor ich abreisen würde. Wir gruben, pflanzten, schnitten und gossen, aßen dann zu Mittag köstliches frisches Brot, Brie und Salat und verbrachten den Rest des Tages einfach mit Herumsitzen und Plaudern. Jessie ging es offensichtlich nicht gut, und da Simon fort war, um einen Freund zu besuchen, gab sie sich damit zufrieden, auf der Couch zu liegen und sich nur gelegentlich zu uns zu gesellen. Aber diesmal war ich weniger besorgt.

Wir warteten, bis wir uns allein unterhalten konnten. Dann sagte ich: »Du hattest einen schlimmen Tag, nicht wahr, Liebling?«

»Ich fühlte mich beschissen. Es war einer der schlimmsten Tage, die ich jemals hatte.«

»Fühlst du dich krank oder nur elend?«

»Erschöpft, ohne Energie, depressiv. Ich habe nur den Wunsch, mich schlafen zu legen.«

»Nun, warum tust du das nicht? Das ist okay.«

»Mum, wenn ich jedes Mal ins Bett gehen würde, wenn mir danach ist, dann würde ich niemals aufstehen. Außerdem ist es dein letzter Tag hier. Aber es ist toll, wenn du nicht verlangst, dass ich zum Flughafen mitkomme. Dann werde ich ein wenig schlafen.«

Ich wollte nur, dass sie sich besser fühlte, wollte sie trösten wie damals, als sie noch ein kleines Kind war. Ich wollte nicht, dass sie weiter litt. Ich konnte mich so deutlich an ihre erste Krankheit erinnern. Sie war erst neun Wochen gewesen, als sie Bronchitis bekommen hatte. Joe und ich lösten uns ab, um sie zu wiegen und zu schmusen, wenn sie weinte. Ich erinnere mich, wie aufgeregt ich war, weil wir sie nicht genügend trösten konnten. Zu jeder anderen Zeit ihres kurzen Lebens hatte jemand versucht, sich um ihre Bedürfnisse zu kümmern, wenn sie geweint hatte, und diesmal konnten wir nichts tun, damit sie sich besser fühlte. Ich empfand das Gleiche, als sie auf der Couch lag. Ich konnte nichts tun, damit sie sich besser fühlte. Sie musste die Konsequenzen ihres Drogenkonsums durchmachen, und obwohl wir sie liebevoll unterstützen konnten, war es im Grunde ihr eigener Kampf, den sie allein ertragen musste.

Die anstrengende Woche forderte ihren Tribut, und ich war müde. Ich hatte alles in Ordnung bringen und erledigen wollen. Aber jetzt wusste ich, dass es lange Zeit dauern würde, bis es enden würde.

Wenn übcrhaupt.

17. KAPITEL

Bald nach meiner Rückkehr nach Canberra entschied ich mich, eine Gruppe zur Unterstützung von Eltern Süchtiger zu besuchen. Ich hatte lange gebraucht, um zu akzeptieren, dass Jessies Probleme nicht schnell verschwinden würden. Der Besuch des Nar-Anon-Treffens mit Sam in Adelaide hatte mir klargemacht, wie wertvoll diese Organisationen in extremen Situationen sind. Und ich wollte, dass Joe mitkam. Er hatte nicht den Vorteil des Kommunikationsnetzes einer Frau, und ich bezweifelte, dass er mit mehr Personen als mit einigen seiner engsten Kollegen über Jess gesprochen hatte. Der Besuch einer solchen Gruppe konnte eine enorme Hilfe für ihn sein.

Er stimmte grundsätzlich zu, ohne echte Begeisterung zu zeigen. Es dauerte nur ein paar Minuten Suche im Telefonbuch, um festzustellen, dass es eine Selbsthilfegruppe für Eltern gab, die »Drogen in der Familie« genannt wurde und sich am Donnerstagabend um 19 Uhr 30 traf.

Als wir zu Abend aßen, hatte Joe noch weniger Lust, die Selbsthilfegruppe zu besuchen. »Wir brauchen nicht dorthin zu gehen. Wir könnten immer noch einfach zu Hause bleiben. Fernsehen. Ins Kino gehen. Was immer wir wollen.«

»Es ist in Ordnung, wenn du nicht mitkommst, aber ich gehe hin. Ich halte es für eine großartige Idee, dass du ebenfalls hingehst, aber die Entscheidung liegt bei dir.«

Er stapelte das Geschirr im Spülbecken und spülte schweigend. »Nun, ich komme mit. Aber ich werde nichts sagen. Ich will nicht vor einer Gruppe völlig Fremder sprechen.«

»Das ist okay, das brauchst du auch nicht. Ich will es vielleicht ebenfalls nicht. Aber du kannst zuhören und Fragen stellen, wenn du das willst. Lass es uns einfach versuchen. Es kann nicht schaden, und es wird uns vielleicht helfen.«

Wir trafen 10 Minuten zu früh auf dem Parkplatz im Civic Centre ein. Ein taktischer Fehler. Das verschaffte Joe Zeit, es sich noch einmal zu überlegen. »Es ist noch nicht zu spät, uns anders zu besinnen«, sagte er. »Wir könnten einen Kaffee trinken gehen.«

»Wir werden keinen Kaffee trinken, wir gehen zu dem Treffen. Es wird in Ordnung sein. Mach dir keine Sorgen deswegen.«

»Erwarte nur nicht, dass ich etwas sage.«

»Niemand wird dich zwingen, dich überhaupt zu äußern.«

Wir warteten noch ein paar Minuten, und Joe machte sich einen Spaß aus seinem Widerstreben, indem er Dinge vorschlug, die wir beide nur taten, wenn uns nichts anderes übrig blieb. »Wie wäre es stattdessen mit einem Zahnarztbesuch? Oder wie wäre es, wenn wir heimführen und den Herd sauber machten? Oder du könntest Strümpfe stopfen. Das wäre doch ein Vergnügen, oder?«

Es half, die Spannung zu lösen. Ich verbat mir solchen Blödsinn. Aber ich wusste, wie er sich fühlte.

Diesmal war der Versammlungsraum klein. Das Treffen wurde von einem älteren Paar geleitet, das erklärte, dass es sich bei »Drogen in der Familie« um eine Gruppe von Leuten handelte, die sich gegenseitig unterstützten, um ihr eigenes Leben trotz Süchtigen in ihren Familien beibehalten zu können.

Die Organisation hatte keine Beziehung zu den NA, hatte jedoch ähnliche Prinzipien und war informeller und interaktiver. Weniger einschüchternd, fand ich. Jeder der 15 Anwesenden erzählte das Neueste von seinem Kind oder schilderte seine Geschichte. Es war faszinierend, zuzuhören. Es regte mich weniger auf als die Treffen in Adelaide, nachdem ich jetzt wusste, was mich erwartete.

Der erste Sprecher hatte einen 23-jährigen Sohn, der jeden Samstag Heroin zur Entspannung nahm. Er hatte nicht vor, damit aufzuhören, und sein Vater fand großen Trost darin, die Treffen zu besuchen, um mit anderen seine Sorgen zu teilen. Ihm war jetzt klar, dass es ein Fehler gewesen war, die Schulden seines Sohnes zu bezahlen. Allgemeines zustimmendes Gemurmel ertönte.

Weitere Personen erzählten, und bald würde Joe zum Berichten aufgefordert werden.

Ein anderer Mann, ein ziemlich unangenehmer Zeitgenosse und daran gewöhnt, dass man ihm zuhörte, beklagte sich bitter über seine 15-jährige Tochter und ihren Marihuana-Konsum. Er habe so sehr gelitten, dass er jetzt auf Prozac angewiesen sei, erklärte er uns beinahe stolz. Was ihn von den anderen unterschied, war nicht nur seine überschwängliche Körpersprache, sondern auch der Mangel an Wärme in seiner Stimme, wenn er von seinem Kind sprach. Man konnte heraushören, dass die anderen Eltern ihre Kinder innig liebten und wollten, dass es ihnen besser ging, dass sie von ihrem Verhalten niedergeschmettert waren, aber immer noch versuchten, damit zurechtzukommen. Ich hatte das Gefühl, dass dieser Mann hauptsächlich Selbstmitleid empfand. Er machte es noch schlimmer, indem er mit seinem Nachbarn eine Diskussion begann, die gar nichts mit dem Thema zu tun hatte. Einmal unterbrach Joe ihn, um zu sagen, dass er nichts mehr hören könne, doch der Mann verstand den Sarkasmus der Bemerkung nicht, und der Gesprächsleiter hielt es offenbar für unpassend, ihm das Wort zu entziehen.

Einige der Geschichten waren anregend, und ich musste einige derjenigen bewundern, die keine regelmäßigen Besucher der Treffen mehr waren, jedoch eigens gekommen waren, um den Erfolg ihrer Kinder mitzuteilen und anderen Eltern

Hoffnung zu geben. Ein Mädchen war Alkoholikerin gewesen und im Alter von nur 16 Jahren tage- und sogar wochenlang zu Sauftouren verschwunden. Jetzt war sie 24, war clean, lebte seit einem Jahr in einer stabilen Beziehung und hatte sich soeben an der Universität eingeschrieben.

Eine gebrechliche Frau über 70 erzählte eine traurige Geschichte. Ihr Sohn war fast 40 und ein Langzeit-Drogensüchtiger. Er hatte zwei Doktorgrade, und als sein Leben noch intakt gewesen war, hatte er für das Auswärtige Amt gearbeitet und mehrere Ämter in Übersee innegehabt. Sie fand es fast unmöglich, die Kraft zu finden, ihn abzuweisen, wenn er zu ihr kam und sie um Hilfe bat. Ich erinnere mich, dass ihre Stimme brach, als sie berichtete, was der Arzt ihres Sohnes zu ihr gesagt hatte: »Wie kann es für ihn besser werden, wenn Sie ihm weiterhin helfen? Wann hören Sie damit auf?«

Vielleicht macht es einen hart, wenn man 10 Jahre lang einen Drogensüchtigen in der Familie hat. Wie sonst kann man es überstehen? Aber ich kann mir nicht vorstellen, dass ich diese Kraft finde.

Das ältere Paar, das die Versammlung leitete, konnte auch mit einer Erfolgsgeschichte aufwarten. Sie erzählten eine herzzerreißende Story, wie sie sich weigerten, ihre Tochter zu Hause aufzunehmen, während sie fixte, und wie sie das Mädchen völlig high und verlaust mitten in der Nacht in ein Obdachlosenasyl brachten. Sie führte jetzt seit sechs Jahren ein normales Leben. Aber jeden Donnerstagabend leiteten sie immer noch dieses Treffen, um anderen Eltern zu helfen, damit sie mit dem, was für sie die schlimmste Zeit ihres Lebens gewesen war, fertig werden konnten.

Ich denke oft an dieses Paar.

Als Joes Nachbar zum Erzählen aufgefordert wurde, bereitete ich mich darauf vor, an seiner Stelle zu reden. Ich stellte mir vor, dass er sich ebenso verlegen fühlen würde, wenn ich in seiner Anwesenheit viel über Jessie erzählen würde, und so wollte ich so wenig wie möglich sagen. Es war nützlich gewesen, zuzuhören, und ich hatte keine große Lust, über irgendetwas zu diskutieren. Wie sich herausstellte, brauchte ich mir nicht einmal zu überlegen, was ich sagen sollte. Joe ergriff das Wort und sprach zehn Minuten lang, bereit, sich vor mitfühlenden Zuhörern zu erleichtern, die es ebenfalls durchgemacht hatten. Er erzählte alles.

Als ich an der Reihe war, stellte ich den Leuten, die Erfolgsgeschichten erzählt hatten, viele Fragen. Hatte ihr Kind versucht, clean zu werden, und war gescheitert? Hatte es bei ihrem Kind ebenfalls Rückfälle gegeben? War das Teil der Genesung? Musste ich mit weiteren Rückfällen rechnen?

Sie antworteten alle heftig und freundlich: ja, ja, ja und ja.

Am Tag, an dem Jess und Simon mit dem Bus aus Adelaide eintreffen sollten, rief Lucy mich in der Schule an, um mir mitzuteilen, dass sie die beiden abholen würde, um mir eine Fahrt zu ersparen. »Dann kann ich Simon kennen lernen und mich ein bisschen um Jess kümmern, bevor ich zur Arbeit gehe.« Sie finanzierte das letzte Jahr vor ihrem Abschluss, indem sie an einigen Abenden pro Woche in einer Bar arbeitete.

Ihr Vorschlag passte mir prima. Ich war froh darüber, dass sie Jess und Simon abholte und ich etwas Zeit hatte, um einige Arbeit in der Schule zu Ende zu bringen. Der Bus sollte um 16 Uhr 30 ankommen.

Jess und Simon hatten ursprünglich geplant, um 6 Uhr am Morgen einzutreffen, aber sie hatten Joe angerufen und eine komplizierte Geschichte erzählt, wie sie diesen Bus verpasst und einen anderen genommen hatten, der sogar noch länger brauchte, weil er über Melbourne fuhr. Alles in allem 21 Stunden, fast so lange wie es dauert, von Australien nach England zu fliegen. Ich war ziemlich erleichtert, als ich von der Änderung erfuhr, denn ich hatte mich nicht gerade darauf gefreut, um 5 Uhr 30 aufzustehen, um sie abzuholen.

Später an diesem Nachmittag hatte ich fast die erste Seite der Zeitung gelesen, als Lucys schäbiger alter Honda auf den Zufahrtsweg bog und hupte. Das war typisch für sie, ihre Ankunft mit viel Lärm anzukündigen. Jessie sah schrecklich aus, blass, schlampig, mit einem alten Trainingsanzug, der so untypisch für alles war, was sie jemals getragen hatte. (Aber Joe und ich sehen nach stundenlangem Reisen ebenfalls nicht phantastisch aus). Wir setzten uns in den Hof, und Jess und Simon rauchten und erzählten noch einmal die Saga von dem verpassten Bus und dass sie über Melbourne hatten fahren müssen. Jess klagte über Magenschmerzen und Unwohlsein. Sie nahm an, Grippe zu bekommen. Sie sah wirklich auch krank aus.

Es war schön, sie zu sehen und zu Hause zu haben. Der Drang, sie völlig zu bemuttern und sich um sie zu kümmern, war sogar noch stärker als bei der Heimkehr anderer Kinder nach langer Abwesenheit. Es war ein Standardscherz der Familie geworden, dass für die ersten 24 Stunden keine Mühe zu groß für mich war. Man brauchte nur einen Wunsch zu äußern, und ich war bereit, ihn zu erfüllen, liebevoll Frühstück zu machen, Lieblingsessen zu kochen, zusätzlich zu waschen, ein Hemd oder zwei zu bügeln. Nicht, dass sie es verlangten, ich tat es einfach gern. Zum Glück ließ das nach ein, zwei Tagen nach, und wir alle gewöhnten uns daran, erwachsene Kinder und keine abhängigen im Haus zu haben. Es funktionierte mit unterschiedlichem Maß an Erfolg. Aber während ich das Gefühl hatte, Jess umsorgen zu müssen, vergaß ich auch nicht, dass sie diesmal mit Simon zusammen war, was die Dinge änderte.

Lucy verabschiedete sich und fuhr davon, nachdem sie laut geflüsterte Bemerkungen darüber gemacht hatte, wie sicher sich Jess Simons Zuneigung sein musste, wenn sie so schrecklich in einem schäbigen alten Trainingsanzug herumlief. Wir alle lachten, als Jess sagte, es sei nur eine Sache der Bequemlichkeit bei einer solch langen Busfahrt. Sie und Simon machten einen Spaziergang, und ich begann mit der Zubereitung des Abendessens. Beide hatten gesagt, dass sie keinen Appetit hätten, und so aßen Joe und ich allein. Schließlich kehrten sie zurück. »Ein langer Spaziergang«, dachte ich. Sie sahen nicht verändert aus – aber hätte ich es erkannt, wenn sie Drogen konsumiert hätten?

Sam hatte am vergangenen Wochenende angerufen. Als er Jess gefragt hatte, ob sie wieder gefixt hätte, hatte sie es nicht geleugnet. Er hatte versucht, mich auf die Realität vorzubereiten. Ich hatte mich aufgeregt, aber nicht annähernd so sehr wie bei anderen Malen. Ich hatte mich schließlich damit abgefunden, dass dies kein Problem war, das ich lösen konnte, und dass es lange Zeit bestehen würde. Ich hatte jetzt den Gedanken akzeptiert, dass jeder Fortschritt bei Jess nur langsam erzielt werden konnte. Zwei Schritte vorwärts, einer zurück, hoffentlich in diesem Verhältnis, das war das Beste, was wir erhoffen konnte. Immer dachte ich im Unterbewusstsein, dass sie mit nur 19 vielleicht zu jung war, um mit der Gewohnheit Schluss zu machen.

Es wurde Samstag, bevor ich überhaupt irgendwelche Zeit mit Jess allein verbrachte. Nach dem Mittagessen gingen wir zum örtlichen Markt, eine unserer gemeinsamen Lieblingsbeschäftigungen, während Joe und Simon sich das große Finale der Football-Meisterschaft im Fernsehen anschauten.

»Wie stehen die Dinge wirklich, Jess?«, fragte ich.

Ich schaffte es, ihre Antwort mühelos wegzustecken, nicht zusammenzuzucken, weder Schock, Ärger noch Enttäuschung zu zeigen, doch innerlich schmerzte sie. Sie waren high gewesen, als sie in den Bus gestiegen waren, bekannte sie, und deshalb hatten sie den ersten Bus verpasst. Mir kam in den Sinn, dass sie sich vermutlich bei dem Spaziergang Heroin gespritzt hatten und jetzt unter Entzugserscheinungen litten. Kein Wunder, dass sie krank aussah und es auch war.

Mein sachlicher Tonfall überraschte mich selbst. »Wann hast du wieder angefangen? Bist du deshalb krank? Ist dir klar, dass du nicht bleiben kannst, wenn du hier fixt?« So leicht zu sagen, aber vermutlich noch zu früh für uns, um sie hinauszuwerfen.

Sie sagte all die richtigen Dinge, um mich zu besänftigen, und ich fühlte mich auch besser. Ich war davon überzeugt, dass sie wünschte, ihr Leben in Ordnung zu bringen, und ich wusste, das dies absolut der erste Schritt war. Bis dahin konnte nichts sonst passieren. Aber zum ersten Mal erlaubte ich mir den Gedanken, dass sie es vielleicht einfach nicht schaffen würde. Sie wurde vielleicht keine der zehn Prozent Süchtigen, die genesen und wieder ein normales Leben führen können.

Erst kürzlich hatte ich diese Statistik gelesen. Hätte mir ein Arzt gesagt, dass Jessie eine Krankheit mit einer zehnprozentigen Heilungschance hatte, hätten wir mit dem Schlimmsten gerechnet.

Irgendwie schien es mehr Grund zur Hoffnung zu geben, weil die Lösung des Problems jetzt in unserer Hand lag.

Ein paar Tage später war Joe fort, um Tennis zu spielen, und Simon, Jess und ich tranken nach dem Essen Kaffee. Sie saßen auf der Couch. Jess musste es für einen Zeitpunkt halten, der so gut wie jeder andere war.

»Mum, ich muss dir etwas sagen. Ich bin schwanger.«

Diese einfache Erklärung kann Anlass zu so viel Freude oder so viel Trauer sein, je nach Situation. Für mich gab es absolut keinen Grund zur Freude. Ein Baby war nun wirklich nicht mit ihrer Lage in Einklang zu bringen.

Ich sagte nichts, stand auf und umarmte sie. Sie brach in Tränen aus. »Es tut mir Leid, Mum. Ich weiß, dass ich das Baby nicht behalten kann. Aber für mich ist auch der Gedanke unerträglich, es nicht behalten zu dürfen. Es ist Simons Baby. Und ich liebe ihn so sehr.«

Sie heulte und heulte, und Simon vermutlich ebenfalls. Schließlich erzählte sie mir ihre Pläne. Sie würde eine Abtreibung vornehmen lassen. Es regte sie auf, dies auch nur zu sagen. Sie hatte keine moralischen Bedenken gegen eine Abtreibung, war jedoch unglücklich darüber, diese Schwangerschaft zu beenden. Simon war der Mann, mit dem sie eines Tages Kinder haben wollte. Sie wusste ebenfalls, dass die Schwangerschaft problematisch war, weil sie in den ersten Wochen der Schwangerschaft Rauschgift genommen hatte. Sie hatte sich entschieden, mit der Abtreibung zu warten, bis sie nach Sydney zogen – in zehn Tagen –, anstatt in Canberra abtreiben zu lassen. Sie war noch nicht bereit dazu.

Joe reagierte ruhig, als ich es ihm sagte. Er versicherte ihr, dass wir ihr Geld geben würden. Wir wussten, dass sie keines hatten. Nach unserer Ansicht war dies zweifellos ein Zeitpunkt, an dem wir helfen mussten.

Die Abtreibung war für den folgenden Freitag geplant, zwei Tage nach Simons 27. Geburtstag. Ich machte mir Sorgen, als sie am Dienstag mit dem Bus wegfuhren, aber ich wusste, dass es etwas war, das sie zusammen durchstehen mussten. Sie würden bei Simons Mutter wohnen, also nicht ohne Unterstützung sein.

Am Freitagmorgen sollte die Abtreibung bei Jess vorgenommen werden. Ich war in einer Pause auf dem Weg ins Lehrerzimmer, als mich der Hausmeister abfing. »Da ist ein Anruf für Sie, Imogen. Ich stelle ihn ins Lehrerzimmer durch.«

Ich beeilte mich. Jess sollte mich anrufen, sobald es vorüber war, aber dies war zu früh. Es war erst zehn nach elf, und die Abtreibung sollte erst gegen Mittag stattfinden. Vielleicht war jemand anderes am Telefon, möglicherweise rief jemand wegen meiner Mutter an.

Ich nahm den Telefonhörer.

Jessie.

»Mum, verzeih mir, dass ich dich in der Schule anrufe, aber ich musste es einfach tun. Ich blute und glaube, es wird eine Fehlgeburt. Es ist schrecklich.«

»Oh, Liebling. Was ist passiert? Sag es mir. Bist du wohlauf?«

Zu diesem Zeitpunkt, so erzählte mir Sue später, wurde es im Lehrerzimmer totenstill. Mir wurde das nicht bewusst, denn ich konzentrierte mich völlig auf Jessies Geschichte, die sie mir unter Tränen erzählte. Sie hatte früh zu bluten begonnen und nichts, aber auch gar nichts schien die Blutung stoppen zu können. In einer Phase der Vorbereitung zur Abtreibung hatte sie ein Bad genommen, und das Wasser war rot geworden.

Jemand schlug vor, ich könne das Gespräch auf eine andere Leitung legen lassen, wenn ich ungestört sprechen wollte. Ich ging in ein nahes Büro. Jemand steckte den Kopf durch die Tür und sagte, ich solle mir keine Sorgen wegen meiner Klasse machen. Ich könne so lange wegbleiben, wie ich wolle. Sie würden die Stellung halten. Sie hatten nur meine erste Frage gehört und meine Reaktion gesehen. Aber sie dachten mit. Gott sei Dank.

Wir sprachen fast 20 Minuten lang. Jess wohnte im Apartment von Simons Mutter, und seine Mutter hatte sie zu ihrem Arzt gebracht. Ich war erleichtert, weil sie mit jemand Älterem und Erfahrenerem zusammen war.

Diese Komplikationen seien immer möglich, sagte Jess. Das Risiko einer Fehlgeburt bei Rauschgiftsüchtigen ist groß. Sie fürchtete sich, war schwach und wusste nicht, wie es weitergehen sollte. Ich wusste nichts über Fehlgeburten, und so war ich ebenfalls unsicher. Aber ich ermahnte sie, im Bett zu bleiben, wenn man ihr das geraten hatte. Und ich versprach, sie am Abend anzurufen.

Die Blutung dauerte viele Tage. Ich rief jeden Abend um 18 Uhr an, und Simons Mutter berichtete mir, wie es Jess ging.

Am Montagabend sagte sie, Jessie würde zurückrufen, es gehe ihr zu schlecht, um ans Telefon zu kommen. Zu anderen Zeiten nahm Jess den Anruf auf der Couch entgegen und sagte, sie fühle sich zu schwach, um aufzustehen, ohne ohnmächtig zu werden.

Am sechsten Tag wurde sie ins Krankenhaus eingeliefert. Man vermutete an, dass ihre Schwangerschaft fortgeschrittener war, als sie annahm, und dass sie eine Ausschabung brauchte. Man behielt sie bis zum Morgen zur Beobachtung da und würde dann weitere Untersuchungen vornehmen.

Simons Mutter und ich telefonierten regelmäßig. Sie hatte den Verdacht, dass Jess und Simon während dieser Zeit Drogen nahmen, und das machte ihre Unterstützung nur noch schwieriger. Sie hatte viel länger mit Simons Drogenkonsum fertig werden müssen als ich mit dem von Jess. Sie war zu dem Stadium gelangt, in dem sie »harte Liebe« praktizieren konnte. Sie bemühte sich sehr, ihn nicht zu beherbergen. Doch dieses Mal war eine Ausnahme, das war ihr ebenfalls klar.

Bei diesem Telefonat erzählte sie mir, dass sie Simon das Geld für die Abtreibung gegeben hatte und er nichts mehr davon besaß, und ich sagte ihr, dass wir Jess ebenfalls Geld gegeben hatten und Bescheid wussten.

Ich hatte die schreckliche Befürchtung, dass Jessie ihrem Anästhesisten verschweigen könnte, seit wann sie süchtig war und wie viel Heroin sie sich gespritzt hatte. Als ich dies bei Jessie zur Sprache brachte, beteuerte sie, dass sie es sagen würde. Aber ich war nicht überzeugt, und ich überlegte, ob ich das Krankenhaus informieren sollte. Zum Glück brauchte ich diese Entscheidung nicht zu treffen, denn sie wurde aus dem Krankenhaus entlassen, ohne eine Behandlung nötig zu haben. Die Ärzte sagten, die Fehlgeburt sei abgeschlossen.

In der Weihnachtszeit, als sie für ein paar Wochen nach Hause kam, hörte ich sie in der Nacht weinen. Ich stand besorgt auf. Sie und Simon waren im Hof, sie saß auf seinem

Knie, er hielt sie in den Armen und tröstete sie liebevoll. Ich hörte sie sagen: »Ich muss immer daran denken.« Ich schlich auf Zehenspitzen fort. Es war ihr privater Moment.

Aber am Morgen sagte ich: »Habe ich dich in der Nacht weinen gehört?«

Sie nickte. »Ich kann die Fehlgeburt nicht vergessen, Mum.«

18. KAPITEL

Was nun? Bevor Jess nach Sydney gereist war, hatte sie nur verschwommene Pläne gehabt, was sie nach der Abtreibung tun würde. Trotz der Fehlgeburt und ihres offensichtlichen Drogenkonsums wurden ihre Pläne im Laufe der nächsten Woche klarer.

Sie und Simon hatten beschlossen, dass sie einige Zeit getrennt in die Rehabilitation gehen mussten, um sich auf ihre eigenen Bedürfnisse zu konzentrieren und sich allein über sich Klarheit zu verschaffen, bevor sie versuchen würden, eine Rehabilitationsklinik zu suchen, die sie als Paar aufnehmen würde. Die Tatsache, dass nur wenige Einrichtungen Paare behandelten, hätte mir ein Warnung vor den damit verbundenen Problemen sein müssen. Aber ich war zu naiv.

Sie bestellte für sich einen Platz im Jarrah House in Sydney. Es schien eine vernünftige Wahl zu sein.

Das Jarrah House war eine Einrichtung zum Entzug von Drogen und Alkohol, in der Frauen mit ihren Kindern wohnen und sich weiterbilden konnten, eine nichtstaatliche Organisation, die vom Direktorium der Antidrogen-Offensive gegründet worden war. Sie bot die Möglichkeit einer nicht medizinisch behandelten oder überwachten Entziehungszeit, in der den Patienten Milderung der Entzugssymptome geboten wurde. Die durchschnittliche Aufenthaltsdauer betrug sechs Wochen. Jessie traf die Entscheidung, nachdem sie mit dem Personal gesprochen hatte, drei Wochen zu bleiben.

Ich erhielt ihren ersten Telefonanruf am Freitagnachmittag, nachdem sie fast eine Woche dort gewesen war. Sie war sehr aufgeregt. Unter Tränen erzählte sie mir, Simon habe am Mittwoch erfahren, dass sein engster Freund, der viele Jahre lang mit seiner Familie in Sydney gelebt hatte, in Byron Bay an einer Überdosis gestorben sei. Simon war jetzt mit seiner Schwester auf dem Weg nach Byron Bay, um Vorkehrungen für die Beerdigung zu treffen. Das Personal im Jarrah House hatte im Wissen um das Traumatische der Situation Simon erlaubt, sie vor der Abreise zu besuchen. Ich hörte schweigend zu, als sie immer wieder erzählte, was sie wusste. Jedes Mal schien die Geschichte noch schlimmer zu sein. Sie war besorgt, dass Simon in seiner Verzweiflung wieder fixen würde. Dies, zusammen mit dem Gedanken an ein einsames Wochenende im Jarrah House, ohne ein Programm zur Ablenkung und ohne Besuch, schien zu viel für sie zu sein. Mir wurde klar, wie anfällig sie sein würde, wenn sie entlassen werden würde.

»Hast du dir etwas zu lesen besorgt, Jess?«, fragte ich, obwohl ich wusste, dass Lesen zu schwierig ist, wenn es einem wirklich schlecht geht und man sich nicht konzentrieren kann, aber mir fiel nichts Besseres ein, um sie aufzumuntern.

»Ja, das habe ich, Mum. Ich habe so viele Zeitschriften gekauft, wie ich es mir finanziell leisten konnte.« (»Nicht viele«, dachte ich.) »Aber irgendjemand hat sie mitgenommen. Ich habe also gar nichts.«

»Gibt es dort keine Bücher?«

»Eigentlich nicht. Mir ist ohnehin nicht nach Lesen zumute.«

»Fernsehen?«

»Am Tag? Ich schaue ja kaum abends.«

Es stimmte. Jessie war nie ein großer Fernsehfan gewesen.

»Was ist mit einem Spaziergang? Erlaubt man dir den?«

Aber unser Gespräch führte zu nichts. Sie war so deprimiert, dass ich sie nicht aufmuntern konnte, und es hatte den Anschein, dass sie das Wochenende einfach ertragen musste.

Wir verabschiedeten uns, sie tränenreich, ich mit dem lahmen Rat, zwei Tage lang auszuhalten, dann würde das Programm sie wieder beschäftigt halten. Schließlich versprach ich noch, dass wir sie am kommenden Samstag besuchen würden.

Ich legte den Hörer auf und sah sie vor meinem geistigem Auge krank, einsam und unglücklich. Sie hatte kein Stehvermögen. Würde sie diesmal wieder weglaufen?

Ich zog die Kühlschranktür auf und fand die halbe Flasche Chardonnay, die wir am vergangenen Abend geöffnet hatten. Joe war noch nicht zu Hause, und für gewöhnlich wartete ich auf ihn, bis er daheim war, bevor ich mir etwas Alkoholisches einschenkte. Aber mir war jetzt nach einem Glas Wein zumute. Es würde etwas die Trauer mildern, die ich empfand.

Ich lauschte dem leisen Plätschern des Weins gegen die Innenseite des Glases und freute mich bereits auf den Geschmack. Waren wir so verschieden, Jess und ich? War es nur Glück, dass ich mit dem Trinken aufhören konnte, bevor ich betrunken wurde? Es gab keinen Zweifel daran, dass ich Alkohol benutzte, um meine Stimmung aufzuhellen. »Ich brauche einen Drink«, hatte ich gedacht und den Kühlschrank geöffnet. Sogar beim Einschenken erkannte ich die Ironie.

So viele in unserer Gesellschaft verdammen häufig und gründlich Drogenkonsumenten und sind von ihren Ansichten fest überzeugt. Ich habe das immer für widersprüchlich gehalten, besonders weil genau dieselben Leute Verständnis und Mitgefühl für Alkoholiker haben.

Alkoholiker probieren ihren ersten Drink genauso wie jeder in unserer Gesellschaft, der Alkohol trinkt, oftmals mit vollem Einverständnis ihrer Eltern. »Gib ihm doch ein Schlückchen.« Es ist kein Mal auf ihrer Stirn, das darauf hinweist, dass sie möglicherweise nicht mit Alkohol umgehen können. Die Mehrheit der Leute – wie ich – haben unter Kontrolle, wann und wie sie Alkohol trinken. Alkoholiker sind dazu nicht in der Lage. Und im Großen und Ganzen verstehen wir dies jetzt und bewilligen ansonsten knappe Gelder für die Erforschung der Alkoholsucht und ihrer Behandlung.

Der Drogenabhängige erhält selten solches Mitgefühl oder Verständnis. Oder solche Gelder.

Gewiss, ein Drogensüchtiger probiert illegale Drogen der einen oder anderen Art. Aber das tun auch viele unserer Jugendlichen. Nur wenige haben als Teenager nicht mindestens mal an einer Haschischpfeife gepafft. Zum Glück sind die meisten, die experimentieren, in der Lage, ziemlich leicht damit aufzuhören. Diejenigen, die es, aus welchen Gründen auch immer, nicht können, werden die Drogensüchtigen der Gesellschaft und sind geächtet.

Rauschgiftsüchtige haben nicht beabsichtigt, abhängig zu werden. Sie haben einfach mit Drogen experimentiert – auf sehr ähnliche Weise, wie viele in der Gesellschaft mit Alkohol experimentieren – und sind Opfer ihres Leichtsinns geworden. Ein Leichtsinn, den viele von uns auf andere Weise an den Tag legen. Wie viele von uns haben es hin und wieder bis nahe an die Grenze heran getrieben?

Ich dachte darüber nach, während ich auf Joe wartete. Der Wein half nicht. Ich fühlte mich lausig. Ich wählte Lucys Telefonnummer und fragte mich, ob sie Zeit für einen Plausch hatte, bevor sie zur Arbeit musste. Ihr Anrufbeantworter schaltete sich ein, und eine sexy Stimme hauchte: »Hi, mein Name ist Lucy, und ich liebe Geselligkeit, Wasserski, Mode und besonders [hier senkte sie anzüglich die Stimme] liebe ich es, Spaß zu haben. Wenn Sie mich kennen lernen wollen, hinterlassen Sie Ihren Namen und die Telefonnummer, und ich werde zurückrufen.«

Das kam so unerwartet, dass ich laut lachen musste. Ihr Anrufbeantworter war ziemlich neu, und alle paar Wochen wechselte sie die Ansage, aber dies war die bisher lustigste. »Prima für ihre Freundinnen«, dachte ich. »Hoffen wir, dass alle anderen Anrufer Sinn für Humor haben.« Als ich meine Nachricht auf Band sprach, versuchte ich, ihre Stimme zu parodieren.

»Du klingst genau wie der Typ Frau, von dem ich schwärme, Lucy. Ich hätte gern mit dir geredet, aber wenn du zu beschäftigt bist [jetzt senkte ich ebenfalls die Stimme], wünsche ich dir viel Spaß beim …« Weiter kam ich nicht.

»Hi, Mum, was hältst du von der Ansage?«, meldete sich Lucy.

Ich musste lachen, als sie berichtete, wie oft sie und ihre Freundin Karen versucht hatten, das Band zu besprechen und aufgegeben hatten, weil sie es zu lächerlich gefunden hatten. Aber sie war erfreut über das Resultat, und ihre Freundinnen fanden es fantastisch.

Ich erzählte ihr von meinem Gespräch mit Jessie.

»Wie schrecklich für Simon. Und Jessies Wochenende wird sich endlos lange hinziehen.«

»Ich habe die Sorge, dass sie einfach sagt ›Ihr könnt mich mal!‹ und abhaut.«

»Das bezweifle ich. Sie hat kein Geld, kann in Sydney nirgendwohin und kann es sich nicht leisten, hierhin zurückzukehren.«

»Ja, aber du weißt, wie entschlossen sie sein kann. Ich kann mir vorstellen, dass sie anruft und sagt ›Ich bin gegangen‹, und was ist dann? Lassen wir sie einfach im Stich und sagen ›Sieh zu, wie du zurechtkommst‹? Ich weiß, dass viele uns diesen Rat geben würden. Aber ich möchte verhindern, dass es dazu kommt.«

»Was ist mit Jeff? Er könnte sie besuchen.«

»Welche eine großartige Idee, Darling. An den hatte ich gar nicht gedacht.«

Jeff war Joes Bruder, und ein sehr besonderer Onkel für unsere Kinder. Jeff und sein Partner waren Teil unserer Familie, und wir waren glücklich, dass unsere Kinder von klein auf lernten, einen anderen Lebensstil zu akzeptieren. Aber gleichzeitig ließen wir sie nicht in Sydney bei ihm übernachten, bis sie 18 waren. Wir wussten einfach, dass er sie geradewegs in seine Lieblingsschwulenbar schleppen würde. Und das tat er dann natürlich, als sie 18 waren. Sie war begeistert.

Lucy sagte, sie würde ihn anrufen. Ich fühlte mich ein bisschen besser. Wenn Jeff Jess besuchen und wir sie über das Wochenende bringen konnten, bestand eine gute Chance, dass sie durchhielt.

Lucy rief eine Stunde später zurück. Jeff hatte ihre Nachricht beantwortet, und sie lachte immer noch über seine. »Lucy, die letzte Nacht war einfach geil. Wie wäre es, wenn wir es irgendwann wieder tun? Übrigens, mein Name ist Jeff. Ruf mich an.« Nicht die gewöhnliche Nachricht eines Onkels an seine erwachsene Nichte, aber er war ja auch kein gewöhnlicher Onkel. Er hatte versprochen, Jessie am Samstag zu besuchen.

Ich rief Jessie sofort an, damit sie sich auf etwas freuen konnte. Ich erwartete, dass dies eine kleine Aufmunterung für sie war, doch sie freute sich kein bisschen. »Mir ist nicht danach, ihn zu sehen, wenn ich so bin, Mum. Ich sehe entsetzlich aus und fühle mich schrecklich. Ich kann keinen Nachmittag lang mit ihm reden. Kannst du ihn nicht anrufen und absagen?«

»Bedaure, Liebling. Es ist abgemacht, und ich kann ihn nicht zurückrufen. Die Batterie seines Handys war fast leer«, log ich. »Er sagte, er würde gleich nach dem Mittagessen dort sein.«

»O Gott, das bedeutet, dass er den ganzen Nachmittag hier sein wird.«

»Es ist vielleicht nicht so schlimm, wie du denkst. Ich werde morgen Abend anrufen. Tschüs, Liebling.«

Es war eine veränderte Jessie, die sich am Samstagabend am Telefon meldete. Simon hatte kurz vor mir angerufen und ihr versichert, dass Fixen das Letzte sei, wonach er sich fühlte, und sie hatte einen wirklich erfreulichen Nachmittag mit Jeff verbracht. Er hatte das Personal überredet, Jess in einen nahen Coffee Shop auszuführen, und sie hatten den Nachmittag verplaudert.

»Hast du eine Ahnung, welchen Stoff er zu seiner Zeit konsumiert hat, Mum?«

»Ich nehme an, ziemlich viel von allem.«

»Das ist noch untertrieben. Aber er kann einfach mit allem aufhören. Er kam zurück, nachdem er ein Jahr lang in Bali gekokst hatte, und entschloss sich einfach, aufzuhören. Warum kann ich das nicht so leicht?«

»Wer weiß das, Liebling? Vielleicht liegt es an deinem Alter.

Vielleicht liegt es an deiner Persönlichkeit. Vielleicht gibt es so etwas wie die Persönlichkeit einer Süchtigen, und du hast sie.«

»Das habe ich mich auch schon oft gefragt.«

Ich atmete tief durch. »Ich nehme an, du bist ein wenig wie ich und mein Vater. Papa verzichtete keinen Tag auf einen Drink – meistens trank er ein paar Flaschen Bier. Ich trinke jeden Abend ein paar Glas Wein. Joe ebenfalls, aber es macht ihm wirklich nichts aus, wenn er ohne auskommen muss. Mir würde es etwas ausmachen. Ich nehme an, es ist in kleinem Maße die Persönlichkeit einer Süchtigen.«

Es war das erste Mal, dass ich es laut ausgesprochen hatte. Aber der Gedanke hatte einige Zeit lang Gestalt angenommen. Jessie war in vielerlei Hinsicht wie ich. War sie durch mich anfällig geworden oder war sie selbst dafür verantwortlich? Ich nehme an, wir werden es niemals erfahren. Aber ich hatte nicht mit ihrer Antwort gerechnet.

»Das habe ich mich auch schon oft gefragt, Mum.«

Am folgenden Wochenende besuchten wir das Jarrah House. Es war ein riesiges Ziegelsteingebäude, schmucklos und ziemlich heruntergekommen und von Wiesen umgeben. Es war ein friedlicher Anblick, doch nichts an dem Bau erweckte den Eindruck von Entspannung. Ein Wochenende ohne Beschäftigung würde sich scheinbar endlos dahinziehen.

Jess war munter und fröhlich, gut gepflegt und sehr erfreut, uns zu sehen. Sie konnte nur ein paar Stunden mit uns verbringen, aber wir hatten einen Picknickkorb mitgenommen und setzten uns auf eine vom Wind gepeitschte Klippe und aßen frisches Brot, Käse und Weintrauben. Joe machte ein Foto von einer lächelnden Jess, deren lange zerzauste Locken vom Wind in ihr Gesicht geblasen wurden, und sie bot ein Bild der Gesundheit und Vitalität.

Wie die Kamera lügen kann.

Jessie blieb die vereinbarten drei Wochen im Jarrah House. Gegen Ende der zweiten Woche rief sie an, um zu sagen, dass sie es wirklich nicht länger ertragen und sie ohnehin nicht noch mehr Nutzen aus dem Programm ziehen konnte, und ich war darauf vorbereitet, zu hören, dass sie vorzeitig gehen würde. Stattdessen sagte sie: »Ich weiß, die ganze Familie denkt, ich steige immer aus, wenn die Dinge hart werden.«

»Liebling, das liegt daran, dass du dies stets getan hast.«

»Ich weiß, ich weiß, Mum. Und deshalb werde ich bleiben. Ich habe mich verpflichtet, dies durchzustehen, und ich bin dazu entschlossen, einfach um euch zu zeigen, dass ich es kann.«

Ich atmete auf. Ob es in ihrem Interesse war oder nicht und ob sie von der letzten Woche profitieren würde oder nicht, war unmöglich zu wissen, aber es beruhigte uns, dass sie es versuchte, und es verschaffte uns einen Aufschub. Wir alle brauchten eine Atempause von den ständigen Sorgen. Wir sorgten uns nicht auf die gleiche verzweifelte Weise, wenn wir wussten, dass sie in der Rehabilitation war.

Am Tag ihrer Entlassung reisten Jess und Simon nach Canberra, blieben über Nacht und fuhren dann gleich mit dem Bus nach Melbourne, wo sie die Hochzeit eines engen Freundes von Simon feiern und dann ein paar Tage später zu uns zurückkehren wollten.

Erst jetzt ist mir klar, welcher Stress dieses Wochenende für sie gewesen sein muss. Einfach nur clean zu sein reicht nicht, wie wir im Folgenden erfahren sollten.

Nach ein paar weiteren Tagen bei uns beschlossen sie, nach Armidale zu reisen, wo sie eine Einrichtung gefunden hatten, die sie zusammen aufnahm. Es war nicht ihre erste Wahl, doch in vielen Häusern waren sie abgewiesen worden, als man festgestellt hatte, dass Jessie erst 19 war. Es hatte nichts mit ihrem Alter als solches zu tun oder damit, dass man annahm, sie sei noch zu jung, um den festen Willen zu haben, mit dem Drogenkonsum aufzuhören, sondern es lag daran, dass die Arbeitslosenunterstützung zu gering war, um ihre Kosten abzudecken.

Armidale schien mir eine radikale Maßnahme zu sein, aber es war anscheinend alles, was es gab.

Während ich dies schreibe, kommt es mir unglaublich vor, dass wir sogar nach neun Monaten ihrer Versuche, von ihrer Sucht zu genesen, nicht wussten, welche Behandlungen möglich oder ratsam für sie waren. Nicht, dass ich keinen Rat gesucht oder keine Organisationen befragt hätte, die helfen konnten. Treffen von Nar-Anon und die Selbsthilfegruppe »Drogen in der Familie« hatten moralische Unterstützung gewährt, aber es gab keine Literatur darüber, wo Familien *Rat* suchen konnten, und keiner hatte uns über Behandlungsmethoden informiert. Warum waren uns diese Informationen nicht vom DRIC gegeben worden? War das Drug Referral and Information Centre nur zur Unterstützung von Süchtigen da? Man hatte Joe und mich bereitwillig empfangen, um uns zu beraten und hatte uns große emotionale Unterstützung und Trost gegeben, aber nicht die Information, die wir brauchten.

Lag es daran, dass die Süchtigen, mit denen sie es zu tun hatten, Erwachsene und deshalb für sich selbst verantwortlich waren? Aber Familien sind oftmals außer sich vor Sorgen – und Süchtige leben im Allgemeinen in so ungeordneten Verhältnissen, dass sie manchmal Hilfe von ihren Familien brauchen, wenn sie erst den Entschluss gefasst haben, clean zu werden.

Warum brauchte ich Monate, um aus Fehlern zu lernen?

Ihre sechs Monate in Armidale begannen gut. Sie hatten genug Geld für die Busfahrt von Canberra nach Armidale, und es reichte auch für eine Taxifahrt vom dortigen Busbahnhof aus. Sie würden am späten Abend eintreffen. Ich zwang mich, mir wegen ihrer Ankunft keine Sorgen zu machen – Jess war nicht allein und in der Rehabilitation wurden sie erwartet. Es würde alles in Ordnung sein. Wie es das Glück und die Vorsehung wollten, würde Joe 14 Tage nach ihrer Ankunft drei Tage in Armidale arbeiten, und ich hatte mich entschlossen, mir einen Tag Sonderurlaub zu nehmen und hinzufliegen, um das Wochenende zusammen mit ihm zu verbringen.

Gegen 10 Uhr am nächsten Morgen klingelte das Telefon. Ich hatte mit ihrem Anruf gerechnet, jedoch nicht so früh.

»Mum, wir haben einen furchtbaren Fehler gemacht. Es ist überhaupt keine richtige Rehabilitation. Als der Taxifahrer dort hielt, sagte er: ›Sind Sie sicher, dass Sie dorthin wollen? Dies ist doch nur ein Heim, in dem obdachlose Trinker leben, nachdem sie trocken geworden sind.‹ Und so ist es, Mum. Hier sind alle Leute Ex-Alkoholiker in mittlerem Alter. Und unser Zimmer ist winzig und gegenüber der Toilette, und der Gestank heute morgen war wirklich unerträglich. Ich bezweifle, dass wir hier überhaupt bleiben können.«

Übertrieb sie oder war es wirklich unerträglich? Sie war so weit weg und verletzlich, nicht in der Lage, viel Stress auszuhalten. Wir telefonierten lange Zeit miteinander und beschlossen, dass es das Beste für sie war, es die nächsten anderthalb Wochen auszuhalten, bis wir dort raufkamen, und wenn sie dann noch wegwollte, würden wir ihnen helfen, den nächsten Schritt zu planen. Aber wir wussten wirklich nicht, wohin sie sonst gehen konnten. Und sie bestanden darauf, dass sie zusammen blieben.

Sie rief praktisch jeden Tag an, und allmählich schien sie sich einzugewöhnen. Das Zentrum war weniger strukturiert als einige der anderen Einrichtungen, in denen sie untergekommen war. Aber im Laufe der nächsten Woche besserten sich die Dinge. Sie zogen in ein Zimmer, das von der Toilette entfernt war, und sie benutzten die Fahrräder, die zur Verfügung gestellt wurden, um damit die Stadt zu erkunden. Sie liebten die Atmosphäre von Armidale.

Als wir sie besuchten, waren sie entschlossen, so lange wie möglich in Armidale zu bleiben, es als eine Möglichkeit zu betrachten, einige Zeit clean sein zu können, ohne die Sorge und den Druck zu haben, für ihren eigenen Lebensunterhalt sorgen zu müssen. Finanziell kamen sie selten über die Runden, und oftmals hatten sie keine Zigaretten mehr und waren mehrere Tage lang ohne einen einzigen Penny.

Sie hatten Recht. Es war ein deprimierendes Heim. Ein zweigeschossiges Backsteingebäude von 1960, das zwei Häuserblocks in einem reizlosen Vorort der Stadt einnahm. Es gab ein paar kleine Rasenflächen mit einigen Tischen im Freien, gleich neben den Wäscheleinen. Und der Leiter war mürrisch und kurz angebunden und tat wenig, um Vertrauen zu erwecken.

Aber sie waren in Sicherheit und darauf vorbereit, dort zu bleiben.

Einen Monat später erhielten sie Urlaub, um zu Weihnachten nach Canberra zu reisen. Ich sah Weihnachten in diesem Jahr mit keiner echten Begeisterung entgegen. Es war stets eine meiner liebsten Zeiten gewesen, besonders die Woche vor

Weihnachten. Ich liebte all die Vorbereitungen, vor denen viele andere Furcht haben. Einkäufe in letzter Minute, das Schmücken des Weihnachtsbaums, Einpacken von Geschenken, Planen von Menüs und so weiter – all das machte mir Spaß. Es war auch der Beginn meiner Vorfreude auf die Sommerferien, schulfreie Wochen, die vor mir lagen, Nachmittage mit Lesen am Pool, Herumtrödeln und Treffen mit Freundinnen.

Aber nach einem solchen traumatischen Jahr waren wir alle erschöpft.

Sam konnte wegen seiner beruflichen Pflichten nur eine knappe Woche zu uns kommen, und Jess würde mit Simon etwa zur gleichen Zeit aus der Rehabilitation zu uns heimkehren. Es war mir nicht zum Feiern zumute.

Weihnachten hatte für uns immer eine besondere Bedeutung. Die gemeinsam verbrachte Zeit, einprägsame Momente und Ereignisse waren Teil unserer Familiengeschichte.

Und entgegen meiner Erwartungen wurde dies unser schönstes Weihnachtsfest. Es lag nicht daran, dass wir alle uns mehr bemühten, weil ein so schwieriges Jahr hinter uns lag. Es war mehr die Freude darüber, die Gesellschaft der anderen wieder zu genießen. Die Freude darüber, dass wir alle zusammen waren, gesund und in der Lage, am Weihnachtsfest teilzuhaben. Es wurde nicht gesagt, aber die Zeit erschien uns kostbar, und wir waren dankbar dafür.

Sams Geschenk für Jessie war ein typisches Beispiel für dieses Gefühl. Ich schaute zu, als sie einen kleinen hölzernen Bilderrahmen auspackte, und ich nahm an, er enthielt ein Foto aus ihrer gemeinsamen Zeit in Adelaide. Doch als sie es betrachtete, kamen ihr die Tränen, und ich erkannte, dass es etwas anderes sein musste. Sam kaute neben mir auf der Couch an den Fingernägeln, als sie mir das gerahmte Gedicht zum Lesen gab.

Wie kommst du auf den Gedanken, sie würden mir fehlen,
diese verrückt machenden kleinen Spuren
deines Aufenthalts überall?
Nasse Handtücher auf dem Badezimmerboden,
lange schwarze Haare, die das Waschbecken verstopfen,
und schmutzige schwarze Schuhe, vergessen im Wohnzimmer?
Wie kommst du auf den Gedanken, sie würden mir fehlen,
die Make-up-Flecken auf dem Spiegel
oder die olympischen Ringe auf dem Tisch,
auf dem deine halb leeren Tassen gestanden haben,
dein schrecklicher Gesang,
die ständige Sorge um dich?
Wie kommst du auf den Gedanken, du würdest mir fehlen?
Nun … du fehlst mir

Am Abend des zweiten Weihnachtsfeiertags fuhren wir zum See zu einem Barbecue, zu dem sich Freunde der Kinder versammelt hatten. Und am darauf folgenden Tag unternahmen wir einen unvergesslichen Ausflug zu Sydneys Wonderland. Lucy und Sam hatten zusammengelegt, um Jess und Simon die Eintrittskarten zu schenken. Sie waren sich der Notwendigkeit bewusst, keine Geschenke zu machen, die in Bargeld umgesetzt werden konnten. Lucy und ihr Freund, Bruce, entschieden sich, mit ihnen hinzufahren, und sie überredeten uns, ebenfalls mitzukommen.

Es zeigt, wie viel uns dieser Tag bedeutete, dass wir oftmals immer noch darüber lachen. Darüber, wie Bruces Auto bei Mittagong kaputtging und die letzten paar Kilometer im Schneckentempo und qualmend und dampfend in die Stadt tuckerte, gefolgt von unserem Wagen, und wir einen anderen mieten mussten, das letzte verfügbare Vehikel in der Stadt, ein Kleinwagen ohne Klimaanlage. Wir lachten darüber, wie Lucy, Sam und Bruce für den Rest der Reise eingezwängt vorne saßen und wie unbequem und heiß es war. Wie sich Simon mit seinen langen Beinen und Jessie auf den Rücksitz unseres zweitürigen Honda quetschen mussten. Wir amüsierten uns bei der Erinnerung, wie hungrig und schlecht gelaunt wir alle schließlich am Ziel eintrafen, viel später, als wir alle erwartet hatten. Wir lachten darüber, wie Joe bei unserer Ankunft stolperte und sich den Knöchel verstauchte, ein voraussehbares Missgeschick für ihn, das wir alle lustig fanden. Erfolglos bemühten wir uns, nicht zu lachen, während er es schmerzhaft fand. Wir lachten darüber, wie wir unsere schlechte Laune auf Film bannten, als die Kamera eingeschaltet wurde; wie wir kein Essen für Simon, einen Veganer, finden konnten; wie ich heulte, absolut entsetzt, als ich aus der Weltraumschleuder stieg, nachdem ich mich in einem schwachen Moment von begeisterten Kindern zu einer Mitfahrt hatte überreden lassen; und schließlich lachten wir über Sam und Simon, die nach einem faszinierenden Schieß-Wettkampf, der die Aufmerksamkeit vieler vorbeischlendernder Besucher errang, nutzloses ausgestopftes Spielzeug gewannen, während Bruce leer ausging. Wir lachten und lachten und konnten uns gar nicht mehr einkriegen. So endete ein einfach fabelhafter Tag.

Weihnachten in diesem Jahr gab uns die Kraft, die wir alle brauchten, um dem kommenden Jahr entgegenzusehen. Sam buchte seinen Flug um und blieb ein paar zusätzliche Tage. Jessie und Simon verlängerten ein paar Mal die Zeit ihrer Abwesenheit von Armidale, weil es ihnen widerstrebte, zurückzukehren. Das kommende Jahr war, wie jedes andere, eines, dessen Ausgang wir nicht voraussagen konnten.

19. KAPITEL

Nach fast drei Wochen bei uns reisten Jessie und Simon widerstrebend ab. Sie wollten noch ein paar Tage bei Simons Mutter in Sydney bleiben, bevor sie nach Armidale zurückkehrten. Sie waren dann fast einen Monat vom Rehabilitationsheim weg und hatten gerade genügend Geld bei sich, um die Fahrt und bei der Rückkehr die Kosten zu bezahlen, die sich angesammelt hatten.

Am Abend bevor sie den Bus vom Sydney aus nehmen sollten, rief mich Jess an. Sie war sehr aufgeregt. Vor ein paar Wochen hatte sie eine schwarze Handtasche aus Kunstleder für sechs Dollar in einem Discountgeschäft gekauft. Es war ihr erster »Luxus«artikel, Ersatz für den allgegenwärtigen Rucksack, und sie liebte die Tasche. Als sie und Simon in der Oxford Street in Sydney aus dem Bus gestiegen waren, hatten sie fast sofort bemerkt, dass die Handtasche mit all ihrem Geld noch im Bus lag. Da der Verkehr dicht gewesen war, hatten sie bis zur nächsten Station neben dem Bus herlaufen können, doch eine Gruppe Jugendlicher hatte die Handtasche schon für sich beansprucht. Als Simon sie zur Rede gestellt und versucht hatte, ihnen die Tasche zu entreißen, war er von den Jugendlichen niedergeschlagen worden, und sie waren geflüchtet. Er und Jess waren sofort zum Polizeirevier gegangen und hatten die Sache gemeldet, doch man hatte erwidert, dass praktisch keine Hoffnung bestehe, die Tasche wiederzubekommen, und noch weniger, jemals das Geld wieder zu sehen.

Jessie war sehr aufgeregt, Simon war arg mitgenommen und hatte Blutergüsse, und um die Dinge noch schlimmer zu machen, nahm Simons Mutter die Sache seltsam gleichgültig hin. Sie war ausgegangen, nachdem sie die Geschichte gehört hatte.

Mir kamen keine Zweifel an Jessies Geschichte. Sie war mir scheinbar mit völlig echter Aufregung erzählt worden. Und bevor der Anruf vorüber war, versicherte ich ihr, dass Joe und ich die Geldsumme überweisen würden, die sie verloren hatten. Welches Pech für sie. Gerade, wenn die Dinge so gut liefen.

Es klingt so naiv, während ich es schreibe.

Ich habe immer noch keine Ahnung, ob dieser Anruf ein Schwindel gewesen ist. Monate später, als ich mich mit Simons Mutter traf und wir einen angenehmen Nachmittag in einem Coffee Shop in Sydney verbrachten und unsere Lebensgeschichten austauschten, erzählte sie mir, sie sei sicher gewesen, dass sie wieder fixten, was der Grund für ihr Desinteresse gewesen war. Als ich das Jess gegenüber zur Sprache brachte, beteuerte sie, dass die Geschichte stimme. Ich könne die Anzeige bei der Polizei an diesem Tag überprüfen, sagte sie. Das tat ich natürlich nicht. Und sie wird gewusst haben, dass ich das nicht tun würde. Es spielt jetzt auch kaum eine Rolle. Aber es veranschaulicht, welches Misstrauen Eltern von Heroinsüchtigen hegen.

Während der Zeit, in der sie in Armidale waren, telefonierten Jess und ich täglich miteinander. Sie rief mich an oder ich sie. Wir hätten es beide schmerzlich empfunden, wenn ein Anruf versäumt worden wäre. Alle beide. Sie klammerte sich an mich, um jemanden zum Reden zu haben, denn sie war isoliert und hatte keine Freunde. Und ich wollte verzweifelt wissen, ob sie wenigstens an diesem Tag wohlauf war. Wenn sie gute Laune hatte, war ich gut gelaunt. Wenn sie sich miserabel fühlte, ging es mir ebenso. Ich konnte ihre Gefühle nicht von meinen trennen.

Jeden Nachmittag, wenn ich das Haus betrat, schaute ich sofort nach, ob das Lämpchen des Anrufbeantworters an war, atmete erleichtert auf, wenn es nicht der Fall war, und hielt den Atem an, wenn es leuchtete.

Es gab Verzweiflungsanrufe von unterschiedlichem Ausmaß. Manchmal, an Samstagnachmittagen langweilte sie sich nur, wenn sie und Simon sich gegenseitig anwiderten, wenn sie überhaupt kein Geld hatten, vor Dienstag keines bekommen würden und sie nicht einmal mehr Zigaretten besaßen. Ich wusste, dass Jess ein Dach über dem Kopf hatte, Essen bekam und nicht allein war, doch ich hasste den Gedanken an ihr elendes Leben in diesem kleinen Zimmer in diesem Backsteingebäude und in dieser Stadt, die so weit entfernt war. Gelegentlich überwies ich am nächsten Tag 20 Dollar auf ihr Konto, nur um von Joe beiläufig beim Abendessen zu erfahren, dass er das Gleiche getan hatte. Aber manchmal taten wir nichts, und sie blieben ohne Zigaretten. Es war stets ein Dilemma. Ein bisschen zu helfen oder sie im Stich zu lassen.

Am 7. Februar, drei Tage nach meinem Geburtstag, rief Jessie an, um mir zu sagen, dass sie aufgefordert worden waren, binnen einer Woche das Heim zu verlassen. Sie hatte uns zuvor schon von jemandem erzählt, der hatte ausziehen müssen, weil man dahinter gekommen war, dass er immer noch Rauschgift nahm. Ich nahm sofort an, sie müssten das Heim aus dem gleichen Grund verlassen.

»Warum, Jessie? Warum bist du aufgefordert worden, auszuziehen?« Ich hörte selbst, dass mein Stimme kalt und überhaupt nicht mitfühlend klang. Ich zog den anderen Küchenstuhl heran, sodass ich meine Füße darauf legen konnte. Dies würde eine lange Geschichte werden.

»Es ist nicht das, was du denkst, Mum. Wir haben nicht gefixt. Warum sollten wir das tun? Wir würden es nicht riskieren, hier rausgeworfen zu werden, wir können nirgendwo sonst hin. Sie haben die Zimmer von allen durchsucht und bei uns einige Prozac-Tabletten gefunden, die Simon verschrieben wurden, bevor er herkam, und er hat ihnen nichts davon erzählt.

So sagten sie, dass er gehen muss. Und ich sagte, wenn er geht, dann ziehe ich auch aus. Also gehen wir beide. Wir haben eine Woche, um auszuziehen.«

Weitere Probleme.

Sie hofften, dass »Emergency Housing«, eine Organisation, die Obdachlosen half, ihnen irgendeine Unterkunft in Armidale beschaffen konnte, denn sie mochten die kleine Stadt und wollten dort bleiben. Sie fühlten sich noch nicht bereit, in die Großstadt zurückzukehren.

Jedes Telefonat in dieser Woche brachte ein neues Problem. Aber gegen Ende der Woche zeigte man ihnen ein kleines Haus am Rande eines Parks, nur einen Block vom Einkaufszentrum entfernt, das sie liebten. Jessie erklärte, wie feinfühlig die Frau von Emergency Housing sei. Sie habe sich vergewissert, dass sie genug Geld hatten, um etwas zu essen zu bezahlen, sich entschuldigt, dass sie warten mussten, und sie ständig informiert, wie sich die Dinge entwickelten. Sie waren es nicht gewohnt, mit solchem Respekt behandelt zu werden. Sie waren tatsächlich obdachlos, und so quartierte man sie für eine Nacht in einem billigen Pub ein und gab ihnen etwas Geld für eine Pizza (ich nahm an, dass sie von dieser freundlichen Frau aus der eigenen Tasche bezahlt wurde), und sie zogen am nächsten Tag ein. In ein leeres Haus mit nur zwei Kissen, zwei Decken, Jessies Fernseher und 100 Dollar, um das Nötigste zu kaufen.

Ich hoffe, die Frau, die ihnen das Haus zuteilte, wusste, wie wichtig sie im Leben der beiden war. Es war ihr Job, ich weiß, doch sie erledigte ihn mit Großzügigkeit und Engagement und sie wusste, dass sie ehemalige Heroinsüchtige waren, die eine Rehabilitation hatten verlassen müssen. Sie gab ihnen trotzdem eine Chance. Einige hätten das nicht getan.

Sie gaben die 100 Dollar klug aus. Die Heilsarmee besorgte ihnen ein Bett und einen Kühlschrank. Bekannte von den Narcotics Anonymous stellten zwei Sessel zur Verfügung, wir schickten einen Sack voller Bettwäsche und andere nützliche Dinge, und so richteten sie sich ein. Innerhalb weniger Wochen fand Jess einen Teilzeitjob als Kassiererin bei Woolworth. Sie konnten die Rechnungen bezahlen. Das Leben besserte sich.

Aber nicht lange.

Zwei Wochen später gab es eine Krise. Eine, mit der Jessie mit ihren 19 Jahren nicht allein fertig werden konnte, weil sie zu jung war und zu wenig Unterstützung hatte.

Sie und Simon hatten sich gestritten, und Simon war mehr oder weniger zusammengebrochen. Nicht körperlich, sondern seelisch. Er hatte auf dem Boden im abgedunkelten, leeren Schlafzimmer gelegen und sich geweigert, zu reden oder zu essen, und Jessie hatte sich ernsthaft um seine Gesundheit gesorgt. Als sie von der Arbeit heimkehrte, nachdem sie am Tag mehrmals angerufen und sich niemand gemeldet hatte, war das Haus abgeschlossen. Schließlich brach sie die Tür auf, voller Furcht, was sie finden könnte, doch Simon lag immer noch so auf dem Boden, wie sie ihn verlassen hatte.

Joe riet ihr, zu warten, denn er nahm an, das Problem würde sich von selbst lösen. Er schlug vor, dass sie so normal wie möglich weitermachte und ihm einfach nur Zeit ließ. Aber am Samstag, zwei Abende später, als sich nichts gebessert hatte, erkannten wir, dass die Sache zu ernst war und sie nicht allein damit fertig werden konnte. Simon weigerte sich, mit seiner Schwester am Telefon zu sprechen, und lehnte es ab, irgendjemanden von den NA zu sehen. In klaren Momenten sagte er, er werde nach Sydney zurückkehren, und er deutete an, dass er mit allem Schluss machen würde.

An diesem Abend beschlossen Joe und ich, seine Mutter anzurufen. Anscheinend hatte er eine Art Nervenzusammenbruch und brauchte mehr Hilfe, als Jess ihm geben konnte. Außerdem war ich der Ansicht, dass sie nicht allein damit fertig werden sollte. Ich stellte mich der netten Männerstimme, die sich am Telefon meldete, vor und erklärte, dass ich Jessies Mutter war und mit Simons Mutter sprechen wollte.

Welche Zufälle es manchmal im Leben gibt! Simons Mutter war über das Wochenende fort, und der Mann, der sich am Telefon gemeldet hatte, wohnte in ihrem Apartment. Er lebte in Adelaide, Simon hatte für einige Zeit nach seinem Verlassen von The Woolshed bei ihm gewohnt und er hatte Jessie kennen gelernt. Er kannte Simon gut und wusste von einigen seiner Probleme.

»Wenn er in der Verfassung ist, die Sie beschreiben, und sich seit mehreren Tagen nichts gebessert hat, kann Jessie nur einen Krankenwagen anrufen und ihn ins Krankenhaus einweisen lassen. In eine psychiatrische Abteilung. Seine Mutter musste das schon einmal tun. Jessie kommt gewiss nicht allein damit zurecht.«

»Sie meinen, es ist so ernst?«

Aber ich wusste, dass es das wirklich war. Deshalb hatte ich angerufen. Wir sprachen noch etwas miteinander, und er kündigte an, Simon am nächsten Morgen anzurufen, wenn Jess bei der Arbeit sein musste, und zu versuchen, mit ihm zu reden.

Ich rief Jess an und informierte sie über das Gespräch. Es widerstrebte ihr, das Krankenhaus anzurufen, wie ich es vorhergesehen hatte. Sie sagte, sie wolle noch länger abwarten, ob sich die Dinge bessern würden. Wenn es nicht besser wurde, würde sie am Dienstag, wenn seine Mutter zurückkehrte, Kontakt mit ihr aufnehmen.

Es folgten ein paar Tage der Anspannung, und ich weiß nicht, wie Jessie sie überstand.

Simon erholte sich allmählich ohne ärztliches Eingreifen, und ihr Leben begann seinen normalen Rhythmus anzunehmen – Jess in Schichtarbeit im Supermarkt, Simon im Haus, wo er Zeitung las, gelegentlich Angeln ging, abendliche Spaziergänge machte und mit ihrem Kätzchen spielte. Eine sehr schlichte Lebensweise und deshalb ungewöhnlich für ihr Alter.

Ich wusste, dass Jessie einsam war und dass ihr die Familie sehr fehlte. Sam war zu Beginn des Jahres von Adelaide nach Canberra zurückgekehrt, um Jura zu studieren. Nach drei Jahren Arbeit als Vertreter hatte er sich entschlossen, wieder Student zu werden und das zu studieren, was er wirklich wollte.

Es war solch eine Freude für uns, ihn wieder bei uns zu haben, nachdem er sechs Jahre fortgewesen war und wir ihn nur ein paar Mal im Jahr gesehen hatten. Er erwog keine Sekunde, bei uns zu wohnen, was mir gefiel, wie ich sagen muss. Er war genauso unabhängig wie wir. Er amüsierte sich über einige Freunde, die automatisch angenommen hatten, er würde heimkehren, um bei seinen Eltern zu wohnen, als billige Alternative während der Studienzeit. Es war genug, ihn in derselben Stadt zu haben. Wir brauchten ihn nicht im selben Haus zu haben.

Wenn Jess sonntags zur Mittagszeit anrief, saßen wir oftmals alle draußen im Hof und aßen frisches Brot und Käse und Salat. Es war niemals geplant. Sam rief einfach an und entschied sich, mit uns zusammen zu essen. Lucy rief an, und wenn sie hörte, dass Sam da war, entschloss sie sich, herüberzufahren und sich zu uns zu gesellen. Eine formlose Sache aus dem Stegreif, die uns allen gefiel.

Jess hörte bei ihren Anrufen Gelächter im Hintergrund. Ihre Stimme wurde dann schwach, wenn sie bat, mit einem nach dem anderen zu sprechen. Der Telefonhörer wurde herumgereicht, und die gute Laune übertrug sich auf uns alle. Sam und Lucy scherzten mit Jess, und sie reagierte entsprechend und berichtete von lustigen Ereignissen in ihrer Woche. Aber keiner ließ sich wirklich täuschen. Sie vermisste uns und wollte an unserem Familienleben teilhaben. Im Vergleich dazu war ihr Leben in Armidale fade und einsam. Sie liebte Simon, und sie hatten viele schöne Zeiten zusammen. Doch ich nahm an, dass sie oftmals traurig war.

Anfang April kündigten Lucy und Bruce, ihr langjähriger Lebensgefährte, freudestrahlend an, dass sie Ende November ein Baby bekommen würden. Lucy hatte uns stets erzählt, dass sie ein Baby haben wollte, sobald sie ihren Abschluss gemacht hätte. Es war uns nicht klar gewesen, dass sie mit ›sobald‹ drei Wochen danach gemeint hatte. Als wir unsere Überraschung überwunden hatten, feierten wir glücklich die bevorstehende Geburt unseres ersten Enkelkindes, während Jessies Einsamkeit und Distanzierung von der Familie noch verstärkt wurde. Sie wollte so sehr daheim sein, um an Lucys Schwangerschaft teilzuhaben, sie mit ihr zu erleben und sich auf die Geburt zu freuen. Sie war noch nicht über ihre Fehlgeburt hinweggekommen.

Etwa um diese Zeit, als wir an einem Sonntagmorgen gemütlich und gründlich die Zeitung lasen, Kaffee tranken und Gebäck knabberten, fiel mein Blick auf einen Artikel über einen 50-jährigen Mann.

Ich schaute zu Joe hinüber. Er sah nicht schlecht für seine fast 50 Jahre aus. »Du denkst doch daran, dass du im Mai fünfzig werden wirst?« Er blickte nicht auf, sondern nahm meine Worte mit einem Grunzlaut zur Kenntnis. »Es ist ein wichtiger Geburtstag. Ein Meilenstein. Ich nehme an, du willst eine Party geben?«

Ich wartete gar nicht erst auf eine Antwort, denn ich war bereits in Michael Boddys kulinarische Kolumne vertieft. Geburtstagspartys passten nicht sehr zu uns. Ich erinnere mich, dass die letzte an Sams 18. Geburtstag stattgefunden hatte, am Tag bevor er nach Adelaide gezogen war. Joe und ich bevorzugten es, unsere Geburtstage mit einem ruhigen Abendessen zu feiern.

»Eigentlich«, sagte Joe, »würde mir eine Party gefallen. Die einzige andere Zeit, die ich mir vorstellen kann, an der all meine Freunde zusammen sind, wird meine Beerdigung sein. Und ich wäre nicht dabei, um sie zu genießen. Ich finde, eine Party ist eine fantastische Idee. Setzen wir sie in die Tat um.«

Und so geschah es. Ein großes Zelt auf dem vorderen Rasen, zwei tragbare Heizungen, um Canberras bitterkalte Abende zu bekämpfen, Bewirtung vom Partyservice eines Freundes, gemietete Stühle, Tische, Tischdecken und Gläser, 200 blaue und weiße Luftballons, 50 von Joes Freunden und all seine Verwandten.

Es war eine kolossale Party. Freunde und Verwandte kamen aus drei Staaten, und die ersten trafen am Mittwochabend ein. Sieben waren immer noch da und frühstückten, als ich am Montagmorgen zur Schule fuhr. Vier Tage lang essen und trinken, Freundschaften erneuern und lachen. Wir waren das ganze Wochenende über mit Canberras Sonnenschein gesegnet. Selbst am Sonntagmorgen, als wir alle müde und verkatert waren, schien die Sonne strahlend, während wir draußen frühstückten.

Und als Krönung waren Jess und Simon nicht nur für die Party zurückgekehrt, sie hatten auch gepackt und waren für immer heimgekehrt. Sie hatten beschlossen, wieder in Canberra zu leben. Wir hätten nicht erfreuter sein können.

20. KAPITEL

Zum ersten Mal seit sechseinhalb Jahren wohnten wieder all unsere Kinder in derselben Stadt. Es war ein gutes Gefühl, und eines, das wir nicht als selbstverständlich betrachteten. Es war unwahrscheinlich, dass alle für immer in Canberra bleiben würden, und so waren wir dankbar dafür, so lange es uns vergönnt war.

Wir fühlten uns optimistisch, was Jessie anbetraf. Sie war fast 18 Monate lang fort gewesen und hatte den Kontakt zu fast allen Freunden verloren. Einer der verhängnisvollen Aspekte des Drogenkonsums ist, dass die Freunde ebenfalls Rauschgift konsumieren. Andere Freundschaften kommen so gut wie nicht zustande und entwickeln sich nicht. Süchtige Freunde halten zusammen und konsumieren zusammen. Drogensüchtige beteiligen sich für gewöhnlich nicht an Aktivitäten drogenfreier Freunde. Während Jessie in die Stadt zurückgekehrt war, in der sie aufgewachsen war, kehrte sie nicht in einen Freundeskreis zurück. Sie musste sich wieder neu eingewöhnen.

In der ersten Woche nach der Party wohnten Jessie und Simon bei uns, doch sie waren begierig drauf, eine eigene Unterkunft zu finden und machten sich sofort auf die Suche. Am folgenden Wochenende entdeckten sie ein sonniges kleines Apartment in einer idealen Gegend für 150 Dollar Miete pro Woche. Wir fanden die Miete viel zu hoch für sie, doch sie ließen sich nicht umstimmen. Arbeit würde kein Problem sein, sagten sie. Sie würden leicht Jobs finden. In der Zeit in Armidale hatten sie etwas von der Arbeitslosenunterstützung gespart, und wir steuerten den Rest bei.

Innerhalb weniger Tage konnte Bruce aufgrund seiner vielen Beziehungen Simon einen Job besorgen. Simon ging zum Vorstellungsgespräch, begann am nächsten Tag mit der Arbeit und kehrte nicht mehr an die Arbeitsstelle zurück. Er erzählte eine komplizierte Geschichte, wie ungeeignet er für die Arbeit sei, aber in Wirklichkeit war es ein Anzeichen dafür, wie unwohl er sich fühlte und wie unfähig er in diesem Stadium war, damit fertig zu werden. Er schlief kaum mehr als ein paar Stunden und litt an starken Kopfschmerzen. Wir versuchten, ihn nicht zu verurteilen, weil offenkundig war, dass er nicht fähig oder darauf vorbereitet war, Arbeit zu suchen.

Jessie war motivierter. Sie gab sich viel mehr Mühe, klapperte das Einkaufszentrum ab, bewarb sich häufig. Aber sie hatte nicht mehr das Selbstvertrauen. Sie und Simon fanden es schrecklich schwierig zurechtzukommen – finanziell, gesellschaftlich, emotional. Sie waren tief miteinander verbunden und aufeinander angewiesen, doch sie stritten sich unter dem Druck, selten genügend Geld zu haben, um die Miete, das Essen und das Rauchen zu bezahlen. Abgesehen von unserer Familie hatten sie keine Freunde. Wir erkannten, dass es nicht gut lief.

Und dann tat sich eine meiner Freundinnen hervor. Die Freundin ihres Sohnes arbeitete in einer Arbeitsvermittlung und war überzeugt, Jessie einen Job beschaffen zu können. Die Tatsache, dass Jessie keine Ausbildung vorweisen konnte, spielte keine Rolle. Sie war klug und würde leicht lernen. Simon fuhr sie in dem alten Cortina, den seine Mutter ihm gekauft hatte, bevor sie nach Armidale gegangen waren, zu der Agentur. Sie hatte eine Unterredung, und man trug sie in die Kartei ein.

Während dieser Zeit fühlte Jessie sich nicht in der Lage, auch nur die kleinste Entscheidung zu treffen. Wenn sie Lebensmittel kaufte, mit dem Druck, kein ausreichendes Haushaltsgeld zu haben, brach sie in Tränen aus und war häufig am Rande eines Zusammenbruchs. Es wäre für jeden eine stressreiche Phase gewesen, doch sie und Simon kämpften immer noch darum, clean zu bleiben, den Tag ohne Drogenkonsum zu überstehen, während von ihnen erwartet wurde, dass sie arbeiteten, wieder eine konventionelle Lebensweise aufnahmen, die Scherben aufsammelten und einfach weitermachten.

Es klappte einfach nicht.

An einem Samstag Ende Juni holte ich Jessie zur Mittagszeit ab, und wir fuhren zu den Gorman House Märkten, um in den Secondhand-Buden zu stöbern und vielleicht günstige Curry-Snacks zu kaufen, um sie in der Sonne zu essen.

Beim Herumschlendern klagte Jessie über Kopfschmerzen, und so kramte ich in meiner Handtasche und fand ein paar Panadol-Schmerztabletten, die sie mit ihrer Diät-Cola schluckte. Als wir zum Wagen zurückkehrten, krümmte sie sich. »Gott, mir wird schlecht, gleich hier.« Und sie übergab sich am Straßenrand. Sie war blass und schwitzte. Als ich sie heimfuhr, klappte ich den Sitz zurück, damit sie sich hinlegen konnte. Sie wollte gleich ins Bett gehen. Simon war zu Hause und schaute sich Football im Fernsehen an. Jess war anscheinend an einem Virus erkrankt.

Als ich am nächsten Tag anrief, ging es ihr nicht besser, und Simon begann, sich ebenfalls unwohl zu fühlen. Es war kaum überraschend, dass sie Opfer einer Grippe geworden waren. Sie waren gestresst, womöglich unterernährt und allgemein anfällig. Ich schlug vor, dass sie vielleicht zu uns kommen sollten, wenn sich Jessies Zustand nicht besserte und sich Simons Zustand verschlimmerte, damit sich in unserem Haus jemand um sie kümmern konnte, der gesund war. Es war eine feine Grenze zwischen Einmischung und Hilfe. Aber ich überprüfte, ob sie etwas brauchten, und überließ die Entscheidung ihnen.

Am nächsten Tag, dem Montag, begannen die Schulferien, aber ich hatte einen Fortbildungstag in der Schule. Ich war überrascht, als Joe mich am Nachmittag anrief. Wir sind nicht wie andere Ehepaare, für die es üblich ist, während des Tages miteinander zu plaudern. Wenn keine wichtige Information auszutauschen ist, konzentrieren wir uns auf die Arbeit.

»Wie läuft der Tag, Darling?«, fragte Joe.

»Höllisch langweilig. Und deiner?«

Am ersten Tag der Schulferien ist es sehr schwierig, sich für einen beruflichen Fortbildungskursus zu begeistern, so anregend er auch sein mag. Es ist viel besser, einen Kursus am Ende der Ferien zu besuchen, wenn man sich erholt hat und aufnahmefähig ist. Ich hatte Joe mit der Zeitung im Bett zurückgelassen, was es noch schlimmer für mich machte. Er war daheim, hatte seine Vorlesungen beendet und wollte viel Zeit seiner Ferien dazu nutzen, eine Forschungsarbeit zu schreiben.

»Jessie und Simon sind hier. Beide krank. Jessie liegt auf dem Futon-Bett, und Simon schläft im vorderen Zimmer. Sie haben anscheinend die Grippe. Vielleicht bringst du etwas Limonade mit.«

Es war üblich gewesen, dass es bei Erkrankungen reichlich Limonade gab, als die Kinder aufgewachsen waren. Sie erklären immer noch lachend, dass es sich gelohnt hätte, krank zu sein, weil es die einzige Zeit gewesen sei, an der sie prickelnde Drinks in Hülle und Fülle bekommen hätten.

Ich traf gegen 17 Uhr 30 zu Hause ein, natürlich mit der Limonade. Simon war nach Hause gefahren, um sich nicht aufzudrängen, aber Jess lag noch immer im Bett.

Joe kam aus dem Arbeitszimmer, als er mich hörte. »Es geht ihr nicht allzu schlimm. Sie hat noch vor einer Minute per Handy mit Lucy telefoniert. Sie ist okay.«

Ich legte meine Dinge ab und setzte mich neben Jessie ans Bett. Joe hätte mit seiner Diagnose nicht mehr daneben liegen können. Für einen intelligenten Mann hat er keine Ahnung von Krankheiten. Eine Tasse Kaffee, eine Panadol-Pille, eine Dusche und etwas frische Luft würden für ihn so ziemlich alles, außer Geburtswehen, in Ordnung bringen. Obwohl er drei Kinder großgezogen hat, bezweifle ich, dass er auch nur weiß, wie Fieber gemessen wird – er würde wahrscheinlich einen Stapel Decken auf den Patienten legen, um ihn warm zu halten.

Jessie war offensichtlich sehr krank. Abgesehen von ihrem erbärmlichen Aussehen schmerzten ihr Kopf und ihr Hals, und sie konnte kein Licht vertragen. Sie sagte, sie könne sich nicht erinnern, sich jemals so krank gefühlt zu haben. Ich brauchte nicht lange, um die Situation einzuschätzen. Ich redete ein wenig mit ihr und sagte ihr, ich würde sie zu Rick, unserem Hausarzt, bringen. Sie war seit drei Tagen krank, und es wurde nicht besser. Sie war sofort besorgt und erklärte, sie sei zu krank, um aus dem Bett aufzustehen. Ich beruhigte sie und sagte, wir würden warten und hören, was Rick empfahl.

Ich ging gleich in die Küche und telefonierte, dankbar weil ich einen Arzt hatte, dem ich sehr vertraute und der sich Zeit für mich nehmen würde, wenn ich ihm erklärte, dass es wichtig war.

Ich schilderte ihm die Symptome, so gut ich konnte.

»Können Sie Jess zur Untersuchung herbringen, Imogen? Ich muss sie sehen.«

»Ich bin mir ziemlich sicher, dass ich sie nicht in den Wagen bekommen kann.« Ich wusste, dass er das Wartezimmer voller Leute hatte.

»Ich untersuche sie sofort, wenn Sie hier eintreffen, Imogen.«

»Danke, Rick.«

Joe sah mich überrascht an, als ich es ihm sagte. »Es ging ihr gut, als sie mit Lucy telefoniert hat.«

Ich schluckte meinen Ärger hinunter. »Möglich, dass es den Anschein machte, aber ich bin besorgt, und Rick meinte, er sollte sie untersuchen.«

Jess in den Wagen zu bekommen, war nicht so leicht, wie ich gedacht hatte. Sie protestierte lautstark und erklärte heftig, sie müsse nirgendwohin fahren. Aber schließlich überzeugte ich sie, dass sie zum Arzt musste, und sie ging langsam mit mir zum Wagen und stieg ohne Hilfe ein. Sie trug immer noch ihren ausgebeulten alten Pyjama und Pantoffeln. Sie war viel zu krank, um sich Gedanken über ihr Aussehen zu machen.

Die Sprechstundenhilfe erwartete uns bei unserem Eintreffen vor dem Sprechzimmer. Jess war es unmöglich, sich auf den Stuhl zu setzen. Sie bestand darauf, dass sie liegen müsste, und sie legte sich auf den Boden und klagte über das Licht und die Geräusche sprechender Leute. Die Sprechstundenhilfe und ich führten sie in ein nahes Behandlungszimmer, wo sie sich auf eine Liege legte und in der Dunkelheit stöhnte. Ich hielt Jessies Hand und wartete.

Rick untersuchte sie gründlich, wobei er das Licht so gedämpft wie möglich hielt. Dann rief er mich in sein Sprechzimmer.

»Sie werden sie sofort ins Krankenhaus bringen müssen, Imogen. Ich fürchte, es könnte Meningitis sein. Es wird eine Lungenpunktur vorgenommen werden müssen. Ich gebe Ihnen ein Schreiben mit.«

Ich nickte. Ich hatte mit so etwas gerechnet.

Die Fahrt zum Krankenhaus war von Jessies ersten Panikanfällen begleitet. Sie wurde fast hysterisch, während ich mich auf den Verkehr der Stoßzeit zu konzentrieren versuchte. Sie schrie, sie könne sich unmöglich Blut für eine Untersuchung abzapfen lassen. Sie könne keine Nadel in ihrer Nähe ertragen. Ich müsse den Ärzten das klarmachen.

Ich versuchte, sie zur Vernunft zu bringen, sagte ihr, eine Diagnose würde ohne eine Blutentnahme unmöglich sein. Es würde schnell gehen. Man würde Verständnis für ihre Ängste und ihre Vorgeschichte haben. Ich würde erklären, dass sie intravenös Drogen genommen hatte. Man würde Verständnis haben.

»Du musst es ihnen sagen, Mum. Auf mich werden sie nicht hören. Du musst ihnen sagen, das sie keine Blutuntersuchung machen können.« Und die Hysterie begann von neuem.

Ihre Panik ließ nur vorübergehend nach, als wir das Krankenhaus betraten. Jess stützte sich auf meinen Arm, und ich setzte sie ins Wartezimmer, ging zur Oberschwester und gab ihr das Schreiben vom Hausarzt. Ich zählte noch einmal die Symptome auf und fügte mit ruhiger Stimme hinzu, dass sie eine genesende Drogensüchtige war, die eine Phobie gegen Nadeln hatte. Sie fragte, wann Jessie zum letzten Mal Drogen konsumiert hatte, und ich erwiderte, dass es ungefähr sechs Monate her war. Auf meine Bitte hin brachte man Jessie in ein Bett, damit sie liegen konnte. Sie lag dann wartend da, zeitweise ruhig, dann wieder aufgeregt und mit einer Decke über dem Kopf, um kein Licht ertragen zu müssen und weil sie sich laut über den Lärm im Zimmer beklagte. Sie war extrem empfindlich.

Ein junger Arzt untersuchte sie gründlich und freundlich. Er erwähnte eine Lungenpunktur, was sofort wieder Jessies Panik auslöste. Nein, sagte sie, sie könne sich keiner Lungenpunktur unterziehen. Das komme nicht in Frage. Nein, sie könne keine Blutprobe ertragen. Sie regte sich auf und war nicht zu besänftigen. Ruhig und sachlich erklärte ich den Grund für ihre Panik. Der junge Arzt nickte und versicherte Jess, er würde auf eine Blutentnahme verzichten, wenn es sich vermeiden ließ. Mir erklärte er, er würde einen Kollegen hinzuziehen, um eine zweite Meinung zu hören. Ein anderer Arzt erschien, ebenfalls jung und freundlich. Unter anderen Umständen hätte Jess beide attraktiv gefunden. Ihre Empfindlichkeit besserte sich nicht, als der zweite Arzt, gleichfalls verständnisvoll, ihren Kopf bewegte und sie untersuchte. Bei jeder Bewegung zuckte Jess zurück und beschwerte sich lautstark und rüde.

Schließlich nahmen mich die Ärzte beiseite. Sie bezweifelten, dass Jess Meningitis hatte. Sie zeigte zu viel Bewegungsfähigkeit mit ihren Hals. Sie war auch in der Lage, zur Toilette zu gehen, um ohne Hilfe eine Urinprobe abzugeben und ohne das Gleichgewicht zu verlieren. Unter normalen Umständen würden sie zur Bestätigung ihrer Diagnose eine Lungenpunktur durchführen, doch angesichts Jessies starken Widerstandes würden sie diesmal darauf verzichten. Ich fragte die Ärzte, was ich zu erwarten hatte, und sie erwiderten, es würde ihr langsam wieder besser gehen, innerhalb weniger Tage, wie es bei einer Grippe der Fall war. Dann winkte mich der erste Arzt zu sich auf den Gang hinaus, während sein Kollege davonging.

»Es ist vielleicht keine gute Idee, vor Jess von ihrem Drogenkonsum zu reden«, sagte er. »Ein anderes Mal sollten Sie einfach den Arzt zur Seite nehmen und es ihm unter vier Augen sagen. Wenn man sich vom Drogenkonsum erholt, verliert man sein Selbstvertrauen und seine Selbstachtung. Dann ist es einem peinlich, wenn jemand vor einem darüber redet.«

Ich fühlte mich getadelt. Ich musste auf ihn sehr gefühllos gewirkt haben. Es hatte keinen Sinn, mein Verhalten zu crklären und zu sagen, dass Jess mich angefleht hatte, es an ihrer Stelle zu sagen und dass ich absichtlich in ihrem Beisein darüber gesprochen hatte, damit sie es hören konnte. Vielleicht hätte ich es dem Arzt trotzdem diskret mitteilen sollen. Aber es war tröstend, einen Arzt kennen zu lernen, dem ihre Interessen am Herzen lagen. Ich dankte ihm für seine Engagiertheit und entschuldige mich für Jessies schlechtes Benehmen. Er zuckte nur die Achseln. Ich nehme an, er hatte viel Schlimmeres erlebt.

Jessie kam mit mir heim, und in den nächsten beiden Tagen zeigte sich keine echte Verbesserung ihres Zustands. Am Mittwochmorgen, als sie aus dem Bett aufstand, um zur Toilette zu gehen, beschwerte sie sich bitter über Muskelkater in den Beinen. Ich sagte ihr, sie könne keinen Muskelkater haben, denn sie habe seit Tagen im Bett gelegen. Vielleicht sei sie einfach ein bisschen verspannt vom Liegen. Aber es gab keinen Zweifel daran, dass sie humpelte, sich nicht gerade aufrichten konnte und offensichtlich Schmerzen beim Gehen hatte.

An diesem Abend spielte ich Babysitter für Sue und Michaels Kinder in ihrem Haus. Es war mein Geburtstagsgeschenk für sie gewesen, und sie gingen zum Abendessen aus. Ich las den Kindern ihre Lieblingsgeschichten vor, brachte sie ins Bett und gab ihnen einen Gutenachtkuss. Es waren lebhafte Kinder, aber sie gingen sehr brav ins Bett. Ich machte es mir vor dem Kamin mit einem Buch und einem Glas aus der Flasche des sehr guten Chardonnay bequem, die Sue für mich geöffnet hatte. Keine so schlechte Art, auf kleine Kinder aufzupassen.

Gegen 21 Uhr 30 rief Joe an. »Ich mache mir Sorgen wegen Jess. Du weißt, dass ihr die Beine wehgetan haben. Nun, es ist viel schlimmer geworden. Sie kann keine Berührung oder Bewegung der Beine vertragen. Simon musste sie vor einer Minute auf die Toilette tragen, und es gibt keinen Zweifel daran, dass sie starke Schmerzen hat.«

Das war nicht in Ordnung. Eine Grippe wirkte sich nicht so aus. Ich nippte am Wein und überlegte, was zu tun war. Wir beschlossen, beim Krankenhaus anzurufen und um Rat zu fragen. Jess hatte sich zur Nacht hingelegt, und vielleicht besserte sich ihr Zustand bis zum Morgen. Ich hatte Glück und konnte mit einem der Ärzte sprechen, die sie untersucht hatten, und tatsächlich erinnerte er sich an Jessie. Natürlich. Nur wenige Patientinnen beschwerten sich so heftig.

Was er von mir hörte, war gewiss nicht das, was er erwartet hatte, und er schlug mir vor, sie sofort am Morgen ins Krankenhaus zu bringen, früher, wenn sich der Zustand im

Laufe der Nacht verschlimmern sollte. Ich gab das an Joe weiter und verließ mich darauf, dass er Jess im Auge behielt, bis ich heimkam; Sue und Michael würden nicht mehr lange weg sein.

Jess war ruhig, als ich um 22 Uhr 30 nach Hause kam, schlief jedoch nicht. Sie konnte keine Berührung an ihren Beinen ertragen, aber sie schien für die Nacht okay zu sein.

Am Morgen ging es ihr schlechter. Sie konnte keinerlei Gewicht auf sich ertragen, nicht einmal eine Decke, und sie hatte offensichtlich Schmerzen. Simon war frühzeitig zurückgekehrt, und er half ihr behutsam in den Wagen. Am Krankenhaus konnte ich einen Pfleger dazu bewegen, sie vom Wagen aus in einen Rollstuhl zu heben.

Diesmal war die Behandlung anders.

Die Dienst habende Schwester nahm Jessies Krankengeschichte auf und stellte einige sehr laute Fragen über ihren Drogenkonsum, obwohl die Information erst vor drei Tagen in ihrem Computer gespeichert worden war. Sie fuhr sie mit dem Rollstuhl in ein Untersuchungszimmer und maß ihren Blutdruck. Jessie fragte, ob sie sich hinlegen konnte. Die Schwester erklärte, es seien keine Betten frei. Jess fragte, warum sie sich nicht auf das freie Bett neben ihr legen konnte, und erhielt die Antwort, es werde für andere Patienten gebraucht. Ich fragte nach einem Bett sonst wo, irgendwo, und sie sagte mir, es sei keins frei. Es saß nur eine einzige andere Person im Wartezimmer. Es war halb zehn an einem Donnerstagmorgen. Es gab keine Hektik und keinen Betrieb, der darauf schließen ließ, dass alle Betten belegt waren. Keine Schwester ging über die Flure. Keine Geräusche waren zu hören. Trotzdem konnte Jess sich nirgendwo hinlegen.

Ich schob den Rollstuhl in die stillste Ecke, die wir finden konnten. Aber Jess wurde immer aufgeregter und litt immer mehr beim Sitzen. »Mum, ich übertreibe nicht.« Ich hielt ihr vor, wie peinlich und scheußlich rüde ihr Verhalten am Montagabend gewesen war. »Aber ich muss liegen«, erwiderte sie. »Wenn ich mich bewegen könnte und es nicht so wehtäte, würde ich mich auf den Boden legen.«

Mir reichte es. Sie war sehr krank, und es war offensichtlich Blödsinn, dass für sie kein Bett zur Verfügung stand.

»Warte hier, Liebling. Es dauert nur einen Moment. Ich werde irgendwo ein Bett finden.«

Wenn ich in Fahrt bin, kann ich ziemlich aufbrausend sein. Dies war mein Kind, das Aufmerksamkeit brauchte. Ich stürmte entschlossen über den Flur, an dem die Zimmer für Unfallpatienten lagen. Jedes Bett war leer. Ich kochte vor Zorn. Als ich mich auf den Rückweg zu Jess machte, entschlossen, sie notfalls einfach in eines der Betten zu legen, kehrte die Dienst habende Schwester zurück und musste meine Miene gesehen haben. Bevor ich etwas sagen konnte, erklärte sie fröhlich: »Sie können Ihre Tochter jetzt in Zimmer vier bringen.«

Ich bereue zutiefst, dass ich sie nicht wegen ihrer Gleichgültigkeit zur Rede stellte. Stattdessen bedankte ich mich, viel zu höflich, denn sie verdiente überhaupt keinen Dank, und fragte, ob wir einen Pfleger haben konnten, der Jess aus dem Rollstuhl aufs Bett trug, weil sie nicht gehen und sich nicht bewegen konnte. Schnell erschien einer. Natürlich. Es gab niemanden sonst, um den er sich hätte kümmern können. Jess lag dann in der Position, in der er sie abgelegt hatte, ich deckte sie zu, und sie blieb ruhig liegen.

Nur ein paar Minuten später bekam sie einen Panikanfall. Abermals die laute Hysterie und das Schreien, dass sie keine Blutentnahme ertragen konnte. Ich schloss die Tür, damit ihr Wehgeschrei nicht über die Flure hallte, und allmählich beruhigte sie sich wieder. Während wir warteten, warf ich einen Blick auf die Notizen der Dienst habenden Schwester. Auf dem ersten Blatt stand »Muskelschmerzen«. Nichts sonst. Was lief hier ab? Der Zustand, den ich beschrieben hatte, konnte nicht angemessen mit »Muskelschmerzen« zusammengefasst werden. Jess war seit vielen Tragen krank, und es ging ihr kein bisschen besser. Sie konnte nicht gehen, keine Belastung ertragen und hatte starke Schmerzen, wenn ihre Beine berührt wurden. Es war, als ob man einen komplizierten Beinbruch als »Schmerzen im Bein« bezeichnete.

Schließlich wurde Jess von einer jungen Ärztin behandelt. Sie las das eine Wort, das zur Beschreibung von Jessies Zustand notiert worden war, und ich erklärte ihr sorgfältig die Symptome und wie sich der Zustand bis jetzt verschlechtert hatte. Fast sofort sagte sie, dass man bei einer Grippe mannigfaltige Muskelschmerzen bekommen kann. Ich erklärte ihr, dass Jess keine Grippe hatte, und beschrieb von neuem die letzten paar Tage in allen Einzelheiten. Irgendwann legte die Ärztin die Hand auf die Decke über Jessies Bein, aber zu keinem anderen Zeitpunkt berührte sie Jess in irgendeiner Weise oder machte sich die Mühe, sie zu untersuchen. Mir war klar, dass die Konsultation beendet war, als die Ärztin Jess sagte, sie werde ihr Panadol geben, und die Schmerzen würden in ein paar Tagen nachlassen.

Ich bemühte mich um einen freundlichen Tonfall. »Mit Verlaub, Frau Doktor, ich bezweifle, dass Ihnen klar ist, wie krank Jessie ist. Sie haben sie nicht untersucht. Dies ist kein einfacher Fall von Grippe.«

»Sie wünschen also, dass ich ihre Brust abhorche? Ihr in den Hals schaue?«

»Nein«, sagte ich, unendlich geduldig und höflich, »ich wünsche, dass Sie meine Tochter gründlich untersuchen. Das haben Sie noch nicht getan.«

»Sie waren am Montagabend zufrieden mit der Diagnose Grippe. Warum sind Sie das jetzt nicht?«

»Der Unterschied ist –«, meine Stimme wurde eine Spur schärfer, »– dass sie da von zwei Ärzten gründlich untersucht wurde. Sie haben sie nicht untersucht. Ich bezweifle, dass Ihnen klar ist, dass Jessie sich nicht bewegen kann. Das ist nicht typisch für eine Grippe.«

Ich war so wütend, dass ich nach ihrem Namen fragte, ihn buchstabieren ließ und ihn mir einprägte. Dann verlangte ich, dass Jessie von einem anderen Arzt untersucht wurde.

»Also gut«, sagte sie und verschwand. Nur ein paar Minuten später kehrte sie mit einer Spritze und einem Gummiband in der Hand zurück. »Es ist im Augenblick kein Arzt verfügbar. Sie werden warten müssen. Ich werde ihr unterdessen schon mal Blut abnehmen.«

Ich war schockiert. »Warum haben Sie sich entschlossen, ihr Blut abzunehmen, wenn sie es vor einer Minute nicht einmal für nötig hielten, in ihren Hals zu schauen oder sie sonst wie zu untersuchen?«

»Sie wollten die Untersuchung. Also untersuche ich sie.«

»Du boshaftes Weibsstück«, dachte ich. »Du hast zuvor keinen Moment lang eine Untersuchung auch nur erwogen. Du weißt durch ihre Krankenakte, dass sie eine Phobie vor Nadeln hat. Wie kannst du das tun?«

Das dachte ich, aber ich sagte es leider nicht. Warum bin ich so gut erzogen worden, dass ich stets das Gefühl habe, höflich bleiben zu müssen, selbst wenn jemand keine Höflichkeit verdient? Ich zwang mich zur Ruhe. »Lassen Sie Jessie in Frieden. Rühren Sie sie nicht an. Ich werde ihr von meinem eigenen Arzt helfen lassen. Ich brauche jetzt jemanden, der ihr in den Rollstuhl und in den Wagen hilft.«

Sie ging. Während alldem hatte Jess ganz ruhig dagelegen und geschwiegen. Ich glaube, sie wusste, dass ich trotz meiner erzwungenen Höflichkeit vor Zorn kochte. Ich erzählte der Schwester, die uns zum Wagen half, dass die Ärztin sich geweigert hatte, Jess zu untersuchen. Sie bot an, sofort einen anderen Arzt für uns zu holen, aber zusammen mit dem Widerwillen der Oberschwester, Jess ein Bett zu geben, hatte ich es satt. Ich lehnte ihr Angebot ab.

Simon trug sie vom Wagen aus ins Haus. Ich hatte auf dem Rasen direkt vor dem Eingang geparkt. Ich ging sofort zum Telefon, rief Rick an und erklärte, was geschehen war.

»Ich kann nicht glauben, dass Jess nicht schon am Montagabend aufgenommen worden ist. Sie muss noch heute von einem Spezialisten untersucht werden. Sie bleiben mit ihr zu Hause, Imogen, und ich rufe schnellstmöglich zurück.«

Keine halbe Stunde später klingelte das Telefon. »Ich habe einen Termin für heute Nachmittag, sechzehn Uhr, bei einem Neurologen in seiner Praxis in Deakin. Können Sie Jess dorthin bringen?«

Ich versicherte ihm, dass ich das konnte, und dankte ihm überschwänglich. Dann rief ich den Spezialisten an, um zu fragen, ob ein Rollstuhl verfügbar sein würde, wenn wir sie dort aus dem Wagen in die Praxis bringen mussten. Bei alldem hatten wir vergessen, dass sie auch noch Grippe hatte und sich lausig fühlte.

Der Spezialist behandelte sie behutsam, untersuchte ihre Beine mit Elektroden, was offensichtlich sehr schmerzhaft war, aber er entschuldigte sich dafür, dass er ihr wehtun musste, und erklärte, was er tat und warum. Zur Abwechslung und Gott sei Dank war Jessie eine Musterpatientin. Ich nehme an, sie war zu krank und besorgt über das, was geschah, um auch nur daran zu denken, rüde und aggressiv zu sein.

Der Neurologe diagnostizierte Meningitis, mit der seltenen Komplikation Neuritis.

Er versicherte mir, dass sie vermutlich über das Schlimmste hinweg sei und sich jetzt allmählich erholen werde. Er verschrieb Medikamente gegen die Schmerzen in ihren Beinen. Sie hätte früher ins Krankenhaus eingewiesen werden müssen. Konnten wir zu Hause zurechtkommen? Natürlich konnten wir das, wenn sie außer Gefahr war.

Ich fuhr mit Jess heim und verfluchte die Ärztin, die ohne jede Untersuchung behauptet hatte, Jess habe nur Grippe. Ich brachte Jessie ins Bett, ging sofort zum Computer und schrieb einen scharfen Brief an den Leiter des Krankenhauses.

Eine Woche später traf ich mich mit ihm und den leitenden Ärzten der Notaufnahme und brachte meine Beschwerden vor, die man nicht ernst nahm, wie ich spürte, und die auch nicht angemessen in dem Schreiben behandelt wurden, das man mir schließlich schickte, obwohl man darin erwähnte, dass das Personal, das in den Vorfall verwickelt gewesen war, ermahnt worden war. Niemals entschuldige sich die Krankenhausleitung oder nahm auch nur zur Kenntnis, dass Jessies Behandlung unzureichend gewesen war.

Ich reichte später eine Dienstaufsichtsbeschwerde ein und beschwerte mich offiziell bei der Ärztekammer. Man erklärte mir, dass meine Erfolgsaussichten beschränkt seien, dass ich niemals ein Schuldanerkenntnis des Krankenhauses, dass seine Behandlung nicht angemessen gewesen sei, bekommen würde. Es sei bereits ein großes Zugeständnis des Krankenhauses gewesen, zuzugeben, dass das Personal ermahnt worden sei.

Das erschien mir unbefriedigend. Ich wäre zufrieden gewesen, wenn man verbal und »inoffiziell« die Schuld eingestanden hätte, statt sich darauf zu berufen, dass alle Beteiligten vorschriftsmäßig gehandelt hätten und alle Betten belegt gewesen seien. Und ich hätte mir eine Erklärung von der Ärztin gewünscht.

Es besteht kein Zweifel darüber, dass sowohl die Oberschwester als auch die Ärztin Jesse so behandelten, weil sie drogensüchtig war.

Wie der Neurologe vorausgesagt hatte, besserte sich Jessies Zustand. Das Schlimmste war überstanden. Die Tabletten gegen ihre Neuritis wirkten, und die Besserung machte rapide Fortschritte. Es ging ihr bald wieder gut genug, sodass sie nach dem Wochenende in ihre eigene Wohnung zurückkehren konnte. Und nur Wochen nach der Eintragung in die Kartei der

Arbeitsvermittlung wurde ihr ein Job angeboten. Sie war noch nicht gesund genug, um ihn anzunehmen, aber sie war so zuversichtlich wie die Agentur, dass bald eine andere Stelle in Frage käme. Die Zeit der Krankheit hatte ihr Zeit zum Ausruhen und zum Gewinnen seelischer Kraft gegeben. Unterdessen hatte ich immer noch eine Woche Ferien übrig. In der ersten Woche war ich so beschäftigt gewesen, dass mir gar nicht klar geworden war, wie erschöpft und elend ich mich fühlte. Es freute mich, dass ich frei gehabt hatte, um mich um Jessie zu kümmern, während sie so krank gewesen war, aber gleichzeitig war ich froh, dass ich noch eine Woche für mich allein hatte. Sie erschien mir nicht lang genug, besonders weil wir am Wochenende eine Gruppe von Freunden in Wodonga treffen würden, aber ich würde das Beste daraus machen. Meistens verbringe ich die Ferien mit Herumtrödeln, mit dem Erledigen von Dingen im Haushalt, die ich während der Arbeitszeit aufgeschoben habe, mit Lesen in der Sonne, mit gemeinsamen Essen mit Freundinnen, mit Einkaufsbummeln, Kinobesuchen und dem Kochen von zeitaufwändigen Mahlzeiten. Nicht viel, aber angenehm.

Nicht diese Woche.

Dieses Mal verbrachte ich viel Zeit der verbliebenen Ferienwoche, indem ich untätig auf der Couch saß. Ich konnte am Morgen nur schwer aus dem Bett aufstehen und konnte es kaum erwarten, mich am Abend wieder hineinzulegen. Alles war eine riesige Anstrengung. Es gab kein erfreuliches Herumtrödeln. An einem Tag zwang ich mich, in die Nationalbibliothek zu gehen, was ich mir seit langem vorgenommen hatte, doch ich schaffte es kaum, Interesse dafür aufzubringen. Ich nahm das Wochenende in Wodonga hin, aber ich genoss es nicht und entschuldigte mich so früh wie möglich, um zu Bett zu gehen.

Eine meiner Freundinnen kam zu mir und legte den Arm um mich. »Ist wirklich alles in Ordnung, Imogen? Du wirkst so verändert.«

»Mir geht's prima«, erwiderte ich locker. »Ich bin nur ein bisschen müde. Ich glaube, mich um Jessie zu kümmern hat mich ein wenig erschöpft.«

Die Schule fing wieder an, und für mich begann wieder der Trott. Ich konnte nur drei Wochen arbeiten, und dann würde ich lange Zeit wegen Krankheit fehlen. Ich musste einen operativen Eingriff vornehmen lassen, und durch einen glücklichen Zufall fiel die Zeit mit Joes dreimonatigem Aufenthalt in Sydney während seines Ferienjahrs als Professor zusammen. Während meiner Rekonvaleszenz würde ich mich für fünf Wochen zu ihm gesellen können. Ich freute mich darauf – wenn erst die Operation vorüber wäre.

Ungefähr eine Woche nach Beginn des Semesters rief mich meine Direktorin in ihr Büro. »Sind Sie sicher, dass Sie nicht zu viel tun, bevor Sie in Urlaub gehen, Imogen? Ich will nicht, dass Sie sich völlig verausgaben. Wir können einige Ihrer Projekte übernehmen. Sie müssen nicht alle noch vor ihrem Urlaub erledigt werden.«

Ich war überrascht, dass sie das sagte. Ich hatte arbeitsreichere Zeiten gehabt. Ich war es gewohnt, viel zu schaffen. Ich dankte ihr für ihre Besorgnis und versicherte ihr, dass ich genügend Zeit hatte, um alles zu erledigen.

Am folgenden Donnerstag fing Sue mich während einer Pause auf dem Flur ab. »Ich habe soeben den Dienstplan überprüft. Wir haben zur Mittagszeit beide frei. Wie wäre es, wenn wir einen Hamburger essen? Wir hatten seit den Ferien keine Gelegenheit, mal wieder richtig miteinander zu reden.«

Ich überlegte kurz. Ich hatte mir vorgenommen, einen Stapel Fotokopien zu machen. Das konnte warten. Vielleicht brauchte Sue das Gespräch.

»Okay«, sagte ich. »Wir werden entsprechend unterrichten.«

Sie lachte. Es war ein privater Scherz von uns, dass wir darauf achteten, die Schulstunde auf keinen Fall zu überziehen, damit wir die Zeit für das Mittagessen einhalten konnten. Es war eine jener Zeiten, an denen wir nie zu einem Schüler sagten: »Komm bitte in der Mittagspause zu mir.«

Die Sonne war kaum warm genug, um die Kälte des Julis zu vertreiben, als wir uns im örtlichen Einkaufszentrum an einen Tisch im Freien setzten, Sue mit einem Hamburger, ich mit Pommes. Sie verschwendete keine Zeit. Bei einer zeitlich begrenzten Mittagspause muss man gleich zur Sache kommen.

»Was ist also los? Was stimmt nicht?«

»Wie meinst du das ›was ist los?‹« fragte ich. »Nichts ist los. Mir geht's prima.«

»Wie geht es Jess? Ist sie okay?«

»Sie ist ziemlich gut genesen. Ich nehme an, es ist jetzt alles in Ordnung.«

»Nun, etwas ist *nicht* in Ordnung. Du bist nicht mehr du selbst. Jedem ist das aufgefallen.«

»Tatsächlich? Ich nehme an, es liegt einfach daran, dass ich müde und deshalb ein bisschen distanziert bin.«

»Fühlst du dich gut?«

Ich zögerte mit der Antwort und überlegte. Eigentlich fühlte ich mich überhaupt nicht gut.

Und dann antwortete Sue für mich. »Nimmst du noch deine Antidepressiva?«

»Nun«, erwiderte ich zögernd, »eigentlich nicht. Seit ein paar Wochen nehme ich sie nicht mehr. Ich habe sie lange genug eingenommen und will nicht eine der Frauen in mittlerem Alter werden, die dauernd Antidepressiva schlucken.«

»Weiß dein Arzt davon? Hat er dir gesagt, du sollst mit der Einnahme aufhören?«

»Nein, das habe ich einfach selbst entschieden. Nach Joes Party habe ich mich gut gefühlt und ein paar Mal vergessen, die Tabletten zu nehmen, und dann habe ich ganz damit aufgehört.«

Sie schüttelte den Kopf. »Du Dummerchen. Du *bist* eine dieser Frauen in mittlerem Alter, die Antidepressiva schlucken. Du kannst nicht einfach damit aufhören. Sieh dich an. Du bist deprimiert, nicht wahr? Wirklich depressiv. Vielleicht schlimmer, als es sich zeigt. Aber man sieht es dir an. Jeder hat mich gefragt, was mit dir nicht in Ordnung ist.«

Das war also nicht in Ordnung mit mir. Das war der Grund für meine Niedergeschlagenheit, meinen Antriebsmangel. Ich hatte gewusst, das etwas nicht stimmte, aber ich hatte mich einfach daran gewöhnt, mich so schlecht zu fühlen.

»Hat dir dein Arzt nicht gesagt, dass du die Antidepressiva lange Zeit nehmen werden musst?«

»Nun, ja, das hat er gesagt. Aber ich will sie einfach nicht weiterhin nehmen müssen.«

»Imogen, warst du nicht diejenige, die mich überredet hat, sie zu nehmen, als ich nach der Geburt meines Kindes deprimiert war, und der Arzt sie mir verschrieben hatte?«

»Ja, aber das war etwas anderes. Das warst du.«

Wir mussten beide lachen, und wir stopften uns weiter mit einem Wochenvorrat Fett und Salz voll.

»Hast du noch Medikamente übrig oder brauchst du ein neues Rezept?«

»Ich glaube, ich habe noch einige Tabletten. Genug, um sie weiter einzunehmen, bis ich einen Termin bei meinem Arzt bekommen und mir neue verschreiben lassen kann.«

»Du wirst sie also nehmen?«

Es klang so vernünftig, wenn sie es sagte. Und die Erkenntnis, dass ich mich besser fühlen konnte, wenn ich sie nahm, wie es zuvor der Fall gewesen war, hatte etwas Tröstliches. »Ja, ich werde gleich wieder mit der Einnahme beginnen, wenn ich daheim bin.«

»Gut. Kann ich jetzt ein paar von deinen Pommes haben?«

Genau eine Woche später fühlte ich mich beim Aufwachen besser. Ich wusste, dass die Depression nachgelassen hatte, ja fast verschwunden war. Als ich in einer Pause im Lehrerzimmer saß, fragte eine meiner Kolleginnen: »Hast du dich heute anders frisiert? Du siehst viel besser aus.« Allgemeine Zustimmung setzte ein.

»Nur ein guter Tag zum Frisieren, nehme ich an.« Und ich fing Sues Blick auf und lächelte.

21. KAPITEL

Joe hatte ein Apartment in Erskineville gemietet, etwa 10 Minuten zu Fuß von der King Street in Newton, gewiss eine der faszinierendsten, buntesten und pulsierendsten Straßen in Sydney, mit vielen Restaurants und überall jungen Leuten mit Tätowierungen, Körper-Piercing, abscheulichen Haarschnitten und extremer Kleidung. Ich fühlte mich im Vergleich dazu sehr alt und konservativ.

Das Apartment war völlig anders als die Zimmer in unserem Haus, und ich war begeistert davon. Es befand sich in einem großen modernen und gesicherten Komplex, der Erinnerungen an Melrose Place wachrief. Es gab ein Schlafzimmer, das auf einen sonnigen Hof hinausblickte, ein Badezimmer und eine Kombination aus Küche und Wohnzimmer. Im Wohnzimmer standen ein gemütlicher rot und gelb bezogener Sessel mit dazu passender großer Fußbank, ein Einzelbett, das als Couch benutzt wurde und mit königsblauem Stoff bezogen war. Es war beladen mit leuchtend bunten Kissen – pinkfarben, limonengrün, gelb, orange und rot. Im Vergleich dazu wirkte unser Haus in Canberra mit seinen neutralen Farben regelrecht fade. Am ersten Tag ging ich in die King Street und kaufte einen großen Strauß purpurfarbener Blumen, um dem Chaos von Farben eine weitere hinzuzufügen. Nach unserer Rückkehr nach Canberra experimentierten wir mit der gleichen Art farbiger Kissen in unserem Wohnzimmer, eine dekorative Katastrophe, die wir erst nach ein paar Monaten erkannten. Die Farbenpracht passte zu dem Apartment in Sydney, nicht zu unserem Haus mit seinen grauen Ledermöbeln und cremefarbenen Vorhängen. Wir sind jetzt wieder Grau, Schwarz, Creme und Gelbbraun treu, und Sam ist der Empfänger vieler limonen- und türkisfarbener Kissen.

Obwohl es Jessie jetzt körperlich gut ging, bereitete es mir Unbehagen, sie in Canberra allein zu lassen, während ich nach Sydney reiste. Die Wochen vor meiner Abreise waren sowohl gut als auch schlecht gewesen. Simon hatte sich entschlossen, für eine Weile nach Melbourne zu gehen. Einer seiner Freunde hatte einen auf einen Monat befristeten Job als Fahrradkurier in der Innenstadt für ihn, der zuvor von ihm ausgeübt worden war. Simon würde Geld verdienen. Er würde jede Woche etwas Geld zu Jess schicken, damit sie die Miete bezahlen und ihre sich auftürmenden Schulden abzahlen konnte. Ich glaube, er wollte sich und auch ihr die Pause voneinander verschaffen, die sie dringend brauchten. Jessie meinte, sie könne allein zurechtkommen, und wenn nicht, dann würde sie zu uns kommen und einige Zeit mit uns verbringen. Sie aß oftmals bei uns, kehrte jedoch jeden Abend in ihre Wohnung und zu ihrem viel geliebten Kätzchen zurück, das jetzt zu einer Katze herangewachsen war.

Es wurde ziemlich schnell offenkundig, dass die Dinge mit Simon in Melbourne nicht gut liefen. Anfangs rief er Jess pünktlich zu einer vereinbarten Zeit an, und dann wurden daraus viele Stunden später, stets mit einer erfundenen Story, was ihn aufgehalten hatte. Er hatte nie Geld, der Wagen war defekt und musste repariert werden. Als ich Jessie fragte, ob sie sich Sorgen um ihn machte, wenn er sich nicht an Absprachen hielt, sagte sie: »Ich mache mir dauernd Sorgen um ihn, Mum. Ich stelle mir dann vor, dass er tot ist.«

Simon kehrte bald zurück, ohne Geld mitzubringen. Es ging ihm offensichtlich gesundheitlich schlecht, und er nahm regelmäßig Valium. Er verbrachte fast seine gesamte Zeit mit Herumliegen und litt unter schweren Depressionen. Wir erfuhren später von seiner Mutter, dass sich Jessies Befürchtungen fast bewahrheitet hätten. In seiner Zeit in Melbourne hatte er eine Überdosis genommen, und ein Passant hatte einen Notarzt alarmiert.

Während Simons Abwesenheit nahm Jessie eine Arbeitsstelle in einem Versicherungsbüro an. Es war ein Arbeitsvertrag für acht Wochen. Dies war ihre Rettung. Wie oft hatten wir alle gesagt: »Wenn sie nur einen Job hätte. Dann wäre der finanzielle Druck weg, und sie hätte eine Aufgabe. Das ist es, was sie braucht.«

Sie blühte in dem Job auf, liebte den Arbeitsalltag und freute sich jede Woche über den Lohn. Es fiel mir leichter, sie in Canberra zu lassen und nach Sydney zu reisen, weil ich wusste, dass sie genügend Geld hatte, um den Lebensunterhalt zu bestreiten, doch mir war ebenfalls klar, dass die Dinge mit Simon alles andere als gut standen.

Schließlich entschloss sich Simon, sich selbst beim Arcadia House zum Entzug anzumelden. Ich nahm an, es wäre vom Valium, aber jetzt ist mir klar, dass es vermutlich vom Heroin war. Ich hätte wissen sollen, dass das Zusammenleben mit einem Drogensüchtigen praktisch unmöglich ist, wenn man selbst so anfällig und neu in der Entwöhnungsphase ist. Aber Jessie hatte ihren Job und einen Vorgeschmack auf ein konventionelles Leben. Doch Lucy hatte mir sehr aufgeregt erzählt, dass sie Jess eines Tages auf der Arbeitsstelle anrufen wollte und sie abwesend war. »Eine Magenverstimmung«, hatte Jessie behauptet. »Wie kannst du es dir leisten krankzufeiern, wenn dein Vertrag nur für acht Wochen läuft?«, hatte Lucy empört gefragt. Aber ich dachte keinen Augenblick, dass es so kommen musste; ich sagte mir, dass es nur schwierig war. Schließlich war sie seit neun Monaten clean.

Sie kam für ein Wochenende nach Sydney. Es ging ihr anscheinend prima, sie war gesund und schaffte es, allein zurechtzukommen, da Simon jetzt im Arcadia House versorgt wurde. Zum ersten Mal hatte sie Geld zum Ausgeben, und sie hatte 100 Dollar für das Wochenende zur Verfügung. Nachdem wir zwischen den Verkaufständen auf dem Paddington Markt herumgeschlendert waren, spazierten wir an den Läden in der Oxford Street vorbei und fanden einen Coffee Shop mit einem freien Tisch zum Mittagessen. Wir bestellten beide Foccacia, eine riesige Portion mit Käse und Hühnerfleisch und Avocados, die für zwei gereicht hätte, wie uns im Nachhinein klar wurde, doch wir machten uns trotzdem entschlossen über unsere Portionen her. Jessie bestand darauf zu bezahlen.

»Ich muss dir etwas sagen, Mum.«

Ich stellte meine Diät-Cola ab und sah sie mit sinkendem Mut an. Meine eingebaute Antenne für Probleme aktivierte sich und meldete mir, dass die Worte »Ich muss dir etwas sagen« definitiv Probleme bedeuteten.

»Okay. Was ist es?«

»Du weißt, dass ich vorige Woche auf der Arbeit gefehlt habe. Es lag nicht an einer Magenverstimmung. An diesem Wochenende hatte ich wieder Stoff genommen und war zu kaputt, um am Montag zur Arbeit gehen zu können.«

»Verdammt, Jessie. Du hast wieder Stoff genommen?« Sie nickte. Ich war nicht wütend, nur wie betäubt. »Bist du nicht darüber hinweg, Jess? Wie kommt es, dass du Stoff genommen hast?«

»Ich traf im Civic einen meiner alten Freunde. Ich wusste nicht, dass er Stoff nimmt, aber als er mir davon anbot, sagte ich einfach ja. Deshalb bin ich nicht zur Arbeit gegangen.«

»Verdammt. Du warst doch auf einem guten Weg … Du hast etwas Geld, einen Job und wirst andere Verträge bekommen. Und Simon versucht, mit sich ins Reine zu kommen.«

»Das weiß ich alles. Es ist eben passiert, und ich musste es dir sagen. Ich will nicht, dass du denkst, ich wäre all diese Zeit clean gewesen, wenn ich es in Wirklichkeit nicht gewesen bin.«

»Hast du seither was genommen?«

Sie schüttelte den Kopf.

»Wie geht es also weiter? Was solltest du jetzt tun? Wie kannst du dafür sorgen, dass es nicht wieder passiert?«

»Ich nehme an, indem ich öfter zu NA-Treffen gehe. Aber es ist hart ohne Wagen und nach einem ganzen Tag Arbeit.«

Ich ließ den Rest Foccacia auf dem Teller und fühlte mich plötzlich satt. Wir redeten noch etwas, und sie sagte mir, ich solle versuchen, mir keine Sorgen zu machen, es tue ihr Leid, dass sie es mir hatte sagen müssen, aber sie wolle wirklich clean bleiben, und es würde alles in Ordnung kommen. Wir sprachen darüber, welche NA-Treffen sie besuchen konnte, und schließlich gingen wir zu anderen Themen über.

Es war fast 16 Uhr, als wir ins Apartment zurückkehrten. Ich war ziemlich fertig. Ich hatte vergessen, dass ich die Dinge immer noch behutsam angehen und viel ausruhen sollte. Jess duschte, während ich einen Kaffee mit Joe trank.

»Wie war der Tag?«, fragte er, den Blick immer noch auf das Footballspiel im Fernsehen gerichtet.

»Wirklich schön. Wir haben zu Mittag gegessen und etwas eingekauft. Wirklich ein angenehmer Tag.«

»Gut.«

Dies war das erste Mal, dass ich Neuigkeiten über Jessie nicht mit Joe teilte. In ein paar Tagen musste er wegen einer weiteren Herzoperation ins Krankenhaus. Er brauchte es noch nicht zu wissen.

Eine Woche später sonnte ich mich im Hof. Es war gegen halb elf, und ich war immer noch in die Lektüre des *Sydney Morning Herald* vertieft. Die Leserbriefe waren viel interessanter als die der *Canberra Times*. Ich hatte sogar mit dem Gedanken gespielt, selbst einen zu schreiben, während ich in Sydney war. Als ich das Klingeln des Telefons hörte, faltete ich die Zeitung schnell zusammen und klemmte sie unter den Liegestuhl, damit sie nicht vom Wind weggeblasen wurde. Es war ein wirklich schöner Tag. Klarer Himmel, eine sanfte Brise, Frühlingsstimmung. In Canberra war es zu dieser Jahreszeit noch sehr kalt.

Die Anruferin war Jess. »Hallo, Mum, Gott, bin ich froh, dass du da bist.«

»Rufst du von der Arbeit an, Liebling? Wie kommt das?« Aber ich konnte aus ihrem Tonfall heraushören, dass dies ein Krisenanruf war.

»Ich weiß nicht, was ich tun soll, Mum. Deshalb rufe ich dich an. Und ich glaube, ich kann nicht viel länger bei der Arbeit bleiben.«

»Was ist passiert?« Ich kämpfte gegen die Panik an, die in mir aufstieg.

»Simon hat heute morgen das Arcadia verlassen.« Ich nickte, obwohl sie es nicht sehen konnte. »Er ist in einer schrecklichen Verfassung. Er hat mich dreimal angerufen, und war jedes Mal noch aufgeregter. Und soeben hat er angekündigt, dass er auf dem Weg ins Civic Centre ist und es ein für alle Mal beenden wird. Und ich weiß nicht, was ich tun soll.« Ich konnte ihre Tränen förmlich durch die Leitung sehen.

Ich versuchte ruhig zu überlegen. »Hast du ihn zurückgerufen? Ist er noch zu Hause?«

»Ich habe es versucht, aber er ist entweder bereits weg oder meldet sich nicht am Telefon. Vielleicht ist es zu spät.« Ihre Stimme brach.

»Meinst du, er würde es wirklich tun, Jessie?«

»Ja, das glaube ich«, sagte sie ruhig.

Wie konnte dieses Problem gelöst werden? Jessie war auf der Arbeit, und ihr Freund drohte mit Selbstmord. Ich versuchte, so vernünftig wie möglich zu denken. Mir war genug über Suizid bekannt, und ich wusste, dass solche Ankündigungen nicht einfach ignoriert werden durften. Aber was war in dieser Situation das Vernünftige? Konnte überhaupt etwas getan werden? Es war zu viel von Jessie verlangt, einfach die Arbeit fortzusetzen, als wäre nichts passiert.

»Was könntest du deiner Meinung nach tun, Liebling?«

»Ich weiß es nicht, Mum. Aber ich kann nicht einfach hier bleiben und nichts unternehmen.«

»Weißt du, wo er sich den Schuss besorgen würde? Könntest du ihn dort abfangen?«

»Er könnte sich den Stoff überall besorgen, wirklich.«

»Nun, wie wäre Folgendes: Du gehst zu deiner Vorgesetzten und bittest sie um eine frühere Mittagspause, und dann suchst du Shelley beim DRIC auf. Wenn Shelley nicht erreichbar ist, wird eine andere Beraterin da sein, mit der du reden kannst. Sie haben sicherlich Erfahrung mit solchen Situationen und wissen vermutlich, was zu tun ist.«

»Ja, das ist eine gute Idee.«

Mir fiel nichts anderes ein. Wir sprachen noch etwas länger, bis sie mir ruhiger und gefasster vorkam. Bevor sie auflegte, versprach sie mir, wieder anzurufen, wenn es eine neue Entwicklung geben würde.

Ich kehrte in den Hof zurück und fischte die Zeitung aus dem Gartenbeet, in das sie trotz meines Faltens und Einklemmens geweht worden war und ordnete mechanisch die Seiten. Der Tag hatte seine Schönheit verloren. Die Brise war aufgefrischt, und am Horizont ballten sich Wolken.

Unruhig und besorgt rief ich Joe in der Universität an, wo er während seines Ferienjahrs als Professor ein Büro hatte. Er meldete sich sofort, und ich erzählte ihm von dem Gespräch. Uns beiden war der Ernst der Lage klar. Bestenfalls würde es Jessie mit einer geistig gestörten Person zu tun haben, die ärztliche Behandlung brauchte. Schlimmstenfalls würde sie ihn nicht finden – oder sie würde ihn finden, aber er wäre tot.

Wir entschieden uns ziemlich schnell, einen Platz für einen Flug nach Canberra für diesen Nachmittag reservieren zu lassen. Ich rief Lucy an, um ihr mitzuteilen, was passiert war, und um nachzufragen, ob sie mich um 17 Uhr am Flughafen abholen konnte. Ihr Reaktion war wie unsere. Das gleiche Gefühl, dass es ja so hatte kommen müssen.

Als Joe um 15 Uhr zurückkehrte, um mich zum Flughafen zu bringen, hatte ich noch nichts von Jess gehört. Ich hatte darauf verzichtet, sie anzurufen, um sie nicht noch mehr bei der Arbeit zu stören. Ich war darauf vorbereitet, in meiner üblichen impulsiven Art einfach loszufliegen, doch Joe bestand ruhig darauf, dass ein schneller Anruf bei Jessie nicht schaden konnte.

Zu meiner Überraschung meldete sie sich am Telefon.

Simon war zu ihrer Arbeitsstelle gekommen, hatte eine Szene gemacht, eine Kaffeetasse zerschmettert, und Jess hatte einige Zeit mit ihm geredet. Sie hatte ihrer Vorgesetzten erklärt, dass er krank war, und sie hatte Verständnis gezeigt. Simon hatte Jess versprochen, bei ihrer Rückkehr von der Arbeit in der Wohnung zu sein.

Die Krise war beigelegt. Das Flugticket wurde nicht benötigt.

Aber es war klar, dass damit nichts gelöst war. Simon ging es immer noch schlecht. Und es war nur eine Frage der Zeit, bis es zur nächsten Krise kommen würde.

Unsere Prophezeiung und unsere Befürchtung, dass das Unvermeidliche eintreten würde, hatten sich bewahrheitet. Im Laufe der nächsten paar Wochen begannen sie sich auseinander zu leben.

Doch auch innerhalb unserer Familie kam es zu Auseinandersetzungen.

Bald nach diesem Schrecken kamen Lucy, Sam und seine neue Freundin nach Sydney, um übers Wochenende bei uns zu wohnen. Das kleine Apartment quoll über mit Schlafsäcken und Federbetten. Sie hatten Matratzen mitgebracht und richteten sich für ein schönes Wochenende ein. Wir tranken Kaffee und hörten uns die normalen, jedoch erheiternden Geschichten an, weshalb sie sich auf dem Weg zu uns verfahren hatten, und jeder steuerte eine lustige Episode bei, um das Ganze zu veranschaulichen.

Mittendrin rief Jessie aus einer Telefonzelle an. Sie hörte das Gelächter im Hintergrund, und ich wusste, dass sie sich ausgeschlossen fühlte. Diesmal hatten Lucy und Sam sie nicht in ihre Pläne für das Wochenende eingeschlossen. Drei Personen bei uns zu haben stieß schon an die Grenzen. Vier waren einfach zu viele.

Sie fühlte sich miserabel. Ihr Telefon war abgestellt worden, weil sie die Rechnung nicht bezahlt hatte, aber sie hatte die Telefongesellschaft überreden können, ankommende Gespräche zuzulassen, bis sie die Rechnung begleichen konnte. Erst in der nächsten Woche würde sie wieder anrufen können. Sie hatte nichts für das Wochenende geplant, und wir waren alle in Sydney und amüsierten uns.

Als ich auflegte, sagten Lucy und Sam, dass sie zum ersten Mal aus erster Hand gesehen hätten, welche Auswirkungen Jessies Elend auf mich hatte. Binnen weniger Minuten sei ich, statt heiter und glücklich mit ihnen zu reden und zu lachen, still und bedrückt geworden. Sogar meine Schultern seien herabgesackt, als ich mit Jess telefonierte. Ich hatte mich bemüht, es nicht zu zeigen, doch offenbar war es mir nicht gelungen.

Sam und Lucys Verhältnis zu Jess hatte sich verändert. Ziemlich schnell. Sie waren ungeduldig mit ihr und hatten genug von ihren Problemen, die scheinbar endlos waren. Besonders Sam verlor die Geduld und reagierte ärgerlich, wann immer sie erwähnt wurde. Es war ein tiefer Ärger, der sich in ihm in der Zeit aufgestaut hatte, als sie bei ihm gewohnt hatte. Sie hatten aufgehört, Jess in ihre Pläne mit einzubeziehen, und boten nicht mehr an, sie irgendwohin zu fahren. Lucy rief sie nicht mehr so oft an.

Ich kann es ihnen wirklich nicht verdenken. Jess war keine gute Gesellschaft. Sie war in sich selbst zurückgezogen und offensichtlich unglücklich. Es gab Zeiten, an denen wir alle zu Abend aßen und sie mürrisch am Tisch saß, kaum etwas anrührte und so gut wie nichts sagte. Sie hatte sich ziemlich rasch von ihren Geschwistern entfremdet.

Es stimmte, dass es nicht mehr lustig war, mit ihr zusammen zu sein, aber Sam und Lucys Ungeduld und Verachtung verärgerten mich. Sie wiederum fanden, ich sei zu geduldig mit ihr, viel zu unterstützend und bemutternd. Wenn ich ihr nicht so auf die Beine helfen würde, dann würde sie sich selbst bemühen müssen. Sie meinten, ich müsse sie fallen lassen, nur dann würde sie motiviert sein, ihr Leben in Ordnung zu bringen.

Joe beteiligte sich wenig an dieser Debatte, aber ich nehme an, er dachte genauso. Die Kritik war sehr schmerzlich für mich. Besonders, da ich wusste, dass etwas Wahres daran war, wenn ich wirklich ehrlich war. Aber ich liebte Jessie so sehr. Es fiel mir zu schwer, mein Verhalten ihr gegenüber zu ändern.

An diesem Wochenende hatte ich den ersten Streit mit Sam, seitdem er erwachsen war. Wir hatten gelegentlich Meinungsverschiedenheiten gehabt, jedoch niemals Krach. Es war eine hitzige und heftige Auseinandersetzung. Und er fuhr ohne Versöhnung fort.

Ich ging in den Wäscheraum des Apartmenthauses, schloss die Tür ab und heulte. Riss so die Heroinsucht Familien auseinander? Wir gingen uns jetzt gegenseitig an die Kehle. Ich gab Sam Zeit für die Heimfahrt und rief ihn dann an. Aber er war immer noch zu ärgerlich, und ich war zu aufregt, sodass das Gespräch zu nichts führte. Ich legte auf und fühlte mich nicht besser.

Die Nacht war eine der schlimmsten. Wir hatten es mit einer drogensüchtigen Tochter zu tun und kämpften um eine Besserung ihres Zustandes, und zusätzlich fiel auch noch unsere Familie auseinander, die zuvor so gut zusammengehalten hatte.

Lucy und Sam erzählten mir später, wie tief ihre Gefühle ebenfalls während dieser Zeit gewesen waren. Ihre Geduld war erschöpft wie unsere, sie hatten es satt und wollten, dass es vorüber war. Lucy erzählte mir von ihren gegenseitigen Telefongesprächen, nachdem das Wochenende vorbei war. Sie hatten das Gefühl gehabt, dass ihre Unverblümtheit die Situation vielleicht erschwerte, und es war ihnen klar geworden, wie sehr Joe und ich uns aufregten und wie schwierig wir damit zurechtkamen. Sie beschlossen, nichts zu tun, was die Sache verschlimmerte. So wollten sie ihren Ärger auf Jessie beiseite lassen, ihre Meinungen für sich behalten und allgemein versuchen, die Situation zu entspannen. Ich bin ihnen enorm dankbar für das Feingefühl und die Reife, die sie zu dieser Zeit zeigten.

Ihre Beziehung zu Jessie wurde höflich, jedoch distanziert und oftmals angespannt. Gelegentlich erzählten sie mir, was sie an ihr kritisierten, und Jessie beklagte sich manchmal bei mir über das, was auf sie wie Verständnislosigkeit ihrer Geschwister wirkte. Sie war besonders gekränkt, dass sie scheinbar aus Lucys Schwangerschaft, an der sie teilhaben wollte, und an den Planungen für die Geburt des Babys ausgeschlossen wurde. Sie war ursprünglich von Lucy gebeten worden, der Geburt beizuwohnen, doch allmählich wurde klar, dass Lucy und Bruce planten, die Geburt allein zu erleben, eine nicht unvernünftige Entscheidung. Aber Jessie fühlte sich ausgeschlossen.

Ich versuchte, neutral zu bleiben, mir die eine Seite und dann die andere anzuhören. Der Zustand deprimierte mich sehr. Wo war die Familie, die in anderen schwierigen Zeiten zusammengehalten und Probleme gemeistert hatte?

Die Wahrheit war, dass die Familie erschöpft und zersplittert war.

Während der Zeit, in der Joe und ich in Sydney waren, verschlimmerte sich Simons Zustand merklich. Wir hatten das

Gefühl, dass er ärztliche Behandlung brauchte, doch er war nicht in der Lage, sich selbst darum zu bemühen. Jessie versuchte, ihn zu überreden, aber sie stellte fest, dass es immer schwieriger wurde, weiterhin mit ihm zusammenzuleben. Joe und ich machten uns selbst etwas vor, als wir uns sagten, dass es unpassend wäre, uns einzumischen. Er war 28. Wir waren nicht seine Eltern. Aber wir beide waren der Ansicht, wenn Simon Hilfe bekäme, wäre auch für Jessie alles in Ordnung.

Ich rief Simons Mutter an und erklärte, für wie dringend wir die Sache hielten. Sie hatte Simon zuvor gesagt, sie wolle ihn nicht wiedersehen, bis er seine Drogenprobleme im Griff hatte. Aber jetzt sah sie keine Alternative. Sie war unserer Meinung, dass er zu ihr zurückkehren musste, wo sie ihm Hilfe von Ärzten beschaffen konnte, die ihn schon behandelt hatten. Nach vielen vorgetäuschten Starts packte er all seine Habe in den Cortina, ohne zu wissen, wie seine oder Jessies Zukunft aussehen würde, und fuhr traurig davon.

Jess hatte nicht mit ihm zurechtkommen können, und jetzt konnte sie nicht ohne ihn auskommen. Ihr Vertrag bei der Versicherungsgesellschaft endete, sie hatte viel Zeit und praktisch kein Geld. Es war eine Abwärtsspirale. Wir sahen in einem weiteren Job die Rettung für sie. Eine indirekte Therapie.

Wir zahlten ihr die Busfahrkarte, damit sie für ein Wochenende nach Sydney kommen konnte. Zufällig fand zur gleichen Zeit eine Tagung der Narcotics Anonymous in Sydney statt. Als wir am Samstagabend einen Curry-Snack aßen, erzählte Jessie uns von dem NA-Treffen, das sie am Vorabend besucht hatte und an dem fast tausend Leute teilgenommen hatten.

»Es war so anregend. So etwas habe ich noch nie erlebt. So viele Leute, und alle so freundlich. Das Treffen begann damit, dass alle aufstehen sollten, die zwanzig Jahre clean sind. Ein paar Leute erhoben sich tatsächlich. Und alle klatschten Beifall. Und so ging es mit den Jahren abwärts, dann Monate, und als gefragt wurde: ›Wer ist heute clean geblieben?‹, musste ich heulen, und alle jubelten und jemand rief: ›Du kannst es schaffen, wir werden dir helfen.‹«

Mir blieb der Reis mit Curry im Hals stecken, und ich stellte mir den emotionalen Moment vor. Ich hatte Jessie lange nicht mehr so munter erlebt.

Vielleicht war es dieses Treffen, vielleicht etwas ganz anderes, aber kurz danach erzählte sie uns, wozu sie sich entschieden hatte. Simon war in Sydney behandelt worden und ging in ein Rehabilitationszentrum in den Blue Mountains. Es war eine sehr renommierte Einrichtung. Jessie hatte sich entschlossen, ebenfalls auf eigene Faust Hilfe zu suchen. In ihrer Zeit im The Woolshed war sie durch Simon abgelenkt gewesen. Sie brauchte Zeit für sich selbst. Sie hatte viele Erkundigungen eingezogen und war zu der Überzeugung gelangt, dass ein Rehabilitationszentrum, von dem man ihr in Sydney erzählt hatte, ideal für sie sein würde. Es war ein dreimonatiges Programm. Man konnte sie in zwei Wochen aufnehmen.

Sie kehrte für vier Tage ins Arcadia House zum Entzug zurück und wartete dann.

Es war eine Neuigkeit, die ich begrüßte. Ich war nicht über ihren Drogenkonsum informiert, ich argwöhnte nur, dass sie etwas nahm. Aber es war offenkundig, dass sie nicht in der Lage war, normal zu funktionieren. Ein Rehabilitationszentrum fern von Simon schien ein guter Anfang zu sein, um etwas Ordnung in ihr Leben zu bringen. Ich kehrte ein paar Tage früher als geplant von Sydney nach Canberra zurück, um ihr in der Wohnung packen zu helfen und um Vorkehrungen für die Unterbringung der Katze zu treffen. Ohne Auto war es zu schwierig für Jess. Selbst mit Wagen hätte sie nicht allein zurechtkommen können. Es ging ihr einfach nicht gut genug.

Bevor sie ins Rehabilitationszentrum ging, verbrachten wir das Wochenende in Sydney. Die neue Schulzeit hatte begonnen, und während Joe immer noch einen Monat in Sydney bleiben konnte, würde ich nach Canberra zurückkehren. Es war ein angenehmes Wochenende, obwohl uns bewusst war, dass wir uns bald trennen mussten. Es war ein großer Schritt, den Jess unternahm, und sie war nervös.

Am Sonntagmorgen war sie begierig darauf, zu einem NA-Treffen in Darlinghurst zu gehen, gleich am Rande von Kings Cross. Joe und ich richteten es ein, sie später auf einen Kaffee im Zentrum des Cross zu treffen. Sie war pünktlich und gesprächig. Sie hatte sich mit dem Beginn des Treffens vertan und nicht verspätet in die Versammlung gehen wollen, und so hatte sie sich Kaffee bestellt und eine Zeitung gekauft. Wir plauderten angenehm in einem Café mit Tischen auf dem Bürgersteig und beobachteten den Strom der Passanten. Ein Mann, der vermutlich ständig betrunken war, kam an den Tisch und bat um zwei Dollar, um eine Tasse Tee zu kaufen. Wir alle griffen sofort zu unsren Geldbörsen. Ermuntert begann er, uns seine Lebensgeschichte zu erzählen, und wir versuchten einige Zeit, ihn loszuwerden. Schließlich wankte er mit seiner Alkoholfahne davon. Wir ignorierten die paar missbilligenden Blicke von Leuten ringsum. Eine Frau kam, als sie aufbrach, sogar zu uns an den Tisch und sagte: »Wenn ich Ihnen meine Lebensgeschichte erzähle, geben Sie mir dann auch zwei Dollar?«

»Wenn du nur wüsstest, warum wir das tun«, dachte ich.

Und so begann Jessie ihre Zeit im Rehabilitationszentrum, einem großen, zweistöckigen viktorianischen Haus in Sydney.

Von Anfang an waren ihre Anrufe anders als zuvor. Ihr Engagement war groß, und sie erklärte, dass es ihre beste Entscheidung gewesen sei. Ihr Laune war anscheinend gut. Sie würde das Programm auf alle Fälle durchziehen.

Die erste Enttäuschung geschah nach ein paar Wochen Teilnahme am Programm. Sie erhielt keine Erlaubnis, Weihnachten heimzufahren. Sie war schockiert. Wie konnte sie Weihnachten ohne uns überstehen? Der Gedanke an Weihnachten ohne sie war genauso traurig für uns, aber ich versuchte, es positiv zu sehen. Wir konnten hinfahren und sie am zweiten Weihnachtstag besuchen. Ihre Verpflichtung, an dem Programm teilzunehmen, war die wichtigste Entscheidung, die sie getroffen hatte. Einmal auf Weihnachten mit der Familie zu verzichten war nur ein kleines Opfer. Aber keiner von uns war sehr überzeugt davon.

Ich erzählte das einer meiner Freundinnen, die sich erkundigte, wie es Jess ging. Ich empfand ein wenig Selbstmitleid, als ich erklärte, dass wir sie Weihnachten nicht sehen konnten, und erwartete Mitgefühl. Es gab keines. »Nun, Imogen, ich finde das fantastisch. Man nimmt ihre Genesung so ernst, dass man sie nicht einmal von Weihnachten stören lassen will. Gut von ihnen. Das zeigt, wie seriös die Rehabilitation ist.«

Ich war bestürzt. Ich sah es gewiss aus einer anderen Perspektive.

Und dann ein Durchbruch. Man erlaubte ihr, am ersten Weihnachtstag nach Hause zu fahren, doch sie musste zum gemeinsamen Abendessen und Schlafen zurückkehren. Sie wies darauf hin, dass ihre Familie in Canberra wohnte, doch mehr konnte man ihr nicht zugestehen. Ich rief bei den Fluggesellschaften an, um mich zu erkundigen, ob ein Flug von Sydney nach Canberra für ein paar Stunden und ein Rückflug am Abend möglich war. Es ließ sich arrangieren, und sie würde fast drei Stunden daheim sein können.

Joe und ich sahen uns an, und jeder wartete auf die Entscheidung des anderen. Dann sagte Joe: »Zum Teufel mit den Kosten, es ist Weihnachten. Buchen wir den Flug und schenken wir ihn Jess zu Weihnachten.«

Ich rief fröhlich an, um zu buchen, nachdem die Entscheidung gefällt war, und hoffte, dass es nicht zu spät war und noch ein Platz in der Maschine frei war. Wir würden am ersten Weihnachtstag so viel Zeit als Familie zusammen verbringen wie möglich. Vielleicht war das eine Gelegenheit, um die Kluft zwischen den Kindern zu überbrücken.

Eine Stunde nachdem ich den Flug gebucht hatte, rief Jessie an. Es war Samstagnachmittag, und so kam ihr Anruf völlig unerwartet. Aber was sie mir sagte, war nicht so überraschend. Sie war aufgefordert worden, die Rehabilitation zu verlassen.

Ein unglaubliches Gefühl, das schon einmal erlebt zu haben, befiel mich.

»Was ist es diesmal? Um Himmels willen, Jessie. Wie konntest du auch diese Gelegenheit vermasseln?«

Es sei nicht so, wie es den Anschein habe, beteuerte sie. Aber das war es ja nie bei ihr. Das Programm war so gut gelaufen, sie war so stark motiviert gewesen. Wie konnte sie alles hinschmeißen?

Die Geschichte, die sie erzählte, war einfach. Bei ihrem Eintritt waren ihr die Vorschriften erklärt worden, einschließlich des Verbots von sexuellen Beziehungen. Aber Jess hatte angenommen, dass ein Verstoß dagegen nicht ernst genug sei und zu ihrem Ausschluss führen konnte, besonders weil ihre Beziehung zu Simon eine feste war. Und sie war ehrlich, als man sie befragte. Sie hatte mit ihm geschlafen, als er sie hatte besuchen dürfen.

Sie hatte gegen die Vorschriften verstoßen und musste die Rehabilitation verlassen. So einfach war das. Keine Debatte. Ich war entsetzt, nicht nur wegen der Flugkosten, die ich gerade erst bezahlt hatte und die jetzt überflüssig waren. Wohin würde sie jetzt gehen?

Im Laufe der Woche erwog sie mehrere Möglichkeiten, wo sie leben sollte. Sie wollte nicht von Sydney fort, wo die NA so stark war und sich ein Netzwerk von Unterstützung für sie zu entwickeln begonnen hatte. Sie hielt es für das Beste, sich ein Einzimmerapartment in einem Haus zu nehmen, das von der Heilsarmee in einem neuen Gebäude nahe beim Rehabilitationszentrum betrieben wurde. So konnte sie das Programm dort fortsetzen, obwohl sie nicht mehr dort wohnte. Das schien eine vernünftige Wahl zu sein. Wenn man sie akzeptieren würde. Man war sich nicht sicher, denn die Patienten mussten normalerweise drei Monate lang clean sein, und Jessie sagte, sie sei nur zwei Monate clean.

Ich ging zum Kalender und rechnete schnell. Sie hatte an dem Morgen, an dem wir sie in Kings Cross abgesetzt hatten, wieder Stoff konsumiert.

Jessie lebt jetzt seit 11 Monaten in dem Einzimmerapartment. Es ist über zweieinhalb Jahre her, seit wir festgestellt haben, dass sie heroinsüchtig ist. Während ich dies schreibe, ist sie seit 13 Monaten clean. Es ist nicht leicht für sie gewesen. Wir feierten Jessies ersten Geburtstag ihres Clean-Seins, indem wir unseren neuen Grill einweihten und jedes Würstchen und jeden Kebab vor aller Augen verbrannten. Als sie die eine Kerze ausblies und den Orangen- und Popkornkuchen anschnitt, bestand Sam darauf, dass sie zur Feier des Tages etwas sagte. Sie zögerte, es widerstrebte ihr, doch dann sprach sie ruhig: »Es ist das beste Jahr meines Lebens gewesen.« Wir alle setzten uns bequemer hin. Dann fügte sie hinzu: »Es ist das schlimmste Jahr meines Lebens gewesen.«

Vier Tage vor Jessies Einzug in ihr Apartment brachte Lucy ein Baby zur Welt, einen Jungen. Ein wunderbares Ereignis. Als Erstes riefen wir Jessie an, und unsere ersten unscharfen Fotos wurden ihr über Nacht per Eilboten geschickt. Sie war völlig begeistert, und das Unbehagen zwischen ihnen verschwand bei der Freude über das Ereignis. Es war Jessie jetzt möglich, nach Canberra zu reisen, doch sie entschied sich, drei Wochen zu warten und an Heiligabend heimzukommen, anstatt sofort wieder zurückkehren zu müssen. Wir alle hatten Verständnis dafür. Sie musste mit genügend Veränderungen und Stress fertig werden und wollte nicht ihren Stützpunkt verlassen.

Kurz vor Weihnachten begann sie, *The Big Issue* zu verkaufen. Wir hatten das Magazin entdeckt, als wir vor drei Jahren in England gewesen waren. Ich hatte ein Exemplar aus Interesse gekauft, weil ich mich gefragt hatte, ob es eine Studentenzeitschrift war, und ich war von der Qualität und dem Prinzip, das dahinter steckte, sehr beeindruckt gewesen. *The Big Issue* war 1991 gegründet worden, um Obdachlosen eine Chance zu einem Einkommen zu geben. In Australien wird die Zeitschrift seit 1996 in Melbourne, Sydney und Brisbane verkauft. Ihr Ziel ist es, Obdachlose, Ex-Obdachlose und Langzeitarbeitslose so unabhängig wie möglich am Gesellschaftsleben teilhaben zu lassen. Verkäufer erwerben das Magazin für einen Dollar und verkaufen es in der Öffentlichkeit für zwei. Alle Verkäufer erhalten eine Verkaufsausbildung, unterschreiben einen Verhaltenskodex und können einen Ausweis mit Foto vorzeigen.

Ich finde es unmöglich, an einem Verkäufer dieser Zeitschriften vorbeizugehen, ohne ein Exemplar zu kaufen. Joe sagt manchmal freundlich zu mir, wenn wir Sydney besuchen: »Mensch, Im, heute brauchst du kein *Big Issue* zu kaufen. Ich habe bereits die monatliche Ausgabe.«

»Ich weiß«, erwidere ich dann und greife zu meiner Geldbörse. »Aber nicht von diesem Verkäufer.«

Als ich dieses Magazin zum ersten Mal in London gekauft habe, hätte ich mir niemals vorgestellt, dass eines Tages meine Tochter diese Zeitschriften verkaufen würde.

Jessie lernte ihren drei Wochen alten Neffen an Heiligabend kennen, und es war ein frohes Treffen. Am ersten Weihnachtstag banden wir vorsichtig eine Schleife aus Weihnachtsband um sein Bäuchlein und legten ihn behutsam auf ein Kissen unter den Weihnachtsbaum, zwischen all unsere anderen Geschenke, und machten Fotos, auf die auch ein Meisterfotograf stolz gewesen wäre. Ein kostbares Geschenk für unsere Familie.

Aber Weihnachten ging vorüber, und Jessie kehrte nach Sydney zurück.

Sie bekam bald schwere Depressionen, bei denen sie das Gefühl hatte, 16 Stunden pro Tag schlafen zu können. Bei einem ihrer monatlichen Besuche in Canberra schafften Lucy und ich es, sie zu einem Arzt zu bringen, der sie gründlich untersuchte und eine Blutprobe machte. Sie weinte, als ihr Blut abgenommen wurde, schaffte es jedoch, die Panik niederzukämpfen. Es gab keinen körperlichen Grund für ihre Lethargie. Sowohl sie als auch der Doktor stimmten darin übrein, dass medizinische Behandlung nicht das Richtige für ihre Depression war, die zu gegebener Zeit vorübergehen würde.

Sie vollendete das Rehabilitations-Programm in Sydney als ambulante Patientin und kehrte lange Zeit jede Woche zu einer Gruppensitzung zurück. An dcn Dienstagabenden nahm sie an einem sechswöchigen Kursus teil, um Rückfällen vorzubeugen. Ursprünglich ging sie zu zwei Treffen pro Tag, und jetzt besucht sie fast jeden Tag eines. Vor einer Woche war sie wieder bei zwei Treffen pro Tag. An einigen Tagen, sagt sie mir, entscheidet sie sich, nur für die nächste Stunde nichts zu konsumieren. Der Kampf ist noch sehr real und unmittelbar für sie.

Sie hat eine wundervolle Förderin, eine Zeitschriftenredakteurin, die seit acht Jahren clean ist und mit der sie an Sonntagabenden abwechselnd bei sich und bei ihr zu Abend isst. Sie ist immer telefonisch erreichbar, wenn Jessie sie braucht. Und das ist manchmal der Fall. Ihre Förderin ist binnen zehn Minuten bei ihr, wenn sie sich nach Einschätzung der Situation sagt, dass ein Telefonat nicht ausreicht.

Wie dankt man so jemandem? Vielleicht kann Jess ihr nur dadurch danken, indem sie das Gleiche für jemand anders tut. Eines Tages. Vielleicht.

Jessie hat auch einen Kreis von Freundinnen. Daher sind unsere Telefongespräche seltener geworden. Statt jeden Abend telefonieren wir jetzt alle zwei, drei Abende miteinander, und keine von uns beiden ist besorgt, wenn er mal nicht sofort etwas von der anderen hört. Ihre Freundinnen sind alle wie sie, kämpfen, um sich von Drogen fern zu halten, und bekommen viel Unterstützung voneinander. Sie gehen zusammen zu Treffen, feiern gemeinsam ihre Geburtstage und unternehmen zusammen etwas. Die Freundinnen sind auch in anderer Hinsicht wie sie. Intelligent, aus normalen Familien der Mittelklasse wie unsere. Eine ist die Tochter eines Richters. Eine andere ist bereits wieder auf der Uni und studiert Naturwissenschaft. Eine hat noch auf der Schule Auszeichnungen für öffentliche Vorträge und literarische Werke erhalten. Und eine hat bereits einen akademischen Grad in Kommunikation und Medienkunde und war auf der Universität Aktivistin für Frauenrechte. Alle sind ungefähr ein Jahr clean.

Und dann ist da eine, die mit 17 jünger als die anderen ist und immer noch nicht bereit ist, mit Drogen Schluss zu machen. Ohne die Unterstützung eines Vaters kümmerte sie sich vom zwölften Lebensjahr an um ihre alkoholkranke Mutter, begann mit 15 Heroin zu spritzen und lernte Jessie in der Rehabilitation in Sydney kennen. Jessie fand es sehr schwierig, mit dem Rückfall ihrer Freundin und der Tatsache, dass sie fast ständig in einem Heim gelebt hatte, fertig zu werden. Sie besuchte sie, als sie in einem Entzug war. Alle diese Freundinnen besuchten sie abwechselnd, erkannten jedoch, dass es zu riskant war, mit ihr Umgang zu pflegen, während sie Rauschgift konsumierte.

Bei einem ihrer monatlichen Besuche daheim stritt sich Jessie mit uns beim Abendessen, als wir auf unsere übliche Art über den Wert von Oscars diskutierten. Soeben war *Titanic* ausgezeichnet worden. Hatte der Film wegen seiner Popularität so viele Auszeichnungen bekommen? Oder ging es wirklich um den künstlerischen Wert? Jessie war so redegewandt und munter und lebhaft. Zum ersten Mal nach fast zwei Jahren erlebten wir wieder wirklich die alte Jessie. Ihr Selbstvertrauen kehrte zurück.

Kurz danach begann sie einen Teilzeitjob in einem großen Einkaufszentrum. Nicht der Job besserte sie, sondern sie besserte sich.

Ungefähr um diese Zeit begannen Sam und sie sich gegenseitig lustige Nachrichten auf den Anrufbeantworter zu sprechen. Es wurde ein Wettstreit, wer den anderen übertreffen konnte. Ich freute mich, dass ihre Beziehung langsam wieder zu heilen begann.

Jessies einundzwanzigster Geburtstag war ein Meilenstein. Dass sie zu Mittag auf ihrem Balkon im Sonnenschein von Sydney mit sechs ihrer Freundinnen essen und die Woche bis zum folgenden Wochenende verbringen konnte, ohne uns zu sehen, war wundervoll. Die meisten Familien fühlen sich sentimental, hängen Erinnerungen an die Jugend ihrer Kinder nach, an den ersten Schultag, die Jahre auf der High School oder vielleicht sogar der Universität, freuen sich über die Erfolge ihrer Kinder und planen für ihre Zukunft. Wir taten dies auch. Ich erinnerte mich gern an das knuddelige Baby, das die rundlichen Ärmchen in glücklicher Erwartung hob, um auf die Arme genommen zu werden, aber der Rest meiner Erinnerung war seltsam für mich. Ich erinnerte mich an die herzzerreißende Zeit, als sie mit nur 15 zum ersten Mal zum Entzug ging, an meinen Zorn auf sie, als ich herausfand, dass sie heroinsüchtig war, an den Schmerz und die Angst und die Hoffnung, die ich seitdem empfunden habe. Aber mein überwältigendes Gefühl war und ist Dankbarkeit. Ich bin dankbar dafür, dass sie noch gesund ist, dass die verheerenden Auswirkungen von Drogen keinen bleibenden Schaden angerichtet haben, dass sie HIV und Hepatitis C negativ ist und noch nicht vor Gericht erscheinen musste.

Was hat sie erreicht? Nach konventionellen Maßstäben nicht viel. Sie hat keinen Schulabschluss. Ihre finanzielle Lage ist immer noch miserabel, ein Vermächtnis ihrer Zeit als Drogenabhängige, und es wird einige Zeit dauern, bis das in Ordnung kommen wird. Sie arbeitet nur Teilzeit. Aber das ist nur nach konventionellen Maßstäben ein mäßiger Erfolg. Für mich hat sie mehr Not und Härte überwunden als viele andere Menschen in ihrem ganzen Leben. Sie hat ein Feingefühl, Mitgefühl und eine tiefe Reife erreicht, die nur mit dem Erlernen der harten Lektionen des Lebens kommen. Ich habe sie schrecklich kämpfen, scheitern und wieder kämpfen gesehen. Das ist für mich wahrer Erfolg.

Was hat bei Jess zum Drogenkonsum geführt? Das Klischee des unglücklichen Kindes, das sich in die Drogenkultur flüchtet, um seelischem Schmerz zu entkommen, stimmt einfach nicht. Ich habe viel über diese Frage gelesen und nachgedacht.

Ich glaube, bei Jessie ist die Antwort auf diese Frage sehr einfach. Und für andere Eltern, wenn ich Recht habe, sehr Furcht erregend.

Jessie experimentierte mit Drogen, weil es aufregend war, etwas anderes und Herausforderndes. Sie genoss es, wie die Drogen ihr ermöglichten, ihre Stimmung zu verändern, sich entspannt zu fühlen, ein erhöhtes Bewusstseinsstadium zu erreichen und neue Erfahrungen zu machen. Sie setzte ihren Drogenkonsum fort, weil er ihr ein so gutes Gefühl gab. Und dann stellte sie fest, dass es übermenschlicher Kräfte bedarf, um damit aufzuhören.

Ist sie darüber hinweg?

Noch nicht. Sie wird nie geheilt sein. Sie wird stets eine Rauschgiftsüchtige sein.

Sie wird immer hoffen »eines Tages, irgendwann«.

Und wir ebenfalls.

EPILOG

Jessie

Jessie lebt noch in Sydney, jobbt in Teilzeit, besucht täglich NA-Treffen und arbeitet sehr hart an ihrer Genesung. Es erfordert viel ihrer seelischen Kraft. Vor kurzem wurde sie für einen Teilzeitkursus am Theater angenommen.

Simon

Die Probleme zwischen Simon und Jessie wurden unüberwindbar, und ihre Beziehung endete im November 1998. Simon vollendete seine Zeit im Rehabilitationszentrum und zog dann in ein Übergangshaus. Er lebt jetzt unabhängig und arbeitet als Kellner.

Ian

Ian vollendete sechs Monate in The Buttery, einem Rehabilitationszentrum in Byron Bay, in das er gerichtlich eingewiesen wurde. Er ist nach Sydney gezogen, wo er in einem Restaurant arbcitct und sich bei den NA engagiert. Er ist nicht wiederzuerkennen, gesund, und hat den Kontakt zu seiner Familie wieder aufgenommen. Jessie und er treffen sich gelegentlich.

Joanne

Jessie pflegt keinen Kontakt mit Joanne, hat jedoch durch Freunde erfahren, dass sie immer noch mit ihrer Familie in einem anderen Staat lebt und einen akademischen Grad im Kunsttanzen vollendet.

Stephen

Stephen starb im Juni 1997 an einer Überdosis.

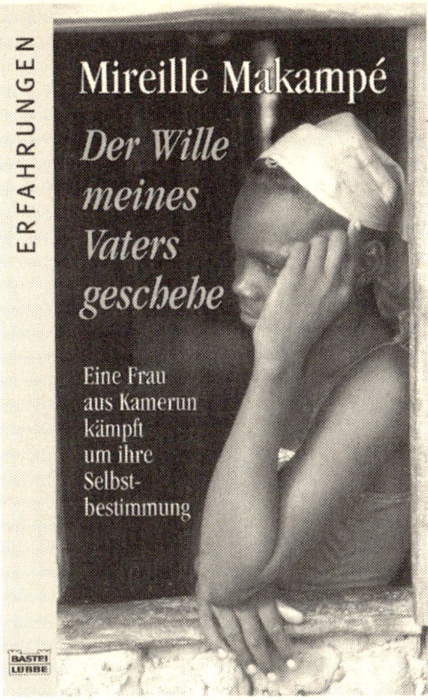

Für alle Leserinnen der »Wüstenblume«

Gegen den Willen des Vaters heiraten – undenkbar für Mireille. Sie liebt Joseph, doch der Vater ist gegen eine Verbindung der beiden. Statt dessen hat er Michel ausgesucht, der aus demselben Dorf stammt wie er. Mireille beugt sich dem Willen des Vaters. Doch schon bald nach der Hochzeit muss sie sich seltsamen Ritualen unterziehen, die ihr zutiefst zuwider sind.

ISBN 3-404-61510-7

BASTEI LÜBBE

Schirin ist heute 16 Jahre alt. Seit ihrer Geburt ist sie HIV positiv. Ihre Eltern sind an Aids gestorben, seitdem lebt sie bei ihrer Großmutter. Dennoch ist sie fest entschlossen, das Leben zu genießen. Dabei helfen ihr ihre berühmten Freunde wie Linda de Mol, Michael Stich und Günther Jauch, der sie jedes Jahr zu stern TV einlädt.

ISBN 3-404-61511-5

BASTEI LÜBBE